四川外国语大学2022年度学术专著后期资助项目
"基于循证实践的社会工作介入老人长期照护证据的整理、转化与启示研究"
（sisu202233）

基于循证实践的社会工作介入老人
长期照护证据的整理、转化与启示研究

童　峰
刘金华　著
杨紫帆

西南财经大学出版社
Southwestern University of Finance & Economics Press

中国·成都

图书在版编目(CIP)数据

基于循证实践的社会工作介入老人长期照护证据的整理、
转化与启示研究/童峰,刘金华,杨紫帆著.
成都:西南财经大学出版社,2024.9.--ISBN 978-7-5504-6331-8

Ⅰ.D669.6

中国国家版本馆 CIP 数据核字第 2024FJ9876 号

基于循证实践的社会工作介入老人长期照护证据的整理、转化与启示研究

JIYU XUNZHENG SHIJIAN DE SHEHUI GONGZUO JIERU LAOREN CHANGQI ZHAOHU ZHENGJU DE ZHENGLI、ZHUANHUA YU QISHI YANJIU

童峰　刘金华　杨紫帆　著

责任编辑:肖　翀
助理编辑:徐文佳
责任校对:周晓琬
封面设计:星柏传媒
责任印制:朱曼丽

出版发行	西南财经大学出版社(四川省成都市光华村街55号)
网　　址	http://cbs.swufe.edu.cn
电子邮件	bookcj@swufe.edu.cn
邮政编码	610074
电　　话	028-87353785
照　　排	四川胜翔数码印务设计有限公司
印　　刷	成都市火炬印务有限公司
成品尺寸	170 mm×240 mm
印　　张	18.75
字　　数	409 千字
版　　次	2024 年 9 月第 1 版
印　　次	2024 年 9 月第 1 次印刷
书　　号	ISBN 978-7-5504-6331-8
定　　价	88.00 元

前言

　　人们总以为只有自然学科存在科学的方法论，其实人文学科亦然。社会运转的科学规律同样像一只看不见的手支配着社会的运转。小至家庭，大至社会，无外如是。比如，我很爱我儿子，但长期提供作业伴读真的有益于提高他的学习能力吗？又比如，对犯罪青少年的恐吓教育一定能降低再犯罪率吗？再比如，直接给特定传染病人经济补助一定能产生正面效果吗？——这种"慈母多败儿"式的补助适得其反的案例数不胜数。如果缺乏对这些干预的科学评价，那么小则费时费力，大则误国误民。如何鉴别这些干预的效果？这就需要科学的方法，也就是循证实践法。那么，如何使用这种方法鉴别干预的效果，如何形成可持续的科学干预模式？……本书将为解开这些谜题贡献绵薄之力。

　　本书是国家社科基金一般项目"基于循证实践的社会工作介入老人长期照护证据的整理、转化与启示研究"（sisu202233）的成果转化。研究内容主要包括：证据的整理、合成、转化与启示。该成果的公开发表将为社会工作科学介入老人健康干预提供证据支持、政策模型和执行模板，推动中国实现更加积极、更加科学的健康老龄化战略。

　　首先，本课题组在充分进行文献综述的基础上，界定了本研究关于老人长期照护的定义和研究框架。本书从现状出发探索问题，从综合生育率、抚养比、性别比和老龄化率四个方面梳理我国人口老龄化现状；从失能老人数量、长期照护的年龄与性别特征、长期照护的类型和长期照护的总体特征梳理我国长期照护的现状。为了对失能老人长期照护需求有更深入的了解，我们选取三家养老机构，采取方便抽样的方法选取失能老人作为问卷调查对象，后又从中随机抽取部分老人进行深入访谈。访谈结束后，将录音逐字转录为文字，同时参照现场记录完善转录文本，再将转录文本导入 NVivo Prolly 软件，运用现象学分析方法对数据进行分析，整理出了三大主题需求。最终基于我国社会工作干预服务的现状，分析社会工作介入老人长期照护服务五个方面的不足。

其次，围绕前章所述开展科学证据的整理与合成。在心理层面，开展了回忆疗法对老年人抑郁症状缓解的有效性的系统评价研究，研究目的是为系统评价回忆疗法对减轻老人抑郁症状的有效性，以及为社会工作缓解老人抑郁症状的有效性提供高质量的证据。方法上采用 Meta 分析法检索多个中英文数据库，搜集符合条件的老人临床随机对照试验，进行文献质量评价后，采用 RevMan 软件进行数据分析。结果共纳入8 个证据，表明回忆疗法对老人抑郁症状干预效果显著，使其生活满意度提升，具有统计学意义。结论为回忆疗法短期内能够有效改善老人抑郁症状，老人生活满意度在抑郁症状缓解的情况下明显提高，建议开展更多大样本随机对照实验以及提供长期效果追踪研究的高质量证据，以进一步探讨回忆疗法在改善老人抑郁症状方面的作用机制。在社会层面，开展了老年人社会孤立干预措施有效性的系统评价研究，目的是评估针对老年人社会孤立问题的干预措施的有效性。方法上运用系统评价法，检索多个国内外数据库，如 Cochrane Library 和中国期刊全文数据库等。从几百个原始研究中筛选符合既定纳入标准的随机对照试验，通过 Cochrane 偏倚风险工具对纳入试验进行质量计分，运用归纳描述方法评价干预措施的疗效。评价指标包括结构性社会支持、功能性社会支持和孤独感3个维度。结果共纳入26项干预老年孤立的随机对照试验，其中24项研究为低等或中等偏倚风险，老年人积极参与的干预措施更有效。此外，团体干预活动和个人干预访谈在改善结构性社会支持方面是有效的；混合方式与团体方式的训练干预对功能性社会支持是有效的。结论是对存在社会孤立问题的老年人，建议采取团体式或面对面式干预措施以提高其生活质量。

再次，是基于心理与社会层面系统评价的证据转化实践案例研究，即准实验研究。心理层面所采用的证据干预措施结果显示，干预前干预组和对照组的抑郁水平（GDS）为22.67±2.875和23.29±2.685，组间$P=0.382$，干预后一周下降为19.98±2.087（$P=0.00$）和22.51±2.351（$P=0.01$），干预后五周为22.08±2.524（$P=0.03$）和23.24±2.723（$P=0.785$）。结论为干预的短期效果显著，但只有团体生命回顾治疗在缓解抑郁症状和提高生活满意度方面具有持续性效果。社会层面所采用的证据干预措施结果显示，孤独感变化方面，干预前干预组的孤独感程度（UCLA）为44.11±7.984，对照组的孤独感程度为44.33±7.819。干预后一周，干预组孤独感程度下降为35.80±6.138，对照组为38.40±5.315；干预后五周，干预组为39.17±6.793，对照组为43.24±8.394。通过对比实验我们可以看出团体干预在降低老人孤独感水平方面比非结构性常规社会工作服务有更好的效果。这两个实务项目的研究为证据实施提供了转化案例。另外，本书还编制了以社区康娱活动、家访探视服务、认知行为干预、支持性心理治疗和社会支持网络为大类的证据化指南。

最后，本书提出了基于循证理念的新模式、新机制与新对策，即循证社会工作介入老人长期照护模式框架体系与实践模式建构。同时，根据证据的开发与评价、证据的落地与实施、证据的推广和转化，以及证据链实施的保障机制，提出了建立循证社会工作介入老人长期照护的统筹协调机制。还有，从社会工作证据库的建设、加强政府购买社会工作服务制度建设、智慧养老服务环境建设、专业人才培养和队伍建设四个方面提出了完善循证社会工作介入老人长期照护的对策。

在学术观点的特色与创新方面，本书利用国际前沿的社会科学证据，开发针对我国老人长期照护的证据指南与转化案例，既为社会工作实务项目提供了证据化的参考与实施指南，也为政府购买社会工作服务提供了参考模式和对策。具体而言，一是从心理与社会两个层面进行全球证据整理与系统评价，二是将全球证据进行转化并形成老人长期照护的社会工作实务指南，三是实施准试验模式的社会工作实务研究，结合中国的实际情况对其进行改造和实践，据此提出一种既符合国情又基于证据的新介入模式。这三点在我国的社会工作研究中是具有创新意义的。

诚然，本书仍然存在很多的不足和欠缺，以及尚需深入研究的问题。首先，在各种条件制约下，特别是受疫情影响，进入养老相关机构和场所特别困难，较大范围基于概率抽样的社会调查、干预实施和随访调查等的难度都非常大，官方统计数据的质量也有待进一步评估。因此在社会调查和证据实施阶段，开展样本区的实地调查、统计分析、交流信息、撰写研究报告和咨询建议等的时候，并不能按计划进行，访谈对象不能完全按照随机化原则选取，只能采取便利抽样，样本主要集中在成渝地区，长三角与珠三角地区的样本数据主要通过网络和电话形式收集。证据实施对象的数量也被缩减，不及预期。此为本研究的主要缺陷。其次，进行全球证据梳理的时候，只收集了以英文写作的研究证据，对于以其他语言写作的研究证据，没有能力进行翻译和转化。最后，对于研究对象的选取也可能存在一定的异质性和差异，鉴于对老年人年龄的定义差异，部分研究将老人对象年龄放宽至 50 岁及以上，并且因为受访对象不一定是已经处于长期照护状态的老人，也有可能是即将进入该状态的对象或者其家庭，因此访谈内容有预计和预估的成分，真实情况可能存在一定偏差。另外，由于本书侧重于应用研究，且课题组对文化因素的感受与理解十分有限，因此在进行证据转化时，未能非常深入地分析文化因素在其中如何发挥作用。同时在机制与对策部分，虽然对政府购买服务的逻辑优化与智慧养老方面进行了探讨，但主要是基于老人长期照护微观干预视角，从证据的生产、实施和评价等方面提出建议，由于社会人的行为受到经济、政治、社会、文化等诸多因素影响，如果仅局限在微观干预领域内对治理问题甚至政府失灵问题进行思考，很难得出全面的结论和解决办法。因此，在公共政策层面，站在更高的社会学视角，考虑政策制定和实施过程中如何精准指向公众目标和需求，也是未来进一步研究的重要方向和可能的切入点。

童峰

2023 年 11 月于融汇

目录

第一章

绪论

一、研究背景

新时代，我国的老龄化形势更加严峻，突出表现在"三个超出预期"：一是老年人口规模超出预期；二是老龄化程度超出预期；三是社会抚养负担超出预期。随着社会老龄化程度加深，老龄化问题日益突出，从2015到2035年，我国将进入急速老龄化阶段，老年人口将从2.12亿增加到4.18亿，占比提升到29%。根据 *Trends and Challenges for Population and Health During Population Aging China*, *2015—2050* 研究预计，到2030年我国失能老龄人口将超过7 765万人。

在人口老龄化快速发展的势态下，更加多元化的老龄服务呼之欲出，以服务于人民日益增长的美好生活需要。因此，本书以全球主流社会工作证据平台为研究对象，整理适合中国老人长期照护的经验证据。宏观上，本书通过引入国际上高质量的经验证据丰富我国社会工作介入老人长期照护的科学依据，并且从方法学上提出一种生产、评价和使用证据的思路。具体而言，本书厘清了老人长期照护问题，基于问题整理国际上社会工作介入长期照护经验的证据，结合我国老年人口的现实需要和客观条件实施相关试验研究，提出了符合我国社会工作介入老人长期照护的发展思路，并在此基础上提出政策建议。其一，能够为社会工作有效地介入老人长期照护提供科学依据，探讨社会工作如何作为一种新的力量介入养老服务；其二，能够通过借鉴国际上各类已被证明有效的干预措施，有针对性地对目前老人长期照护服务内容提出启发性建议；其三，可以依托医学和卫生学研究大数据（来自 Cochrane、Campbell 等数据库），探索更有益于老人长期照护服务发展的社会工作模式，为样本区地方政府和相关职能部门提供决策参考。

二、研究价值

将社会工作视为证据进行科学研究是循证社会工作的理念，在西方发达国家已使用多年。循证社会工作（evidence-based social work，EBSW）是国际上针对干预类研究通常采用的研究范式，也是将行为干预研究成果证据化的重要方法。这种方法是 20 世纪 90 年代受循证实践思想影响而产生的一种将社会工作科学化的理念，其本质为循证实践（evidence-based practice，EBP）。基于循证实践的社会工作，是从原始证据的生产到系统评价（systematic review）再到证据的推广、转化和执行、反馈的一套系统流程，实现了以实践为核心的研究和决策体系，在社会工作领域应用广泛，收录了大量社会工作的证据，被誉为将社会工作科学化的重要工具。目前在发达国家已形成了以英国牛津大学的 Cochrane 和总部在瑞典的 Campbell 证据平台为中心的循证实践智库系统，其中，Cochrane 主要收集针对医学及生物学方面的证据，Campbell 是 Cochrane 的姐妹数据库，也是美国兰德公司下属循证实践研究所的合作智库平台，收集来自欧美日等发达国家社会工作、公共政策和社会服务方面的证据。在国内，循证实践方法在学术界已渐渐通过各种国际合作发展起来，2010 年由华西医院中国循证医学中心建立的中国循证实践与政策智库是我国的第一个循证"智库"。不过，这个"智库"是基于 Corchrane 协作网建立的，旨在收纳卫生学和医学方面证据。然而，基于 Campbell 合作网旨在收纳社会政策与社会工作层面的"智库"，我国高校学术界尚无，社会工作证据研究非常缺乏。虽然我国在社会学研究领域有以北京大学和南京大学为核心的社会科学科研数据库，但社会工作研究有别于社会学研究，是一种干预类研究，而干预类研究又有别于常规的社会学实证研究。目前，我国社会科学科研数据库在社会工作研究领域的证据资料很少，例如，在中国知网以"社会工作"和"证据"进行主题词检索，只有 30 多条信息，再加入"长期照护"，数据更是寥寥无几。因此，本研究不但可以丰富社会工作介入老人长期照护的科学证据，更可以从方法学上提出一种生产、评价和使用证据的思路，为政府、企业和社会组织等提供证据支持。

三、创新之处

国内外研究主要表现为以下特点：一是关于老人长期照护的界定方面，从早期的作为经济依靠、照护，以及精神支持等养老问题的综合概念之一，发展到将老人长期照护作为一个专属概念，专注于对身体和心理障碍缺乏自我照顾能力的老人，为其提供健康照顾、个人照顾及社会服务等。二是社会工作介入长期照护模式方面，从按照场所划分的家庭照护、社区照护、机构集中照护发展到了多维度、多视角的模式界定。但目前的照护模式并不能满足多元化的需求，专门针对社会工作介入我国老人照护模式的研究很缺乏。三是研究成果（证据）方面，目前国外对长期照护的研究成果（证据）较多，仅通过 web of science 就可检索到相关研究上万篇，其中专门以社会工作介入老年服务的研究上千篇。但是我国的长期照护研究主要集中在医学领域，专门针对社会工作介入老年服务的研究非常缺乏，甚至在我国的循证医学领域都少有（不足百篇）运用系统评价法或随机对照试验法进行研究的成果。基于此，本研究的创新之处有如下三点。

（一）学术思想的特色与创新

学术思想的特色与创新方面，一是运用从心理与社会两个层面进行全球证据整理与系统评价，二是将全球证据进行转化并形成老人长期照护的社会工作实务指南，三是实施准试验模式的社会工作实务研究，将证据结合中国的实际情况进行改造和实践，以此提出一种既符合国情又基于证据的新介入模式。

（二）学术观点的特色与创新

本研究组认为社会科学的客观证据是可以通过社会学试验不断重复再现的，科学引进国际上前沿的社会科学证据能够有效开发针对我国老人长期照护的新型科学依据，能够在目前经济水平不高、资源有限的情况下，为政府和其他服务提供者提供科学依据，以便于合理调配有限资源，提供更加有效和有针对性的服务。

（三）研究方法的特色与创新

基于循证实践理念的多学科交叉研究主要借助以下两种方法：一是采用可重复、可回溯、可证伪的系统评价方法，收集国内外相关证据。这在我国社会学研究中是不常见的，但该种方法却被国外众多 SCI 和 SSCI 源期刊（包括《科学》期刊）所认同和采纳。二是运用随机对照试验的方法结合客观环境进行证据检验和修正，得出新的证据。该方法可以科学地说明证据与结果之间的因果关系，被医学领域大量应用，但由于其实施难度较大，在社会科学领域少有人运用，然而在干预类社会科学研究中，该方法在国外很普及。

四、研究内容

（一）研究对象

1. 证据的收集与整理

以全球主流社会工作数据库为证据收集对象，收集并提炼相关科学证据。系统检索 1973 年至 2013 年发表的文献，使用 ENDNOTE X6 管理文献。主要检索 Campbell 和 Cochrane 两大证据库，同时补充检索电子数据库检索：PsycINFO，PubMed，Proquest，Cochrane Library，Applied Social Sciences Index and Abstracts（ASSIA），International Business School Suzhou（IBSS），Database of Abstracts of Reviews of Effects（DARE），等等。

2. 证据的转化与启示研究

先根据 PICOSS 原则，即介入的直接对象、介入的对照对象、介入的措施、成效指标、设计与环境六个方面，对社会工作介入老人长期照护问题进行证据分类，然后根据分类的情况搜集与整理主流国家社会工作介入老人长期照护的相关科学证据，进行老人长期照护的系统评价，并进行证据实验，得出相关建议。

（二）框架与内容

本书的整体内容与图 1-1 对应。前两章是背景和文献综述，主要在宏观上探讨社会工作介入老人长期照护的总体背景，梳理研究脉络。第三章是现状与问题，分别从中国老龄化与长期照护概况、失能老人长期照护需求和社会工作介入老人长期照护服务现状三个方面，通过梳理与整合现有公开数据、访谈和问卷调研等手段，分析中国长期照护老人的现实状况与存在的问题，进而探讨社会工作介入的现状与进一步可能。第四章是证据的整理，通过对全球相关证据的检索，将社会工作介入长期照护老人的干预整理为三类，即基于心理动力视角的干预方法，基于认知行为视角的干预方法，基于人本、灵性视角的干预方法。然后对这三大类干预所能开展的具体专业手法和措施进行了筛选和梳理。第五章是证据的合成，分别从心理和社会层面对社会工作介入长期照护老人的干预进行了系统评价。第六章是证据的实验，也是分别从长期照护老人心理和社会层面的问题出发，对前章梳理出来的证据进行了本土化的改造与实验。第七章是反思与启示，提出了循证社会工作的运作模式，以及通过多系统互动智慧养老架构提升长期照护老人的服务能力的方式，最后提出了相关政策建议。

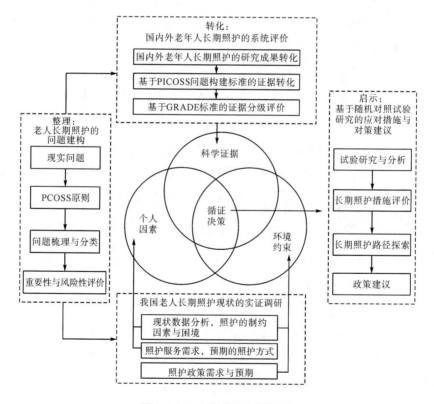

图1-1 研究总体框架逻辑图

(三) 基本思路

在循证实践的方法论的指导下，本书通过定性描述与定量分析相结合、宏观与微观相结合、实地调研与专家讨论相结合、人口学研究与多学科介入研究相结合的方法实施研究。大体思路为：①先根据 PICOSS 原则对社会工作介入老人长期照护问题进行分类，然后通过系统评价的方法梳理主流国家社会工作介入老人长期照护的各类证据。根据 PICOSS 问题分类原则和 GRADE 证据分级标准，即根据对象（P）、干预措施（I）、对照措施（C）、结论（O）、研究设计（S）和环境（S）六个纬度，整理和筛选出适合的证据。②实地开展社会工作介入老人长期照护的实证调查和实验，涉及指标包括老人的基本特征（性别、年龄、文化程度、婚姻状况等），家庭情况（子女数、现居住情况等），经济来源（子女供养、有无社会保障等），生活自理状况（ADL 各项指标），喜欢的照护方式（家庭照护、机构照护、村社社区照护）等，以此分析了我国社会工作介入老人长期照护中存在的问题及其照护需求。③根据系统评价所得证据、对象需求及客观条件三方面因素，设计社会工作干预措施并实施随机对照试验。④通过随机对照试验检验系统评价证据的实用性和有效性，再根据有效证据尝试提出适合我国社会工作介入老人长期照护的应对措施和政策建议。同时从中选取一些试验案例进行案例总结，分享一些典型的社会工作介入老人长期照护模式面临的实际问题与产生的证据效果。

五、研究的不足与展望

　　首先，在各种条件制约下，特别是受疫情影响，进入养老相关机构和场所特别困难，较大范围基于概率抽样的社会调查、干预实施和随访调查等的难度都非常大，即使官方的统计数据的质量也有待进一步评估。因此在社会调查和证据实施阶段，开展样本区的实地调查、统计分析，交流信息，撰写研究报告和咨询建议等的时候，并不能按计划进行。访谈对象不能完全按照随机化原则进行选取，只能采取便利抽样，样本主要集中在成渝地区、长三角与珠三角地区，主要通过网络和电话形式收集数据。证据实施对象的数量也被缩减，不及预期。此为本研究的主要缺陷之一。

　　其次，在对来自全球的证据进行梳理的时候，只收集了以英文写作为主的研究证据，对于其他语言写作的研究证据，我们没有能力进行翻译和转化。对于研究对象的选取也可能存在一定的异质性和差异，鉴于对老年人年龄的定义差异，部分研究将老人对象年龄放宽至 50 岁及以上，并且因为受访对象不一定是已经处于长期照护状态的老人，也有可能是即将进入该状态的对象或者其家庭，因此访谈内容有预计和预估的成分，真实情况可能存在一定偏移。另外，由于本研究侧重于应用研究，且课题组对文化因素的感受与理解十分有限，因此在进行证据转化时，未能非常深入地分析文化因素在其中如何发挥作用。

　　最后，在机制与对策部分，虽然从政府购买服务的逻辑优化与智慧养老的方面进行了探讨，但主要是基于老人长期照护微观干预视角，从证据的生产、实施和评价等提出建议，由于社会人的行为受到经济、政治、社会、文化等诸多因素影响，如果仅局限在微观干预领域内对治理问题，甚至对政府失灵进行思考，很难得出全面的结论和解决办法。因此，在公共政策层面，站在更高的社会学视角，分析考虑政策制定和实施过程中如何精准指向公众目标和需求，也是未来研究的重要方向和可能的切入点。

第二章

文献综述与概念界定

由于人口结构中老年人口占比增大，以及对新技术和质量更好的老年服务的持续期望，老年长期护理将成为未来几年重要的社会政策领域。本书梳理了我国老人长期照护相关的政策动态，在人口老龄化加速的态势下，社会政策的制定愈发关注老人长期照护领域的发展。同时，在对国内外老人长期照护的研究动态进行文献梳理，以及在了解国内外学者对长期照护定义的综述的基础上，本书提出了对长期照护的概念界定。老年长期护理的实施效果需要证据的评价和支撑，据此，循证与老人长期照护的融合是目前最好的办法。循证在国外的产生较早，现阶段已经得到成熟的发展。在我国，循证早期更多运用于医学领域，后逐渐延伸至心理学、教育学、社会学、社会工作等领域。本书梳理了国内外循证社会工作产生与发展的研究动态，以及基于循证心理学、循证社会科学等其他循证学科领域的定义，做出本书对循证社会工作的概念界定。

一、老年健康

（一）生理方面老年健康的研究状况

　　基于对 WHO "健康老龄化" 的响应，关于老年健康影响因素的研究，很多国家和国际组织都已积极开展。欧盟投入大量人力物力开展了 "老龄健康的遗传学（Genetics of Healthy Aging，GEHA）" 研究项目，该项目有人口学、遗传基因学、老年医学、分子生物学、遗传流行病学、生物信息与统计学等多学科专家参与，是一个典型的跨学科综合交叉研究项目，其目标在于确定哪些是影响老年人生理与心理健康的基因以及社会与环境因素，实现健康老龄化。在国外关于老人生活自理能力的研究中发现，同一地区低收入老人及贫困老人的生活自理能力相对较差①，但也有个别研究表明生活自理能力与经济收入高低并不存在显著关联②。基于横向数据的研究结果显示农村老人的生活自理能力比大都市老人往往要差些③，但Barberger认为没有什么显著差异④，不过尚无学者认为经济或生活水平相对较低的老人会比相对较高的老人呈现更好的自理能力。在人口学领域，美国学者Louis G. Pol等基于对该国老年人口的研究总结出了长寿的人口学规律⑤。比如：女性比男性长寿，已婚状态利于长寿，以及生活在西部（或市郊）有利于长寿等。不过这些规律是基于美国人口数据的研究，适用性非常局限，特别是研究区域的局限性会导致该数据结论在美国以外可能失去说明性，并且有些影响长寿的人口学因素与生俱来，如性别、人种等，并不能起到积极作用，但通过人口学因素在全国范围内规范化地探讨长寿规律的方法对于后来学者很有借鉴意义。国内老年健康研究的主题同样取得了丰硕的成果，其研究领域已从单因素的研究疾病逐步扩大到卫生健康领域，并且研究对象也逐步细化到高龄老人、女性老人、失能老人、贫困老人、养老照护、临终照护等。曾毅通过生活方式、经济状况、饮食习惯、受教育程度、婚姻状况、医疗保障、居住方式等因素探讨了高龄老人长寿问题⑥。在近年来的老年人口调查中，中国老龄科学研究中心在

① Landerman L R, Fillenbaum G G, Pieper C F, et al. Private health insurance coverage and disability among older Americans [J]. The Journals of Gerontology Series B: Psychological Sciences and Social Sciences, 1998, 53 (5): S258-S266.

② Van Groenou M I B, Deeg D J H, Penninx B W J H. Income differentials in functional disability in old age: Relative risks of onset, recovery, decline, attrition and mortality [J]. Aging clinical and experimental research, 2003, 15 (2): 174-183.

③ Gupta I, Sankar D. Health of the elderly in india: a multivariate analysis. New Delhi: Institute of Economic Growth [R]. Discussion Paper 46. Available: http://iegindia. org/dis_ind_46. pdf. Accessed 16 Aug, 2015.

④ Barberger-Gateau P, Chaslerie A, Dartigues J, et al. Health measures correlates in a French elderly community population: the PAQUID study [J]. Journal of Gerontology, 1992, 47 (2): S88-S97.

⑤ Pol L G, Riehard K. Tholnas. 健康人口学 [M]. 陈功, 庞丽华, 等译. 北京: 北京大学出版社, 2005: 25-26.

⑥ 曾毅. 健康长寿影响因素分析 [M]. 北京大学出版社, 2004: 245.

1992 年开展的"中国高龄老人健康长寿影响因素研究"和"中国老年人供养体系调查"两项调查范围广,成果丰富,特别是前者已被认定为世界上规模最大的此类专项之一①。该项目以健康自评及生活自理能力作为老年人健康的衡量指标,研究了高龄老人生活健康的影响因素。

文献研究发现,我国老年人生理健康状况总体呈现"三多"现象,即残疾多、慢性病多、健康疾患多。国家卫生健康委调查表明,65 岁以上老年人住院率为 84.1%,两周患病率为 338.3‰;人均患有 2~3 种疾病,中枢神经、内分泌系统及肿瘤疾病等的患病率均高于其他年龄组;60%~70%老年人有慢性病史,伤残率是全人口的 3.6 倍。全国第二次残疾人口调查表明,60 岁及以上的残疾人约占全部残疾人总数的 51%,有 4 416 万人②。综上,对于老年人生理残疾的干预研究具有代表性。

总体看来,老年人生理功能与躯体健康状况不容乐观。老年人生理健康状况呈现出一种"一低三高"现象,即生活自理能力比例低,健康疾患比例高、慢性病比例高、因病致残及其他残疾比例高。目前,在我国城市老年人口中,生活能够完全自理的老年人占 85.4%,能部分自理的老年人占 9.6%,完全不能自理的老年人占 5%。在农村老年人中,生活能够完全自理的老年人占 79%,能部分自理的老年人占 14.1%,完全不能自理的老年人占 6.9%。比较起来城市生活的老年人自理能力稍强,但两者健康水平都偏低③。

老年人的健康疾患增多。根据调查,65 岁以上的老年人两周患病率为338.3‰,住院率为 84.1‰。老年人中接近 70%都存在慢性病史,人均患有 2 种慢性疾病,患病率为 538.8‰,是全人口平均患病率的 3.2 倍。而老年人中的伤残率也是全人口的 3.6 倍,人均住院时间为其他人口的 1.5

---

① LEONARD, DUHL. Handbook of religion and health. [J]. Journal of Epidemiology and Community Health, 2001.

② 高利平. 山东省老年人口健康状况及影响因素研究 [D]. 济南:山东大学, 2011:16.

③ 郭平,陈刚. 中国城乡老年人口状况追踪调查数据分析 [M]. 北京:中国社会出版社,2009:4-9.

倍。我国的老年人的发病率和致残概率在国际水平都属偏高。国家统计局数据显示，截至 2023 年年末，全国 60 岁及以上人口为 29 697 万人，占我国人口总数的 21.1%。其中，失能、失智老人占比约 1/5。

（二）心理方面老年健康的研究状况

根据以往研究结果，有学者将老年人心理健康的内涵分为五个主要方面：认知功能基本正常；情绪及心理特征相对稳定；性格健全，开朗乐观；社会适应良好，能应对应激事件；有一定的交往能力，人际关系和谐①。这种理论构想通过因素分析效度检验已得到证实。有学者将老年心理健康的研究视角分为客观因素、主观因素两个方面。客观因素主要包括老年人口学特征和健康状况、患病数以及家庭经济水平或社会因素等；而主观因素主要为各种幸福感和满意度②。研究还发现老年人的心理健康受到生理及社会支持等因素的直接影响，伴随着躯体的衰老以及对疾病的担忧或对死亡的恐惧，老年人出现负面情绪多以及自评健康状况差等现象，在生活上的消极应对方式是影响老年人心理健康的首要影响因素，而社会支持利用度或负性生活事件也是重要因素。在研究方法方面，国内针对老年心理健康的全面调查研究不多，目前对于老年心理健康的评估大多采用自陈式问卷进行心理测量，以引进国外问卷为主，如：老年心理状态表（Geriatric Mental State Schedule，GMS）及症状自评量表（SCL-90）。采用的其他量表还有：焦虑自评量表（SAS）、抑郁自评量表（SDS）、艾森克个性问卷（EPQ）、医院焦虑量表（HADS）、社会支持评定量表（SSRS）等。然而其中有些问卷项目的选择主要为了临床鉴别症状，并不适用于心理健康的调查研究，有些问卷题目太多，篇幅太长，因此需要进行改造。

---

① 黄三宝，冯江平. 老年心理健康研究现状 [J]. 中国老年学杂志，2007，12（27）：2358-2359.

② 中国科学院北京基因组所，老年人口健康长寿的社会、行为、环境和遗传影响因素科学前沿研究，httP://www. zsr. cc/ExPcrtHome/sllowAlticlc. asp？ ArtieleID = 105608

吴振云等根据中国国情编制了"老年心理健康问卷"①；王岩等以北京101名养老机构老人与1 350名社区老人为例，利用老年抑郁问卷简版（GDS-15）及老年焦虑问卷（GAI）工具测量他们的焦虑和抑郁水平②。

文献研究发现，心理疾病在国内老年人口中呈"年轻化"发展趋势，人数逐年增加，其中抑郁症、焦虑症、强迫症并称常见的三大类型心理疾患，威胁老年健康。中国高龄老人健康长寿跟踪调查数据显示，65岁以上老人大部分有负面情绪，有衰老感的占40%，有抑郁感的占45%，有孤独感的占50%，个性有改变的占55%③。此外，家庭"空巢化"是老龄化社会的又一个重要负面影响，空巢老人大都心情焦虑、抑郁、惆怅孤寂、行为退缩。综上，由于老年人的心理健康水平远低于其他年龄组人群，其抑郁、焦虑、恐惧、躯体化、强迫症状分值显著偏高，因此对于老年人焦虑的干预研究具有代表性。

总体而言，我国老年人的精神与心理健康状况较差。老年人的生理衰老通常也伴随着心理的变化，可能由于对疾病担忧或对死亡恐惧产生了焦虑或抑郁，甚至出现认知功能障碍、反应迟缓、自评健康状况差等现象。在郭平等9位学者的调查中发现，城市老年人中有4.2%的认为自己健康状况很差，15.6%的认为较差，52.3%的认为一般，22.9%的认为较好，很好的只占5.0%。而农村老年人中有5.8%的认为自己健康状况很差，20.7%的认为较差，50.4%的认为一般，19.2%的认为较好，3.9%的认为很好。虽然城市老年人自我评价的健康状况看起来好于农村老年人，但两者整体水平都偏低。另外，陈志武等发现老年人的常见心理疾病也不容忽视。此外，家庭"空巢化"是影响老年人心理状态的一个重要因素。空巢

① 吴振云，许淑莲，李娟. 老年心理健康问卷的编制 [J]. 中国临床心理学杂志，2002，10（1）：12-31.

② 王岩，唐丹，龚先旻，等. 不同养老方式下老年人焦虑抑郁状况比较 [J]. 中国临床心理学杂志，2012，20（6）：686-670.

③ 李志武，黄悦勤，柳玉芝. 中国65岁以上老年人认知功能及影响因素调查 [J]. 第四军医大学学报，2007（16）：1518-1522.

老人普遍都存在"空巢感"，即孤独感，同时还伴有无助、思念和自怜等复杂的情感体验，甚至出现抑郁、焦虑等常见心理疾患。

（三）社会方面老年健康的研究状况

在社会方面，很多学者通过学术上较新颖的社会资本视角来研究老年健康干预。M. K. Islam 等人在研究社会资本、社会公平和人口健康的关系时，通过 42 篇健康与社会资本关系的研究文章，发现无论社会公平（收入分配方面）的程度如何，人口健康与社会资本之间存在某种正相关关系，而在社会制度相对公平的国家，健康受到个人社会资本的影响更加积极且明显，而不同社区之间的社会资本在解释地区之间人群健康差异的问题上作用并不很明显①。国内学者白玥等利用多元线性回归模型，将联合国开发计划署、世界卫生组织及世界银行联合公布的 173 个国家在 2000 年时的民主政治、经济发展、卫生服务、能源利用、社会发展和教育等 17 个指标，和出生时平均预期寿命指数进行回归分析后发现，在这些影响人群健康水平的社会因素中，有 5 个以上的指标不是卫生部门指标，而更加偏向于社会资本的职能，因此更适宜用社会资本的理论加以解释，并认为人群健康水平的提高，不能够单纯依赖卫生部门的职能，而更应该注重社会资本的充分创造并加以利用②。此外，通过不同养老模式来探讨养老质量及老年人健康干预问题，在国内学者中也日趋普遍起来。陈功从时间上纵向梳理了养老模式的历史演绎历程及变化趋势③，章晓彭则从横向比较的角度探讨目前多样化的养老模式对于养老的差异性影响④，刘金华通过走

---

① Islam M K, Merlo J, Kawachi I, et al. Social capital and health: Does egalitarianism matter? A literature review [J]. International journal for equity in health, 2006, 5 (1): 1-28.

② 白玥，卢祖洵. 社会因素与人群健康状况关系研究 [J]. 中国卫生经济，2005, 24 (9): 3.

③ 陈功. 我国养老方式研究 [M]. 北京：北京大学出版社，2003.

④ 章晓懿，杨培源. 城市居家养老评估指标体系的探索 [M]. 上海：百家出版社，2007.

访比较社区居家养老、社区机构养老、机构养老等不同机构，探讨其对老年人生活质量的影响①。既有对以家庭养老和社区养老为主的模式进行的对比探讨，也有通过对机构养老的研究②③④，对各种现有理论之间的利弊进行的分析与辨析。在对国外养老模式的借鉴研究中，诸多研究提出儒家孝道思想下的以子女为义务主体的老年人传统照护模式在今后的发展中难以维系，亟待模仿西方社会建立一整套完善的 LTC 体系⑤⑥。然而，国内研究者关于老年人口健康照护问题的研究，有些局限于对国外照护的经验介绍或总结，有些借鉴国外分析量表进行基于问卷调查与探访的方法学基础的研究，分析方法上多以相关性描述为主，分析养老中社会因素的必要性。然而，运用整套国际标准的方法学并以老年人口健康试验数据为基础的实证研究不多。

文献研究发现，我国老年人社会完整性问题呈现城乡二元分布的态势，城市老年人与农村老年人所产生的社会完整性问题大不相同，城市老年人往往表现为缺少社会参与机会、缺乏兴趣爱好、缺失活动场所，由此导致其社会参与率低，进而出现心理或生理问题。而农村老年人目前的问题仍然集中在养老资金及医保支持问题，缺医少药、看病难、看不起病的现象还很严重。对城市老年人来讲，通过干预如何摆脱社会孤立，有效参与社会互动有一定代表性。

---

① 刘金华. 基于老年生活质量的中国养老模式选择研究 [D]. 成都：西南财经大学.
② 毕素华，陈如勇. 发展民办养老机构的若干思考 [J]. 苏州大学学报（哲学社会科学版），2005（5）：125-128.
③ 桂世勋. 合理调整养老机构的功能结构 [J]. 华东师范大学学报（哲学社会科学版），2001（4）：97-101.
④ 谢钧，谭琳. 城市社会养老机构如何适应日益增长的养老需求？：天津市社会养老机构及入住老人的调查分析 [J]. 市场与人口分析，2000（5）：66-69.
⑤ 刘乃睿，于新循. 论我国孝道传统下老年人长期照护制度的构建 [J]. 西南大学学报（社会科学版），2008，34（5）：5.
⑥ 尹尚菁，杜鹏. 老年人长期照护需求现状及趋势研究 [J]. 人口学刊，2012（2）：8.

二、老人与长期照护

（一）政策梳理

随着我国人口老龄化程度不断加深，失能、半失能老年人的长期照护问题日益突出。2006 年《关于加快发展养老服务业的意见》（国办发〔2006〕6 号）中首次提出开展老年护理服务，满足不同层次老年人服务需求。2011 年《关于社会养老服务体系建设规划（2011—2015 年）》（国办发〔2011〕60 号）中强调，为解决我国失能、半失能老人的长期照护问题，需要加强社会养老体系建设。2019 年《国务院办公厅关于推进养老服务发展的意见》（国办发〔2019〕5 号）中强调要建立健全长期照护服务体系，完善居家、社区、机构相衔接的专业化长期照护服务体系。2020 年《国务院办公厅关于促进养老托育服务健康发展的意见》（国办发〔2020〕52 号）中提到要增强家庭照护的能力，深化医养有机结合，并强调提高人才要素供给能力，加强老年医学、老年护理、社会工作等学科专业建设。2021 年《"十四五"国家老龄事业发展和养老服务体系规划》（国发〔2021〕35 号）稳步推进长期护理保险试点工作，完善老年健康支撑体系，包括增加全国养老服务机构和设施数量，对经济困难的高龄、失能老人提供补贴等。这些政策的出台预示着在老人长期照护服务中需要专业人才的加入。在 2021 年的《"十四五"民政事业发展规划》中明确提出要完善现代社会工作制度，构建社会工作服务体系，提升社会工作服务机构能力，扩大专业社会工作人才队伍。截至 2021 年年底，全国社工专业人才已经达到 157 万，其中 66 万人取得社会工作者职业资格证书；乡镇（街道）社工站已建成 1.7 万个，四万余名社工在社会救助、养老服务、社区治理等方面发挥重要作用。

（二）研究动态

随着社会老龄化程度加深，老龄化问题日益突出，从 2015 到 2035 年，我国将进入急速老龄化阶段，老年人口将从 2.12 亿增加到 4.18 亿，占比提升到 29%。我国老年空巢家庭率已达半数，大中城市达 70%，给老人的照护带来巨大压力，在此背景下，社会工作的介入是大势所趋。

长期照护是直接从英文 Long-Term Care（简称 LTC）翻译过来的专业术语，也有人翻译成长期照料或长期护理等。纵观国内外文献，早在 1963 年美国的医疗救助福利部（Department of Health Education & Welfare）就对长期照护对象下过定义，认为长期照护对象是指因身心疾病、功能障碍而需要长时间的医疗、护理或支持性健康照护的对象，另外因严重急性伤病，而需长期恢复治疗的病人。长期照护作为人口老龄化社会的必然和重大需求，长期以来被国内外学者广泛研究，世界各国法律法规以及不同学者对于其有不同的叫法，例如："长期照护""长期护理""长期照顾""长期介护""长期照料"等[1]。

从时间维度来看，Jackson 等人认为老年人长期照护是一个持续的过程，一般不低于 90 天[2]。田申认为长期照护应区别于普通的医疗护理，其通常周期更长，一般长达半年或数年以上[3]。黄晨熹、汪静等将长期照护

---

① 曹艳春，王建云. 老年长期照护研究综述 [J]. 社会保障研究，2013（3）：56 -65.

② Jackson D D, Chapleski E E . Not traditional, not assimilated：Elderly American Indians and the notion of 'cohort' [J]. Journal of cross-cultural gerontology, 2000, 15（3）：229.

③ 田申. 我国老年人口长期护理需要与利用现状分析 [J]. 中国公共卫生管理，2005，21（1）：71-73.

的时间范围要求在持续或预期时间不少于一年①。林艳，党俊武等认为长期照护顾名思义就是照护一般要持续很长的时间甚至是无限期的照护②。当然也有一些学者如 chan 表示长期照护实际上是没有明确时间限制的③。尽管不同学者对于长期照护的时间长短有不同的认定，但都有一个共同特点，即长期照护区别于一般性照护和临时照护，是一种在一定时间范围内持续的照护服务，强调服务的持续性。

从长期照护的分类来看，清华大学老年学研究中心认为，长期照护服务既可以提供非专业的生活照料，也可以提供专业护理；既可以提供医疗保健，也可以提供生活照料；既可以由正规和专业机构提供，也可以由社区和家庭提供；可以连续提供，也可以间歇性地提供，提供者可以是专业护工、医生或者社会工作者等。在此基础之上，许多学者根据照护地点和主体的不同，将长期照护划分为非正式照料（即家庭照料）、正式的居家或社区照料（社会照料）以及机构照料三种形式。于戈、杨刚将其更加细化，依据照护的内容，长期照护的模式可以分为三种类型：安宁照护、居家照护以及机构照护④。从发达国家长期照护制度运行模式来看。赵春江等对日本长期护理保险制度进行了介绍，其中谈到市场化的保险可以作为养老服务的重要补充力量⑤。但就社会工作本身如何介入老人长期照护的问题，国内研究十分缺乏。

从循证社会工作介入长期照护来看，基于循证实践的老人长期照护研究在发达国家学界非常盛行，仅 Campbell 和 Cochrane 两大平台收录的老人长期照护循证实践研究就有上千篇。主要包括：针对无亲人陪伴的失能老

① 黄晨熹，汪静，陈瑛. 家庭长期照顾者的特征需求与支持政策：以上海市失能失智老人照顾者为例 [J]. 上海城市管理，2016，25（005）：70-76.
② 林艳，党俊武，裴晓梅，等. 为什么要在中国构建长期照护服务体系？[J]. 人口与发展，2009，15（4）：52-64.
③ Chan H B. A study family caregivers preference and its determinants for the long-term care service use for the impaired elderly [J]. Seoul：Chung-Ang University，1998.
④ 于戈，杨刚. 加拿大的长期照护 [J]. 社会福利，2009（5）：54-55.
⑤ 赵春江，孙金霞. 日本长期护理保险制度改革及启示 [J]. 人口学刊，2018，40（1）：79-89.

年人的研究，例如卒中幸存者长期护理研究的系统评价①；针对无亲人陪伴的失智者的研究，例如长期照护机构失智症常见经验症状的系统评价②；针对无亲人陪伴的老人面临长期家庭护理时决策依据的系统评价③，等等。在国内，何雪松教授第一个发表论文对循证社会工作进行了阐述。徐永祥教授也提出社会工作是现代社会管理与公共服务的重要手段，在现实生活中，社会工作通过为困难群体，如需要专业支持的老年人，提供专业服务，促进构建和谐社会。顾东辉教授也认为在养老与医疗行业，特别是慢病防控领域，社会工作的介入在多数国家已表现出显著改善效果，中国也应当借鉴。但是到目前为止，我国以循证社会工作的方法进行老人长期照护的证据研究几乎没有。

而在国际上，长期照护模式主要分为三种：一是家庭照护，一般由老人亲属在家庭中进行照顾服务；二是社区照护，主要在社区内提供一定程度的服务与支持；三是机构照护，由机构专业人员提供集中式照护，如养老院、临终关怀机构等。在照护目标上，长期照护可分为三个层次：一是满足老人基本的生存需求，二是提升老人的生活质量，三是满足老人个人的尊严需求④。

国内已有不少学者针对老人长期照护体系做了多视角、多学科的研究。张云英、胡潇月分析了2002—2015年国内外文献研究，发现我国的养老服务事业虽然已初具规模，但是专门针对失能老人的养老照护服务还在许多方面存在缺失。目前还未形成失能老人长期照护体系，没有相应的法

---

① Teo K, Slark J. A systematic review of studies investigating the care of stroke survivors in long-term care facilities [J]. Disability and rehabilitation, 2016, 38 (8): 715-723.

② Ellis-Smith C, Evans C J, Bone A E, et al. Measures to assess commonly experienced symptoms for people with dementia in long-term care settings: a systematic review [J]. BMC medicine, 2016, 14 (1): 1-12.

③ Gravolin M, Rowell K, de Groot J. Interventions to support the decision-making process for older people facing the possibility of long-term residential care [J]. Cochrane Database of Systematic Reviews, 2007 (3).

④ OECD. Long-Tem Care for Older People [C]. OECD Publishing, 2005.

律制度与监督体系①。赵怀娟梳理了国内学界关于老人长期照护服务供给问题的相关研究，指出国内学界关于老人长期照护问题的研究成果正逐渐增多，在试图对其事业发展进行理论探讨和制度设计的同时，提出老人长期照护是一个复杂的系统，不仅需要关注服务供给问题，还需要着力解决长期照护立法、筹资、质量控制等关键问题②。同时，我国老年长期照护服务的供给状况不容乐观。主要表现在：第一，老人长期照护服务资源分散，供需结构失衡；第二，老人长期照护服务层次低，服务内容单一，与其实际需要存在较大差距③。国内外长期照护服务现状比较见表2-1。

表2-1　国内外长期照护服务现状比较

内容	国际	国内
需求挖掘	基于科学评估的多层次、综合性的需求	以生理需求为主，缺乏层次性、综合性需求评估
照护方式	以机构照护为主，家庭照护为辅	以非正式照护为主，正式照护为辅
服务前期评估	已有相应的长期照护评估体系，包含服务标准和规范准则等，如老年综合评估（CGA）、日常生活自主能力ADL	引用国际成熟的长期照护评估体系，近年开始老年评估工具CGA的应用研究
社会工作服务	专门的第三方部门机构和社会工作者提供服务	公众对社会工作的认知水平低④，机构照护还未发展成熟；社会工作者专业程度需提高

　　① 张云英，胡潇月. 城市失能老年人长期照护体系研究综述：基于2002—2015年国内外文献研究 [J]. 湖北经济学院学报，2016（4）：80-86.
　　② 赵怀娟. 老年人长期照护服务供给：国内学者相关研究综述 [J]. 福建江夏学院学报，2012，2（5）：62-67.
　　③ 吴蓓，徐勤. 城市社区长期照料体系的现状和问题 [J]. 老龄问题研究，2007（7）：36-48.
　　④ 许晓芸. 老化与照护：失能老人的长照困境与社会工作服务：基于B市Y社区的调查 [J]. 社会工作，2019，2（1）：81-90.

表2-1(续)

内容	国际	国内
服务内容	失能评估、个案管理、社区服务、缓解照护①（含喘息服务）、辅助设备和器械②；服务内容具有传递性和连续性	仍以个案、小组、社区三大服务为主，未形成老年领域专业照护服务内容；服务传递性和连续性不强
服务效果评估	科学、专业的评估工具；形成书面报告，政府老年领域法律法规制定的决策依据	通过回访、探视等，以工作者和服务对象主观感受为主
证据智库	循证信息支持平台（Medskills）、循证精神卫生（EBMH）、Campbell合作网等	仅循证社会科学数据库（ESS）和中国儿童与老年健康证据转化数据库（CCET）
服务提供者	涉及医护人员、保健师、康复治疗师、社会工作者等跨专业团队合作，共同服务老人	医院主要以医护人员、护理员为主，社区以家属、社会工作者为主，没有形成团队合作，各服务环节分散
服务资源	根据不同老年群体、不同地区的需求特征进行服务供给	资源分散，地区间发展不平衡，供需结构失衡
研究重点	近年更关注长期照护服务的优化和照护质量的提升，如用药管理、疾病管理、姑息护理等；重点放于优化策略等的实证检验上③	主要集中于经验总结和现状调查，提出对策和建议，较少通过实证研究进行检验
法律法规	以立法作为保障，具有比较完备的老人长期照护法律体系	有关老人照护方面的专门性法律或法规尚未颁布④，制度空缺、体系不健全

20世纪末，美国面临不断攀升的公共卫生、医疗支出问题。在寻求解决方法时，通过发端于医学领域的循证实践方法来介入干预，缓解了公共

① 指有专门的机构，为刚出院或暂时失能的老年人提供过渡性的照护服务。

② Edwards NI Meara J. Care of disabled Older People in the Community [J]. Clinical gerontology, 1999 (5)：363-369.

③ 谢铃莉，季雨楠，等. 国内外老年人长期照护研究热点的共词聚类分析 [J]. 中国全科医学，2019，3 (9)：1119-1124.

④ 李志强. 我国老年人长期照护保险立法研究 [J]. 兰州学刊，2015 (4)：110-120.

卫生和社会工作的困境，减少了社会资源的浪费①。循证实践的干预效果得以显著体现，随后很快在全球传播、应用和发展。老人长期照护涉及大量的资源分配和决策制定。任何的法律条文、福利制度的制定，都需要"循证"支撑，实施效果要"求证"反馈。因此，循证社会工作介入长期照护作为一种科学性、严谨性、专业性的研究范式和实践方法，不但能改善我国传统服务模式的一些弊端，也是发达国家提升老人长期照护效果的已然选择。

（三）概念界定

对于照护的概念界定，学者们一般是从照护对象、照护内容、照护方式三个方面进行定义。对于照护对象范围的确定，在 1963 年首次由美国医疗救助福利部（DHEW）提出 LTC（长期照护）这一名词，将出现身心疾病、功能障碍的人纳入照护范围。世界卫生组织将不能完全自理的人视为照护对象。Kane 将这类人群的特点归纳为自我照护能力缺失②。中国 2016 年发布的《关于开展长期护理保险制度试点的指导意见》中将照护对象界定为长期处于失能状态的人员③。尹尚菁、杜鹏将功能障碍，即生活不能自理的失能者与认知功能障碍的失智者看作照护的主要对象④。也有学者如荆涛将因意外、疾病或衰弱导致身体或精神受损而导致日常生活不能自

---

① 杨文登. 循证实践：一种新的实践形态 [J]. 自然辩证法研究，2010 (4)：106-110.

② Kane. R. A. &Kane, R L. Long-term care：Principles, pro-grams and policies [M]. New York：Springer，1987：55-70.

③ 人力资源社会保障部办公厅关于开展长期护理保险制度试点的指导意见，2016，http://www. mohrss. gov. cn/gkml/zlbmxgwj/ylbx ＿ 3063/201607/t20160705 ＿ 242951. html.

④ 尹尚菁，杜鹏. 老年人长期照护需求现状及趋势研究 [J]. 人口学刊，2012 (2)：49-56.

理的个体视为照护对象①。徐晓君等认为长期照护人群是身心功能受损的人群，老年人是这类人群的主体，即患有长期慢性病的老年人或半自理和不能自理的失能老人②。蒋华等人将存在认知障碍或者由于伤残、患慢性病及衰老等原因导致生活不能完全自理的人视为照护对象③。尽管各个组织与学者对于照护对象的文字表述各有不同，但不难看出对于照护对象已经形成了基本共识，即先天或后天疾病、伤残、精神障碍等原因导致的不具有完全自理能力的个体。而老年人因其生理特殊性，其中的失智老人与失能老人以及精神障碍老人成为这一特征人群的最大组成部分，因此许多研究直接将这一群体视为长期照护的对象。

关于长期照护的内容，Kane 认为照护主要是增强或维持身体功能，提高其正常的独立自主生活能力，从医疗、护理、个人与社会性服务的照顾等几方面提供服务④。世界卫生组织以保证生活不能完全自理的人能获得最大可能的独立、自主、参与、个人满足及人格尊严，维持最佳的生活品质为目标，进行健康照护、个人护理和支持服务等方面的服务。欧洲经合组织（OECD）认为长期照护内容包括健康、个人及社会的内容，具体可以是由专业组织提供的医疗监测、缓解疼痛、药物管理和康复、预防、基本日常生活活动等。张云英、王薇提出了"四位一体"的综合服务体系，将照护内容定义为经济供养、医疗服务、日常生活照料、精神慰藉四个方面，并将这四者视为一个整体，提供的服务内容应该是整全的服务⑤。林艳等则认为除了在常规的生活照料、康复护理、精神慰藉、社会交往这四

---

① 荆涛. 建立适合中国国情的长期护理保险制度模式 [J]. 保险研究，2010（4）：77-82.

② 徐晓君，薛兴利. 关于老年人长期照护服务问题的研究综述 [J]. 产业与科技论坛，2017，16（23）：96-98

③ 蒋华，俞洁毅，刘涛. 失能老年人长期照护现状与建议 [J]. 全科护理，2019，17（22）：2712-2714.

④ Kane. R. A. &Kane, R L. Long-term care：Principles，pro-grams and policies [M]. New York：Springer, 1987：55-70.

⑤ 张云英，王薇. 发达国家和地区空巢老年人长期照护的经验与启示 [J]. 社会保障研究，2012，(6)：17.

个方面提供服务，还应该提供临终关怀的服务[①]。陈莉莉[②]与卜子涵、黄安乐等[③]一批学者认为照护内容应是生活照料、医疗保健、精神慰藉等，但首先应考虑满足老人的生活照料需求，保证老人日常生活舒适度，在此基础上再提供医疗保健类、精神慰藉类服务。而对于失能老人来说其最主要的是日常生活照护、精神慰藉等，辅之以看病送药、社会交往等服务。不同组织或学者对于长期照护的内容有一定的争议，但普遍视日常生活照料为最基础和最重要的照护内容，同时也将健康医疗保障、精神慰藉服务、社会性服务视为较为重要的服务内容，当然这些照护内容都是取决于照护对象实际需求，而并不是一成不变的固定板块。长期照护的服务内容，更强调整全的照护视角，是区别于健康护理、家政照料等单一领域的照顾服务。

对于长期照护的照护方式的认定普遍存在两种观点。一种认为长期照护只能通过专业的照护机构如护理院、养老院等提供服务，例如经济合作与发展组织（OECD）提出长期照护一定是由专业组织对人员进行全面医疗培训而提供的专业服务。另一种观点也是目前比较主流的观点，如世界卫生组织（WHO）、美国卫生与公众服务部（HHS）、NCPC、Binstock & Spector 等机构认为非正式照护应当与正式照护一道共同组成长期照护的服务方式[④]。非正式照护与正式照护究竟是怎样的关系呢？一些学者认为正式照护与非正式照护并不是二元对立的，而是有机结合的并呈现出交织和混合的状态。两种照护方式需要共同合作满足照护对象的需要，这就强调两种照护方式之间形成相辅相成的互补关系。在进行长期照护过程中，将

① 林艳，党俊武，裴晓梅，宋岳涛，林艳. 为什么要在中国构建长期照护服务体系？[J]. 人口与发展，2009，15（4）：52-64.

② 陈莉莉，翁林舒. 老年人居家护理服务需求状况文献分析 [J]. 中国公共卫生管理，2018，034（001）：55-58，70.

③ 卜子涵，黄安乐，薛梦婷，等. 我国长期护理保险制度试点方案的比较与思考 [J]. 中国社会医学杂志，2021，38（6）：604-607+612.

④ 丁一，吕学静. 发达国家地区老年人长期照护制度研究综述兼论中国老年人长期照护制度的对策 [J]. 学术论坛，2013，36（12）：120-128.

正式照护提供专业科学的照护服务和方法与非正式照护中的家庭、朋友、环境的情感纽带中的精神慰藉与社会支持相结合，合力回应照护对象的需要。另一些学者则认为两种照护方式是此消彼长的，正式照护的增加将会导致非正式照护的减少，两者是一种替代关系，都可以满足照护对象的需求。对于这两类观点的区别，一些学者认为正式照护与非正式照护之间的关系较为复杂，不能简单地用互补与替代两种关系来进行界定①。基于正式照护与非正式照护两种方式的模式，根据服务对象的提供者不同，将照护分为家庭、社区和机构照护三种模式②。张燕认为目前在中国有居家照护、家庭照护、社区照护与机构照护四类③。

综上所述，本书对老年人长期照护的定义是：老年人长期照护是一种时间周期较长且相对稳定，对因先天或后天疾病等原因导致的失能、失智或失心（精神障碍）老人而采取的一种由多元主体提供的结合生活照料、健康医疗保障、精神慰藉服务、社会性需求满足为一体的整全式照护服务。其基本特征为：第一，照护的连续性。长期照护的服务区别于普通的医疗护理，它的时间周期相对较长且相对稳定，这种照护强调的应该是对照护对象的一种持续稳定的服务过程。第二，照护客体的独特性。老年人长期照护的客体由于先天或后天疾病等原因导致一定程度的广义上的失能，具有其生理特殊性，一般为失能、失智与失心老人。第三，照护的整全性。老年人长期照护的内容既不同于康复护理的以病症消除为主要内容，也不同于家政照顾的以日常生活照料为主要内容，它更强调的是依据服务对象的具体需求，灵活为照护客体提供一种结合日常生活照料、健康医疗保障、精神慰藉服务、社会性需求满足为一体的整全式服务。第四，服务方式的多元性。照护主体既可以是正式照护的机构照护，如养老院、

---

① 曹艳春，王建云. 老年长期照护研究综述 [J]. 社会保障研究，2013 (3)：56 -65.

② 周春山，李一璇. 发达国家（地区）长期照护服务体系模式及对中国的启示 [J]. 社会保障研究，2015 (2)：83-90.

③ 井坤娟，王硕. 老年人长期照护研究现状及思考 [J]. 医学研究与教育，2014，31 (4)：66-70.

照护所、康养所等专业的机构，也可以是由家庭成员、亲戚朋友、社区资源等居家照护和社区照护的非正式照护方式。既可以在专业场所接受照护，也可以在自己或亲属家中、辅助性生活场所以及社区日间照料中心等地接受照护服务。

三、循证社会工作

（一）研究动态

在循证社会工作出现之前，循证实践被广泛运用于各种学科领域。循证实践（EBP）起源于循证医学（EBM），在国际上产生了重大影响，EBM 在美国、英国、加拿大最先流行起来，它是被用来确定治疗疾病、促进健康方式选择的最理想方法。

循证实践的发展运动始于美国。在 20 世纪初，美国医学上的成功，包括消毒手术、疫苗接种和公共卫生设施，使人们开始区分科学医学和非理性治疗，这些趋势鼓励美国医学协会（AMA）重新加强对医生治疗手段的质量控制。同时，美国医学会也要求基于科学和严格的临床培训的课程进行标准化。在整个 20 世纪和 21 世纪，以标准化方式提供最佳医疗保健实践的运动在美国一直较为活跃。在英国，Archibald Cochrane 是英国循证实践的领头羊，Cochrane 是一位流行病学家。他认为，经济资源总是有限的，应该公平、明智地进行资源分配，支持在高质量随机对照试验中得到证明的卫生保健证据。在 1992 年，Cochrane 国际志愿组织成立，该组织致力于对治疗方法的随机对照试验进行系统审查，以此命名也是为了纪念科克伦的成就。在加拿大，20 世纪 80 年代初，麦克马斯特大学培养了大量对临床流行病学感兴趣的教师，其中最关键的是 David Sackett，他在 1969 年发表了他的第一篇关于临床流行病学的文章，并成立了麦克马斯特小组。他们希望开发一种方法，让从业者在实际临床过程中实时参与循证医学过程，以克服自动的、无意识的决策偏见，这个小组在发展"卫生信息学"这个循证实践不可或缺的领域方面发挥了关键作用。

随着各国循证实践的逐步发展，社会工作者逐渐意识到提高社会服务质量需要实践证据的重要性，循证社会工作由此逐渐产生。但循证社会工作的开展并非完全是专业自身的选择。齐铱认为世界各国都逐渐意识到社会资源具有有限性，这决定了政府和公众需要公共支出的决策者和服务者为公共支出的效果提供证据以便于评价①。另一方面，EBP让社会工作的发展有证据可行，帮助社会工作者发展批判性评估技能，促使他们参与实践和政策相关研究的设计和批评，最大限度地提高知识和相关知识差异的信息流动。既运用科学方法证明服务的有效性，又使得社会工作者针对服务对象开展的服务具有有效性，这才能保持其专业地位。

国外的循证社会工作在20世纪90年代开始形成雏形。循证理念在社会工作领域最早可以追溯至1977年，美国学者Fischer撰写了"The Effectiveness of Social Casework"来反思社会工作个案服务的有效性②。1999年，甘布里尔（Gambrill）首次正式将循证实践的理念引入社会工作领域，按照是否遵循研究证据，以及遵循研究证据的程度将社会工作的实践分为"基于权威的实践"（authority-based practice）与"循证实践"（evidence-based practice）两大类别。"基于权威的实践"是指，将实践建立在实践者现有的知识体系、接受的流行观念、个人经验或专家建议的基础上；"循证实践"是指，将实践严格地建立在科学研究证据的基础上。循证实践的核心就是利用最好的证据来帮助从业者做出决定，并按照专业价值观进行实践。甘布里尔认为，社会工作实践者在选择服务方案时应谨慎明晰地使

---

① 齐铱. 主持人语 循证理念和方法：中国社会工作科学化和专业化发展的助推器［J］. 社会建设，2017，4（4）：28-29.

② Fischer JCC. The effectiveness of social casework. New York：Thomas Publisher，1976.

用科学研究的最佳证据，而非依靠权威。同时，其主张重视服务对象的感受和意见，重视研究和实践中的伦理因素。2003 年 Gibb 出版了第一本社会工作手册；同年 Rosen 和 Proctor 制定了循证社会工作指引。Cheetham 等人在《社会工作有效性评估》中也为循证社会工作的必要性提供了明确的指引。现阶段的社会工作循证实践更侧重于淘汰无效的治疗方法和实践，并推荐使用在逻辑上与预先确定的变化相关的干预措施。专业社会工作实践与循证实践的核心本质相契合，推动了循证导向的社会工作发展。专业社会工作实践的基本前提包括：必须响应服务对象的需求；目标导向和结果导向；受审查和问责；以科学验证的知识为指导；对其有效性进行评估。

国内循证社会工作发展较晚。2004 年何雪松教授提出了证据为本的实践对中国社会工作发展的启示，从西方社会工作专业发展来看，以科学研究为基础的实践是发挥社会工作专业优势的重要策略之一①。2015 年 12月，中国社会工作协会和美国南加州大学社会工作学院共同举办了第一届循证社会工作研究方法高级研修班，邀请了全国各地 25 名高校教师骨干参加学习。2017 年 8 月，美国南加州大学社会工作学院齐铱教授在《社会建设》杂志的邀请下，发表了针对循证社会工作研究专期的文章以及部分研修班小组的论文，对循证实践理念和方法在中国社会工作发展中的必要性和可行性做了系统介绍。2017 年 9 月，第一届循证社会工作研究与证据合成国际研讨会由南京理工大学召开，国内外近百名学者受邀参加，共同探讨推动中国循证社会工作发展的路径。C2 前主席 Littell 也受邀前来中国开展 Campbell 系统评价培训，社会工作循证实践已经成为中国社会工作研究的主要方向之一②。2018 年 10 月，第一届循证社会科学研究方法高级研修班暨第五届循证社会工作研究方法高级研修班由南京理工大学举办，面向

---

① 何雪松. 证据为本的实践的兴起及其对中国社会工作发展的启示 [J]. 华东理工大学学报：社会科学版，2004，19（1）：6.

② 齐铱. 循证理念和方法：中国社会工作科学化和专业化发展的助推器 [J]. 社会建设，2017，4（4）：2.

的学科领域由社会工作扩展到社会科学，是我国循证实践理念和方法逐步发展的佐证。2019 年 11 月，国际 Campbell 协作网与南京理工大学联合发起成立 Campbell 中国联盟，致力于循证社会科学的发展和新文科平台的建设，至 2021 年 Campbell 中国联盟开发了中文证据 6 223 条。

近年来，国内社会工作专业已感到开展循证实践研究、制定项目方案和有效决策的迫切性。在社会工作领域中循证实践理念和方法的运用是一种新的尝试，也是对传统社会工作模式的补充。但是循证理念在我国社会工作领域兴起较晚，从发表相关文献尚少的客观情况来看，国内学者对于循证社会工作的认知度、研究度还不足。并且遗憾的是，能够满足决策者需要的高质量证据比较少，服务提供者欠缺应用研究证据证明所提供服务的有效性的意识，尤其是社会工作学科方面的高质量证据少且分散，不易获得。社会工作很少有研究能作为随机临床试验的例证，其中一个原因是社会工作者了解社会工作实践的复杂方式，因为社会工作者实践的核心是"处境中的人"，造成这个"处境"的因素多元且复杂，包括社会和环境因素等。所以循证社会工作的发展也受到一些学者的质疑。Webb 提出了一个特别发人深省的警告，即如果不加批判地接受 EBP 的基本假设，将与社会工作实践的现实不相容，社会工作实践是反射性的、互动的、不可预测的，而不是常规的和"理性技术"的[①]。Sheldon B 针对 Webb 提出的问题表示赞同，人类并不是理性的代理人。从历史、文化、心理学可以看出人类是非常复杂的生物，人类具有影响感知和认知的能力，这阻碍了用更广泛的经验证据来理性地证明行动过程模式的发展[②]。因此，社会工作学者需要根据决策和实践需求，通过全面获取、分析、加工、保存、共享可靠证据，不断创造新的研究证据，去解决新出现和未被解决的重大决策与实践问题。

---

① Webb S A. Some considerations on the validity of evidence-based practice in social work [J]. British journal of social work, 2001, 31（1）：57-79.

② Sheldon B. The validity of evidence-based practice in social work：A reply to Stephen Webb [J]. The British Journal of Social Work, 2001, 31（5）：801-809.

（二）概念界定

循证社会工作相较于循证医学、循证心理学等发展较晚，所以学界对循证社会工作的定义参考了其他学科领域的相关定义。循证实践发展到今天已经成为一个常见术语，在不同的专业学科纳入循证实践会包含一些不同的含义。在公共卫生和一些医学领域中，循证实践被认为是该行业的实践指南或政策指导方针，通常由联邦机构或专业组织发布的指导方针来具体规定解决特定问题或障碍的最佳实践证据。实践指南在名义上给治疗建议制定了框架，指定了针对疾病、生理心理社会状况或生活问题的最佳研究支持的治疗方法。在循证心理学领域，心理学引入循证实践的原因在于心理学虽然有大量的研究，但选择干预措施并没有一个明确的标准基础，也没有科学证据证明哪些程序在哪些情况下是有效或无效的。2005 年，美国心理协会（APA）采用了循证实践政策模式，该政策的描述是"心理学的循证实践是在患者特征、文化和偏好的背景下，将最好的现有研究与临床专业知识的整合"。在循证社会科学领域，Blunkett 在 2000 年对英国国家经济和社会研究委员会（ESRC）的一次演讲中提到社会科学研究证据是政策发展和评估的核心，我们需要依靠社会科学和社会科学家来告诉我们什么有效、为什么有效，以及哪些类型的政策举措最有效[1]。我国学者在循证社会科学研究中也取得了一定成就，杨克虎教授认为循证社会科学就是针对社会科学各领域要解决的问题，基于当前可得的最佳证据，充分考虑服务对象的价值意愿和具体客观条件及环境因素，进行科学决策和实践[2]。

在循证社会工作领域，早在 1917 年，玛丽·里士满在社会诊断一书中就有了关于证据作为社会工作基础的扩展和法律导向的相关陈述。一些社会工作者定义循证社会工作时参考了"循证医学之父"——牛津大学

---

① Falaschetti D. Deficits Do Matter: They can improve government quality [J]. SSRN Electronic Journal, 2008. DOI: 10.2139/ssrn.1114012.

② 杨克虎. 循证社会科学的产生、发展与未来 [J]. 图书与情报, 2018 (3): 1-10.

Sackett 教授及其他学者共同得出的有影响力的循证医学（EBM）定义：
"医生严谨、清晰、明智地运用当前最佳的证据来为患者个体进行医疗决策"①，要求"集成最好的研究证据与临床专业知识和病人价值"②。
Sackett 等人也提出循证医学的观点同样适用于社会工作。Gibbs 认为基于循证的社会工作实践意味着将服务对象的利益放在第一位，基于证据的从业者采用了一种终身学习的过程，包括不断地提出对服务对象具有实际重要性的具体问题，客观而有效地寻找与每个问题相关的当前最佳证据，并在证据的指导下采取适当的行动③。循证社会工作的定义与社会工作引入循证实践的目的相辅相成，Gambrill ④⑤认为 EBP 使社会工作者远离权威性的做法和政策，此外，它通过告知服务对象有关服务的有效性和危害性来增加履行职业道德的机会，通过使用有效的服务，明智地分配稀缺资源，让服务对象参与实践过程，考虑到服务对象的差异，进行个别化决策，提供最佳的社会工作服务。

综上所述，本书对循证社会工作的界定是解决社会问题或回应服务对象需求时，充分考虑服务对象的价值意愿和宏观环境因素，参考当前可得最佳研究证据进行决策和实践。循证社会工作有三个核心内容：研究者的研究证据、社会工作者的专业技能、案主的独特性。在研究证据的支撑下，利用社会工作者的专业技能，结合服务对象的不同价值取向，选择最佳实践方式针对性地开展服务，也就是通过理论、研究、决策、实践的转化，最终实现学科更专业、决策更科学、服务更有效、对象更满意的目标。

① Sackett D L, Rosenberg W M C, Gray J A M, et al. Evidence based medicine：what it is and what it isn't [J]. Bmj, 1996, 312（7023）：71-72.

② Samuel O. Evidence-based medicine：how to practice and teach EBM（2nd edn）[J]. Family Practice, 2000, 17（4）：356-356.

③ Gibbs L E. Evidence-based practice for the helping professions：A practical guide with integrated multimedia [M]. Brooks/Cole Publishing Company, 2003.

④ Gambrill, Eileen, D. Evidence-Based Practice：Sea Change of the Emperor's New Clothes? [J]. Journal of Social Work Education, 2003.

⑤ Gambrill E. 3. Evidence-Based Practice：Implications for Knowledge Development and Use in Social Work [M] //Developing practice guidelines for social work intervention. Columbia University Press, 2003：37-58.

第三章

现状与问题

一、人口老龄化现状

人口老龄化是指人口生育率降低和人均寿命延长导致的总人口中因年轻人口数量减少、年长人口数量增多而形成的老年人口比例相应增长的现象。人口老龄化具有两个含义：一是指老年人口相对增多，在总人口中所占比例不断上升的过程；二是指社会人口结构呈现老年状态，进入老龄化社会。国际上通常的看法是，当一个国家或地区60岁以上老年人口占人口总数的10%，或65岁以上老年人口占人口总数的7%，即意味着这个国家或地区处于人口老龄化状态。

我国在2000年的时候，65岁及以上老人数量达到我国总人口的7%，自此中国迈入老龄化社会。而且近二十年我国的老龄化速度不断加快，国家统计局数据显示，截至2023年年末，全国60岁及以上人口为29 697万人，占我国人口总数的21.1%。

（一）综合生育率

人口老龄化不断加重的问题，持续影响到我国的社会经济和科技发展，其中具有一定的综合性与复杂性。分析1990—2019年中国的人口出生率，我们发现随着经济的发展，人口出生率开始降低，人口自然增长率也随之下降，见图3-1。

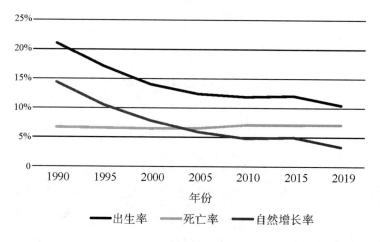

图 3-1　1990—2019 年我国人口出生率、死亡率和自然增长率对比变化

　　我国官方发布的《国家人口发展战略研究报告》提出，全国总和生育率在未来 30 年应保持在 1.8 左右，过高或过低都不利于人口与经济社会的协调发展。还指出，20 世纪 90 年代中后期，总和生育率已降到 1.8 左右，并稳定至今。但事实上，中国在十年甚至十五年间，总和生育率是大大低于 1.8 这个警戒线的。2000 年人口普查、2005 年 1% 的人口抽样调查，以及十多年间的每年人口变动抽样调查和生育调查结果均显示，自 20 世纪中期以来中国的总和生育率一直低于 1.5，从来没有接近过 1.8。人口老龄化的出现，不仅难以为国家和市场注入新鲜血液，并且还占用了大量的社会资源来解决随人口老龄化出现的相应问题。

（二）抚养比

　　图 3-2 显示的是 1990—2019 年我国老年抚养比变化，从 1990 年的 8.3% 涨到 2019 年的 17.8%，逐年递增，并且上升的速度也越来越快。这意味着中年人群人均负担的老年人数越来越多，现在普遍一个家庭需要承担四个老人的赡养义务，在经济发展跟不上老龄化速度的现状下，中年人面临的养老压力越来越大。

　基于循证实践的社会工作介入老人长期照护证据的整理、转化与启示研究

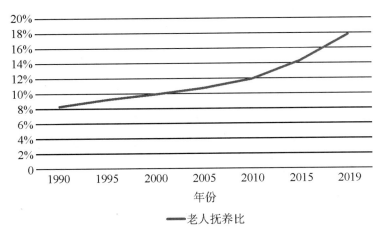

图 3-2　1990—2019 年我国老人抚养比变化

（三）　性别比

由图 3-3 可知，中国男性人口比女性人口多出 5 100 多万，与之前的 6 000 万相比是有所下降的。但是 2005 年中国人口性别比为 102.19%，这超出了正常男女比例，也相应导致了新生儿的减少。男女比例失调说明部分家庭成员规模不够大，单身男性多于单身女性。并且男女比例失衡也是一个相当严峻的社会问题。

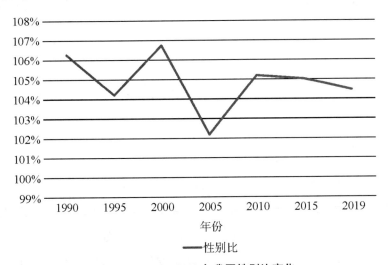

图 3-3　1990—2019 年我国性别比变化

（四）老龄化率

从 2000 年到 2010 年，我国老年人口比重提高了接近 3 个百分点。而 2010 年之后的 40 年，每十年老年人口比重将分别提高 4.7、8.0、5.2、5.3 个百分点。2019 年，这一数据已经快速上升到 2.538 8 亿人，占比 18.1%，比九年前提升 4.84 个百分点。

（五）慢病率

根据 2020 年《中国居民营养与慢性病状况报告》，在所调查的 9 936 名老年人中，约 71.2% 的老年人都患有一种以上的慢性疾病，其中男性患病率为 68.87%，女性患病率为 73.41%；患有 2 种及以上慢性病的老年人达到总人数的 45.9%；患有 3 种甚至 3 种以上慢性病的老年人，超过总人数的 25.2%。并且随着年龄的增长，个体免疫力与身体机能随之退化，老年人患慢性疾病的风险不断提高。危害老年人常见的慢性病主要有心脑血管疾病、癌症、糖尿病、慢性呼吸系统疾病，其中心脑血管疾病包含高血压、脑卒中和冠心病。这 4 种慢性病最为常见，对老年人的健康影响最大。

二、老人长期照护现状

美国健康保险协会（HIAA）认为，长期照护是指为患有慢性疾病（如认知障碍）或处于残疾状态（如功能性损伤）的人持续提供相对较长时间的护理。世界卫生组织（WHO）认为，长期照护是指，确保那些没有完全自我护理能力的人不仅能够得到基本的生活、医疗服务，还能享受更为高端的人性化、专业化服务，并获得最大程度的独立、自主和个人尊严。荆涛认为，长期照护的服务对象是指由于意外、疾病或虚弱造成的身体或精神损害而无法在日常生活中照顾自己的个人，他们通过长期照护服务，可以有效修复失去的日常生活能力，提高晚年生活质量①。因此，受到长期照护的老人通常为失能老人。

失能化是长期照护需求产生的一个重要因素，失能老人对护理照料的需求最多也最为迫切。通过调查显示老年群体年龄每增加 5 岁，失智症的发病率就会增加 1 倍；在 85~90 岁时，罹患该病症的老年人将高达 25%~33%，即每 3~4 位老年人中，就有一位需要接受长期照护服务。将失智症纳入长期照护服务体系将是未来的发展趋势。

生活自理能力通常是用日常生活自理能力量表（ADL）来测量，或者综合 ADL 量表与工具性日常生活能力量表（IADL）进行评级。关于老年认知功能，常用的测量方法有 MMSE（简明精神状态量表）、HDS（长谷川痴呆量表）、CASI（认知能力筛查量表）、SPMSQ（简易精神状况量表）等，其中 MMSE 量表是国内外最普及、最常用、最具有影响力的认知缺损筛查工具之一。

按照目前的老年人身体健康状况来看，失能、失智老年人口数量较大，约占全国老年人口的 18.3%。截至 2014 年年底，我国 80 岁以上老年人口数量达到 2 300 万，患有一种或多种慢性疾病的老年人口数量达到了近 1 亿，功能障碍老年人口数量达到了 3 750 万，失智老年人口数量达到了 810 万，超过 1 500 万老年人具有长期照护需求。

---

① 荆涛. 建立适合中国国情的长期护理保险制度模式［J］. 保险研究，2010（4）：77-82.

（一）失能老人数量

我国已进入人口老龄化、高龄化的快速发展阶段。2021 年第七次全国人口普查数据显示①，截至 2020 年年末，中国 60 岁及以上的人口为264 018 766人，占总人口的 18.70%，其中 65 岁及以上人口为190 635 280人，占总人口的 13.50%，见表 3-1。

表 3-1　第七次全国人口普查人口年龄结构

年龄	人口数/人	比重/%
总计	1 411 778 724	100.00
0~14 岁	253 383 938	17.95
15~59 岁	894 376 020	63.35
60 岁及以上	264 018 766	18.70
65 岁及以上	190 635 280	13.50

第四次中国城乡老年人生活状况抽样调查结果显示，我国失能、半失能老年人大约 4 000 万人，占老年人口的 18.3%。合理预测人口结构及老年人口发展趋势，是研究养老服务业需求的基础。不同学者和研究机构对中国老年人口失能率进行了估算，但研究的结果有明显不同。根据我国第七次人口普查数据以及不同学者采用不同预测模型进行我国失能老人数量的预测②③，结果见表 3-2。

---

① 国家统计局. 第七次全国人口普查公报（第五号）[EB/OL]. (2021-05-11). http://www.stats.gov.cn/tjsj/zxfb/202105/t20210510_1817181.html.

② 郭庆, 吴忠. 基于 Markov 模型的群体分异视角下失能老人长期护理需求预测及费用估算 [J]. 中国卫生统计, 2021, 38 (6): 870-873.

③ 朱大伟, 于保荣. 基于蒙特卡洛模拟的我国老年人长期照护需求测算 [J]. 山东大学学报（医学版）, 2019, 57 (8): 82-88.

表 3-2　我国 2025—2050 年失能老人数量预测

年份	失能老人/万人
2025	3 304.9~3 852.383
2030	4 030.9~4 693.424
2035	4 767.5~5 355.925
2040	5 391.1~5 609.788
2045	5 809.982~5 959.3
2050	6 282.228~6 551.4

（二）长期照护的年龄与性别特征

随着年龄的增大，老年人口健康状况变差，失能率随着年龄的增加不断上升。在失能老人的年龄差异方面，随着年龄的增长，老年人失能的比例呈现出急剧上升的趋势。平均而言，中龄老人（70~79 岁）失能发生比例高出 60~69 岁低龄老人近 3~5 个百分点，而高龄老人（80 岁及以上）失能的发生比例最高，处于 30%~40%，也就是说每 3 个高龄老人中就有 1 个处于失能状态[1]。

老人自理能力丧失状况存在显著性别差异。总体上，老年人失能的发生比例在 22%~30%，其中女性失能发生率高于男性。具体而言，在失能老人的性别差异方面，女性发生失能的比例远远高于男性，各年份的统计结果显示女性老人失能比例接近 30%，高出男性老人平均失能水平（20%）近 10 个百分点。

---

[1]　刘二鹏，张奇林. 失能老人子女照料的变动趋势与照料效果分析［J］. 经济学动态，2018，（6）：92-105.

（三）长期照护的类型

长期照护的类型分为三类，不同照护服务模式有不同的内容特点，见表3-3。

表3-3 不同照护服务模式的内容特点

类型	服务场所	服务内容特点	优缺点
家庭照护	家庭	由家庭成员、亲属、邻居和朋友提供照护服务	符合传统孝道观念，满足失能老人的安全感和归属感，但照护服务缺乏专业性，子女承担养老负担加重
社区居家照护	家庭与社区	提供专项服务，如生活照料、上门看病送药、聊天陪护等；提供日间或短期综合照护及康复护理服务	就地化养老的便捷性；专业性；减轻家庭照护者负担
机构照护	养老机构	长期的综合照护及康复护理	可提供专业化的照护服务，包括生活照料和医疗照护等；费用较高

第一，家庭照护。所谓家庭照护，指的是由家庭成员、亲属、邻居或朋友在自己家中为老年人提供长期照护服务的一种方式。该照护方式是一种非正式照护，提供的服务内容涵盖了老年人生活的方方面面，包括老年人的心理健康、精神慰藉、情绪管理等。目前在我国，家庭照护模式是失能老人获取照护服务的首选方式，这与我国的孝文化以及"养儿防老"的观念息息相关。失能老人在自己熟悉的生活环境居住，能够在生理和心理上得到满足，和子女的紧密联系能够使失能老人保持良好的心情，给予其精神慰藉。因此，对于失能程度不高、家庭经济条件一般的老年人来说，家庭照护模式在减轻家庭经济压力的同时，也可以让失能老人自身得到较好的照护。

第二，社区居家照护。所谓社区居家照护，指的是老年人居住在家中或者社区养老机构时，通过使用社区提供的各种服务，如日常生活照料、上门看病送药、陪同聊天、定期体检、日间托养等，从而满足自身的照护需求的一种新型照护服务模式。一方面，社区居家照护模式保留了家庭照护服务模式的优点，可以缓解家庭照护者的压力；另一方面，也吸收了机构照护服务模式的专业性优点。因此，社区居家照护服务模式更加适合轻中度失能老人，而且社区居家照护模式的发展对于我国的社区建设发展有较高的要求。

第三，机构照护。所谓机构照护，即失能老人居住在专业的养老机构，由机构照护人员为其提供照护服务的模式。对于那些无法获得家庭照护、社区居家照护服务，无法满足其自身照护需求的老年人来说，机构照护为其提供了新的选择。当失能程度较严重时，机构照护的专业性在一定程度上能满足失能老人群体的日常照护需求。当失能老人缺乏家人照护时，机构照护是失能老人照护保障的较优选择。随着经济的发展、养老机构市场的规范化，以及人们养老观念方式的改变，选择机构照护服务也成了失能老人获得长期照护服务的新趋势。

（四）长期照护的总体特征

随着现代科学技术的进步和医疗条件的改善，老年人健康状况改善、预期寿命延长成为可能，基数庞大的老年群体对各种老年人长期照护服务的需求也随之增加。

1. 我国失能老人长期照护人口结构特征

在需要长期照护和正在进行长期照护服务的老年群体中，女性老人多于男性老人，高龄老人多于中龄老人多于低龄老人。

2. 我国失能老人长期照护模式正在由以家庭护理为主，向以社区与机构护理为主进行转变

我国主要有三种照护模式，相比于机构照护模式，居家照护模式在我国养老照护服务中更具基础性地位。但随着人口老龄化程度加深、家庭结构变迁等因素，传统以家庭赡养为主的养老模式显得日益窘迫，越来越多

的家庭往往难以抽出足够多的照护资源来供给家中的失能老人。因此，不断有家庭开始选择社区或机构护理，这将成为未来失能老人长期照护的主要模式之一。

3. 我国养老服务专业人才需求不断扩大

伴随着城乡居民家庭小型化和"421"家庭（4位老人+1对夫妇+1个孩子）的普遍化，未来由家庭成员提供老年人照护服务的家庭护理模式占比将不断下降，由社区、家政、养老机构和医疗护理机构提供照护服务将成为更主要的老年人护理模式。这对我国未来养老事业的相关专业人才需求产生巨大影响①。

4. 我国老人长期照护体系尚未构建

我国失能人口基数巨大且增长速度较快，在很多国家和地区已经把老年长期护理保险作为应对老龄化危机的重要手段，我国国情很难复制发达国家的保障模式。在我国，政府和国民分摊长期护理保险制度更符合我国国情。而我国现在老年长期护理体系构建尚未起步，尽快建立健全这一社会保障制度是我国养老事业发展的当务之急②。

三、失能老人长期照护需求

关于失能老人长期照护的需求，不少学者对此有着不同的界定，通过他们所设计的失能老人长期照护调查问卷便能看出其中的差异性。陈申基于 Barthel 和 Faq 问卷所设计的未满足需求问卷，涵盖了进食、穿衣、洗澡

---

① 李建伟，吉文桥，钱诚. 我国人口深度老龄化与老年照护服务需求发展趋势 [J]. 改革，2022，(2)：1-21.
② 景跃军，李涵，李元. 我国失能老人数量及其结构的定量预测分析 [J]. 人口学刊，2017，39 (6)：81-89.

等 17 个条目，此问卷主要是针对失能老人的日常生活照护需求而设计的。陈柳柳在各文献的基础之上所设计的养老机构失能老人护理服务需求调查问卷包括了日常生活、基础护理、医疗保健、精神需求 4 个维度 27 个条目。赵敏所自主设计的需求问卷包含了日常生活、健康管理、心理慰藉共 13 个条目。刘昱莹认为目前大多数有关失能老人长期照护的需求调查问卷大多将需求分为日常生活照料、健康管理、心理慰藉、休闲娱乐这 4 个维度，忽视了失能老人在专科医疗护理上的需求，问卷设计不够全面。曹培叶在文献研究的基础之上，采用德尔菲法，初步建立了半结构访谈和专家访谈的评价指标，从日常照护需求、基本医疗需求、健康指导需求、精神舒适需求和社会参与需求 5 个维度进行设计，该问卷经过了 2 轮专家咨询，也经过效度检验，内容效度良好，总问卷可靠系数为 0.857，用此问卷来测量失能老人长期照护需求较为合理。

为了对失能老人长期照护需求有更深入的了解，本书选取重庆市 3 家养老机构，采取方便抽样的方法选取 500 名失能老人作为调查对象（纳入标准：年龄≥60 岁；知情同意；无智力障碍。排除标准：语言沟通障碍；失聪；重度认知功能受损；严重精神障碍性疾病，如精神分裂、脑器质性功能障碍、谵妄等）。在问卷调查过程中，由志愿者一对一访问对象老人收集信息，对于不配合调查和提供无效信息的对象老人采用替代的形式，确保 500 人的信息收集量。问卷采用曹培叶所设计的养老机构失能老人长期照护需求问卷，调研数据运用 Spss 24 统计软件进行数据分析与统计处理。

（一）失能老人的基本情况

1. 失能老人的年龄与婚姻

如表 3-4 所示，在接受调查的 500 名老人中，男性 224 人，女性 276 人。在年龄分布上呈现高龄化的特点，60~69 岁年龄阶段的人数有 102 人，占比 20.4%；70~79 岁年龄阶段的人数有 146 人，占比 29.2%；79 岁以上年龄阶段的人数有252人，占比50.4%。婚姻状况方面，单身/未婚的人数有92人，占比18.4%；已婚的人数有136人，占比27.2%；分居/离异的人数有145人，占比29%；丧偶的人数有127人，占比25.4%。对所调查的失能老人而言，具有完整婚姻关系的人数较少，这可能也是大多数失能老人接受机构照护的原因。

表3-4　养老机构失能老年人一般资料

变量		人数	百分比
年龄	60~69岁	102	20.4
	70~79岁	146	29.2
	79岁以上	252	50.4
性别	男	224	44.8
	女	276	55.2
户籍	城镇	366	73.2
	农村	134	26.8
民族	汉族	467	93.4
	其他	33	6.6
职业	公职人员	51	10.2
	事业单位人员	69	13.8
	企业管理行政人员	84	16.8
	工人	69	13.8
	农民	52	10.4
	个体户	59	11.8
	其他	116	23.2
受教育程度	未上过学	142	28.4
	小学中学	307	61.4
	大专及以上	51	10.2

表3-4(续)

变量		人数	百分比
婚姻状况	单身/未婚	92	18.4
	已婚	136	27.2
	分居/离异	145	29
	丧偶	127	25.4
宗教信仰	有	364	72.8
	无	136	27.2
失能原因	疾病	317	63.4
	意外	82	16.4
	其他	101	20.2
入居时间	1年以内	218	43.6
	1~2年	169	33.8
	2年以上	113	22.6
失能时间	3年以内	387	77.4
	3~5年	79	15.8
	5年以上	34	6.8
疾病数量	0种	51	10.2
	1~2种	287	57.4
	2种以上	162	32.4
来养老院原因	子女工作忙，没时间照顾	402	80.4
	子女或亲戚不愿意照顾	16	3.2
	养老机构比在家照顾好	21	4.2
	喜欢和其他老年人住在一起	8	1.6
	其他	53	10.6

表3-4(续)

变量		人数	百分比
之前的 居住方式	与配偶居住	313	62.6
	与子女长期居住	76	15.2
	轮流住在子女家	18	3.6
	住在亲戚家	6	1.2
	独居	87	17.4
居住在同一 城市的子女数	0 人	113	22.6
	1~2 人	324	64.8
	3 人及以上	63	12.6
经济来源	本人	252	50.4
	子女或配偶	227	45.4
	亲戚朋友	21	4.2
家庭人均 月收入	<1 000 元	9	1.8
	1 000~3 000 元	201	40.2
	>3 000 元	274	54.8
	不清楚	16	3.2
护理费用 支付	全部自己支付	95	19
	部分自己支付	281	56.2
	不用自己支付	124	24.8
医疗费用 支付方式	城镇职工医疗保险	312	62.4
	城镇居民医疗保险	85	17
	新农合	52	10.4
	商业保险	7	1.4
	无	13	2.6
	不清楚	21	4.2
	其他	10	2

表3-4(续)

变量		人数	百分比
所在社区 养老机构收费	2 000 元以下	13	2.6
	2 000~4 000 元	113	22.6
	4 000 元以上	374	74.8
失能程度	轻度	280	56
	中度	186	37.2
	重度	26	5.2
	完全残疾	8	1.6

2. 失能老人的失能状况及原因

调查发现在 500 名接受调查的失能老人中，轻度失能的人数为 280 人，占比 56%；中度失能的人数为 186 人，占比 37.2%；重度失能的人数为 26 人，占比 5.2%；完全残疾的人为 8 人，占比 1.6%（见表 3-5）。失能老人的失能状况以轻度与中度失能为主，重度失能与完全残疾的人数仅占很小一部分。失能时间方面，失能 3 年以内的人数为 387 人，占比 77.4%；失能 3~5 年的人数为 79 人，占比 15.8%，失能 5 年以上的人数为 34 人，占比 6.8%。大多数失能老人的失能时间集中在 3 年以内，22.6% 的失能老人的失能时间在 3 年以上。从失能老人的失能原因来看，因疾病导致失能的人数为 317 人，占比 63.4%；因意外导致失能的人数为 82 人，占比 16.4%；因其他原因导致失能的人数为 101 人，占比 20.2%。

表 3-5　失能时间与失能程度的关系情况　　　单位：人

条目	轻度失能	中度失能	重度失能	完全残疾	总计
3 年以内	227	149	8	3	387
3~5 年	37	26	14	2	79
5 年以上	16	11	4	3	34
总计	280	186	26	8	500

3. 疾病数量

在疾病数量方面（见表 3-6、表 3-7），不患疾病数量的人数为 51 人，占比 10.2%；患 1~2 种疾病数量的人数为 387 人，占比 77.4%；患 2 种以上疾病的人数为 62 人，占比 12.4%。总体来说大多数的失能老人都患有 1~2 种疾病，主要以高血压与脑血管疾病为主，多种疾病相互叠加、相互影响对失能老人的健康造成很大的影响。

表 3-6　疾病数量与失能程度的关系情况　　　　单位：人

条目	轻度失能	中度失能	重度失能	完全残疾	总计
0 种	23	17	9	2	51
1~2 种	226	147	11	3	387
2 种以上	31	22	6	3	62

表 3-7　养老机构失能老年人患病情况

慢性病	人数/人	百分比/%
高血压	327	65.4
脑血管病	224	44.8
肿瘤	12	2.4
心脏病	167	33.4
糖尿病	113	22.6
消化系统疾病	16	3.2
眼部疾病	17	3.4
风湿性疾病	89	17.8
颈腰椎病	62	12.4

4. 家庭人均月收入

在失能家庭人均月收入方面，家庭人均月收入小于 1 000 元的人数有 9 人，占比 1.8%；家庭人均月收入在 1 000~3 000 元的人数为 201 人，占比 40.2%；家庭人均月收入在 3 000 元以上的人数为 274 人，占比 54.8%，对家庭人均月收入不清楚的人数为 3.2%。由此可见，还是有相当一部分失能老人的家庭人均月收入为 1 000~3 000 元，处于较低水平，少部分人的家庭人均月收入位于 1 000 元以下，所面临的经济压力较大。

5. 入居时间及入住养老院原因

在失能老人入居养老机构的时间方面，入居时间小于 1 年的人数为 218 人，占比 43.6%；入居时间为 1~2 年的人数为 169 人，占比 33.8%；入居时间在两年以上的人数为 113 人，占比 22.6%。在所调查的 500 名失能老人中，大多数老人入住养老机构的时间都在 1 年以下或者 1~2 年之间，入住的时间不算太长。在入住养老院的原因方面，由于子女工作忙，没时间照顾，入住养老机构的人数为 402 人，占比 80.4%；由于子女或亲戚不愿意照顾，入住养老院的人数为 16 人，占比 3.2%；由于养老机构比居家照顾好，入住养老机构的人数为 21 人，占比 4.2%；由于喜欢和其他老年人住在一起，入住养老院的人数为 8 人，占比 1.6%。可以显著看出，大多数失能老人都是由于子女工作忙，没有时间照顾才入住的养老机构，子女由于自身的工作无法抽出时间来照顾失能老人，这也是目前失能老人养老所面临的一个困境。

6. 所在养老机构的收费水平

在失能老人所在养老机构的收费方面，收费在 2 000 元/月以下的人数为 13 人，占比 2.6%；收费在 2 000~4 000 元/月之间的人数为 113 人，占比为 22.6%；收费为 4 000 元/月以上的人数为 374 人，占比 74.8%。由此可见，目前大部分的养老机构收费价格都在 4 000 元/月以上，这给失能老人的家庭造成了不小的经济压力。根据调查有 43%的失能老人的家庭人均收入在 3 000 元以下，高昂的照护与医疗费用常常让许多失能家庭深陷经济困境。

（二）失能老人长期照护需求得分情况

养老机构失能老人长期照护需求共 6 个维度，得分靠前的为日常生活照护需求、精神慰藉需求等（见表 3-8）。得分最高的 5 个条目分别为"协助换洗衣被""协助清洗餐具""与室友及朋友沟通""协助清扫房间，整理物品""陪伴、聊天"（见表 3-9）。

表 3-8　养老机构失能老人长期照护需求得分情况

维度	总体分值	每项平均得分	排序
日常生活照护需求	35.12±8.65	3.25±0.98	1
精神慰藉需求	22.82±7.02	2.95±0.89	2
健康指导需求	19.26±6.28	2.25±0.69	4
社会参与需求	12.54±4.52	2.73±0.97	3
基础医疗护理需求	13.24±5.34	2.11±0.72	5
专科医疗护理需求	10.12±3.67	1.95±0.73	6

注：平均得分＝该项目总分/该项目条目数。

表 3-9　养老机构失能老人长期照护需求情况

需求方面	条目	需要人数/人	百分比/%	排序
日常生活照料	协助大小便	56	11.20	32
	协助进食	79	15.80	29
	协助穿衣	76	15.20	30
	协助沐浴	312	62.40	6
	协助清洗餐具	331	66.20	2
	协助换洗衣被	375	75.00	1
	协助清扫房间，整理物品	324	64.80	4
	协助移动	294	58.80	7
	协助户外活动	289	57.80	8
	协助修饰（洗脸、刷牙、梳头、刮脸等）	122	24.40	19
	协助选择、使用生活辅助器具	224	44.80	10

表3-9(续)

需求方面	条目	需要人数/人	百分比/%	排序
心理慰藉	陪伴、聊天	322	64.40	5
	陪同读书、看报、看电视	153	30.60	16
	重要节日问候或庆祝活动	201	40.20	11
	与室友及朋友沟通	326	65.20	3
	亲人探望	241	48.20	9
	提供心理咨询服务	51	10.20	34
	提供安宁疗护服务	63	12.60	31
基础医疗护理	护理	158	31.60	15
	提供定期生命体征检测	169	33.80	13
	提供常见症状护理	185	37.00	12
	提供给药指导	163	32.60	14
社会参与	娱乐休闲活动（棋牌/唱歌、跳舞）	117	23.40	20
	学习活动（保健养生知识）	106	21.20	23
	参与社会活动（志愿活动、科普宣教、咨询等）	103	20.60	25
健康指导需求	提供老年常见慢性病预防指导	135	27.00	17
	提供保健用品使用指导	92	18.40	26
	提供行为安全指导	86	17.20	27
	提供运动锻炼指导	83	16.60	28
	提供康复功能训练（肢体、语言、呼吸等训练）	107	21.40	22
	提供常见疾病预防指导	116	23.20	21
	提供睡眠与休息指导	127	25.40	18
	提供营养饮食指导	104	20.80	24

表3-9(续)

需求方面	条目	需要人数/人	百分比/%	排序
专科护理	提供营养支持	48	9.60	35
	提供压疮护理	46	9.20	36
	提供伤口护理	43	8.60	37
	提供造瘘口护理	42	8.40	38
	提供留置导管护理	53	10.60	33

(三) 失能老人长期照护需求分析

根据失能老人长期照护需求的平均得分情况来看，对于失能老人而言，日常生活照料成为失能老人最主要的需求，得分达到了 3.25±0.98，相较于平均得分排名第二的精神慰藉需求得分 2.95±0.89 高出 0.3 分。平均得分排名第三的项目为社会参与需求，平均得分达到 2.73±0.97。而得分排名第四、五、六的三个方面的分值组间差异较小，但与排名前三的得分差距较大，分别是健康指导需求的 2.25±0.69 分、基础医疗护理需求的 2.11±0.72 分以及专科医疗护理需求的 1.95±0.73 分。由此也可以看出，失能老人对于健康指导、专科医疗护理以及基础医疗护理的需求并不高。

具体到每个方面来看，日常生活照料是大部分失能老人的共性需求。从调查数据中可以看到，协助换洗衣被的需求是所有问卷条目中需求度最高的，达到 75%。其次为协助清洗餐具的需求，达到 66.2%，在所有条目中排名第二。再次为协助清扫房间、整理物品，达到 64.8%，在所有需求条目中排名第四。其余条目如协助沐浴、协助移动以及协助户外活动等需求均超过了 50%，在所有条目的排序中分别排第六、第七和第八。从失能老人对日常生活照料方面的需求来看，目前，失能老人的日常照料水平和能力是远远不足的，失能老人的日常生活照料需求没有被有效满足。尽管导致失能的问题各种各样，但生活照料是当前不同程度失能老人的共同需求，也是需要得到广泛关注和重视的重要需求。

除了生活照料方面的需求，精神慰藉方面的需求同样是失能老人需求较高的一种。在精神慰藉方面的所有条目中，最为显著的条目是与室友及朋友沟通的需求。在总体样本的500人中，有326位失能老人认为自己需要与室友及朋友沟通，这一比例达到了65.2%，在所有条目中排名第三。除此之外，失能老人对于陪伴、聊天的需求同样也很高，有322位失能老人有这方面的需求，这一比例达到了64.4%，在所有条目中排名第五。在精神慰藉需求方面，亲人探望的需求同样不容忽视，尽管其排名在所有条目的排名中仅为第九，但其需求率达到48.2%，这也就是说，接近一半的机构失能老人是十分渴望亲人探望的。

在平均得分第三的社会参与需求方面，失能老人也展示出了相当高的需求，尽管其排名为第三，但平均分实际上与排名第一第二的两项差距并不大，这也说明社会参与需求同样是失能老人的重要需求。在社会参与需求中只有3个条目针对这一方面，其中，需求最为紧迫的为娱乐休闲活动，其需求率达到了23.40%，对学习活动和参与社会活动的需求同样不低，达到了21.2%和20.6%。这说明失能老人尽管可能存在一定的失能，不方便进行社会参与，但这种生理上的缺陷不能阻止其想要进行社会参与的想法。因此，尽管可能受一些客观生理条件的限制，但是失能老人仍然需要社会参与，需要对其提供更多的社会参与机会。

根据大众经验来看，基础医疗护理需求应该成为失能老人需求较高的一种需求，然而从总的得分统计结果来看，基础医疗护理方面的需求仅在全部需求中排第四名。具体来看基础医疗护理需求所包含的4个子条目的需求程度近似，其中提供常见症状护理需求的人数最多，达到185人，占总体的37%；其次为有定期生命体征检测需要的失能老人，共计169人，占比33.8%；其余两项分别为提供给药指导与护理两项需求，人数分别为163人和158人，分别占32.6%和31.6%。

健康指导需求方面，失能老人的需求相较于前四项需求并不高，平均分仅有2.11±0.72。具体而言，失能老人对于提供老年常见慢性病预防指导的需求在其中排序最靠前，但也仅有135人认为有此方面的需求，其比例只占27%；其次为提供睡眠与休息指导的需求，人数有116人，占比仅为25.4%；而占比最低的为提供运动锻炼指导需求，占比仅有16.6%。不难看出失能老人对于健康指导方面的需求并不高，这可能是因为，一方面，失能老人目前面临的问题不仅仅停留在基本健康上面，失能老人之所以出现失能，或多或少都是因为一些疾病的影响，心理上已经一定程度接受自己不健康的事实，而他们目前最紧迫的不是疾病立刻康复，而是其他更现实和迫切的需求的满足；另一方面，单纯的健康指导已经不能满足失能老人解决自身当前困境的需求，仅仅只是指导无法帮助其摆脱现状。因此失能老人对于健康指导的需求并不高。

而失能老人对于专科医疗护理的需求，是所有需求中最低的。五项专科护理的条目中，提出需求最高的仅达到53人，而最低只有42人。占比仅有8.4%~10.6%。专科医疗护理不同于一般健康指导，它能够有效帮助失能老人解决具体疾病带来的问题，可以帮助其有效提升生活质量。然而其需求指数并不高，这并不是因为失能老人对于服务的需求低，而是一个失能老人一般不会同时对五个项目都提出需求，一个失能老人往往只会对其中一两个提出需求，并且不是所有失能老人都患有疾病。因此尽管各条目的单独计数并不高，但如果按照一人需要一个专科需求来计算，接近一半的失能老人对于专科医疗护理是有需求的。数据显示失能老人对于专科医疗护理需求的平均得分不高，但失能老人对于专科护理的需求应该是有一定存量的。

（四）失能老人深入访谈

为了对失能老人的需求状况有更全面的了解，深度挖掘之前的定量研究无法企及的内容，课题组从调查的老人中随机抽取50人进行深入访谈。访谈结束后，将录音逐字转录为文字，同时参照现场记录完善转录文本。将转录文本导入 NVivo Prolly11.0 软件，运用 co-laizzi 现象学分析方法对数据进行分析。具体步骤包括认真反复阅读访谈资料，提取重复出现有意义的陈述，对反复出现的观点进行编码，汇集编码后的观点，写出详细、无遗漏的描述，辨别归纳资料中出现的相似观点，再将这些编码进行归类，升华出主题概念等。访谈结果如下。

1. 主题1：生理需求

日常照料：失能老人由于各种生理机能的日益退化，他们已经或正在丧失生活自理能力，这对他们的日常生活造成了直接或间接的影响，日常照护能力的缺失使得失能老人对日常照护需求强烈。受访的失能老人对于日常生活照料最为迫切的需求涵盖了协助换洗衣被、协助清洗餐具、协助清扫房间、协助沐浴、协助移动五个方面。h2：现在年纪大了，干个啥都需要别人帮忙，尤其是换洗衣被这种比较麻烦的家务活，自己根本没法完成。h6：我一直都有痛风，每次疼起来的时候根本没法走路，要是想去哪就得需要护工帮忙。h9：我腿脚一直都不太方便，会经常酸痛，像洗澡这种需要活动关节的活动我都没办法自己完成，只能麻烦他们这些护工帮我。

医疗照护：大部分的失能老人都患有1~2种慢性疾病，并且随着年龄的逐步增加，失能老人的患病概率也逐渐提升。医疗照护的完善与否将直接影响到失能老人的生活质量，良好的医疗照护也成为老人选择养老机构的一个重要前提。h1：子女们把我送到机构的原因就是我身体一直都不是很好，他们年轻人平日里也都有各自的工作，没法照顾我，这里有专业的医护人员，如果身体不舒服可以随时和他们说。h4：我有高血压，有时候早上起来就会头晕不舒服，在这里她们（护工）每天都会帮我测量血压，询问我的感受。

2. 主题2：心理需求

精神慰藉与陪伴：失能老人们平日里与家人见面的次数并不多，难免会产生情感上的空虚与寂寞，渴望家人的陪伴。另外有些失能老人性格可能比较内向，难以融入陌生的环境。h3：家里人一般半个月来看我一次，虽然在机构里头也交了不少的朋友，但有时候还是会想家。h4：我的子女一般每个月都会轮流来看我，他们每次来看我，我虽然嘴上总喊着让他们别来，但是其实每次看到亲人心里头还是不一样，觉得被人惦记着。h8：来到这里什么人都不认识，我这个人又不太喜欢跟陌生人打交道，所以几乎也没有什么朋友。

自我价值感的构建：失能老人由于疾病或意外等原因导致自理能力受到不同程度上的损害，这也对许多失能老人造成了心理上的创伤。有相当一部分失能老人由于失能之后的心理落差导致自我价值感的缺失，积攒了许多负面情绪。h2：我以前可以扛着一袋米上四楼，现在啥也干不了，最基本的家务都没法做了，有时候想想真的没啥意思。h10：现在每天就是待在养老机构，什么也做不了，像我这个年纪应该帮年轻人带带小孩，他们压力那么大，只可惜我身体不争气啊。

3. 主题3：社会需求

社会参与：对于许多失能老人而言，由于身体机能的退化与社会功能的弱化，他们逐渐退出社会生产领域，这让许多失独老人内心空虚，缺少社会参与。h6：我比较喜欢热闹，以前我总是参加各种社区活动，现在一下子觉得生活冷清下来了，有点无所事事。h9：在一个环境待久了，就特别想出去看看，感觉现在每天就只能通过手机、电视来了解外面的世界，会觉得有点压抑。

人际交往：对于机构内的失能老人而言，所处的生活环境相对闭塞，同周围人的人际交往就显得尤为重要，和睦友好的人际交往将大大提升机构失能老人的生活质量。h5：来了这里之后，我还是认识了许多朋友的，跟他们待在一起，日子变得没那么枯燥无聊了。h7：我比较喜欢这里的氛围，他们平时也会经常和我们聊天，关心我们，大家每天相处就像是朋友一样。h4：我平时不怎么愿意和他们聊天，我感觉和他们的价值观念不太一样，而且每个人的文化水平、以前的生活环境也都不同，所以感觉聊不到一块去。

四、社会工作介入老人长期照护服务的主要干预措施

2016年《关于加强心理健康服务的指导意见》强调，"专业社会工作在提供心理健康服务、完善心理健康服务体系中有重要作用"。相比其他服务模式，社会工作更适合老人心理健康服务需求，社会工作是心理咨询情绪疏导的重要参与主体，在老人心理问题干预服务中是新兴的专业力量。国外应用运动疗法、正念疗法、宽恕疗法等，致力于改善老人的心理健康状况。在我国，社会工作者运用认知疗法、支持性心理治疗等心理干预方法较多。因此，本部分以社会工作介入老人心理与社会服务为主题进行文献梳理和摘取阅读，进而归纳出与长期照护老人相关的主要服务措施。

（一）社区康娱活动

我国的社会养老服务体系建设主要以"居家为基础、社区为依托、机构为支撑"。目前社区老年群体占比较大，因此，社会工作者介入老人心理健康服务大多以社区为中心，辐射居家、机构等层面的老年群体。老年群体随着生活水平的提高，在心理健康服务过程中的需求也呈现多元化。社会工作介入心理健康服务时，主要将专业的工作技巧、心理辅导、助人活动融合到健康服务中，使社会养老内容多样化和丰富化，提升养老社会化水平，提高老人的生活质量。例如，以凝聚力为导向的节庆团结、以能力提升为导向的志愿者服务、以支持网络为导向的老党员团建等社区活动的筹备、组织和开展。在服务工作期间，社会工作者通过评估老人身体心理情况，制定合理的个性化服务方案，提供专业化的优质服务，反馈服务

效果，做好总结反思。在社会构建理论、生态系统理论、支持网络理论等理论支撑下，运用个案、小组和社区等工作方法，通过社会支持、心理辅导、资源链接等服务的开展，给予老人心理、精神、生活等帮助，尽力满足老人的养老需求，提高其生命质量。这些方法同样可以作用于需要长期照护的老人。

（二）健康科普教育

健康教育是最基本的也是社会工作者最常用的干预措施。社会工作者在社区开展心理健康教育讲座，对老年群体心理健康进行宣传科普，宣讲心理情绪、心理疾病等相关知识，帮助老人预防心理问题的发生，及时发现并疏导，关心其精神生活和情感需求。让老年群体掌握基本的心理知识，提高自我认识，了解心理健康的意义，知道自我心理变化及基础的应对措施。尤其是身患多种慢性疾病的老年人，容易引起悲观、焦虑、忧郁等负面情绪。通过健康科普教育，一方面，帮助老人如何正确看待疾病、如何正确使用药物都是非常有必要的。例如，在新冠病毒感染时期，社会工作者通过网络平台进行知识健康宣讲，帮助老人正确认识新冠病毒感染，缓解焦虑、恐惧等不良心理情绪，同时对老年人日常用药进行监督和配送，健康教育与健康服务可以让老人身心健康得到保障。另一方面，健康宣教提供了一个人际交往互动平台，促进老年群体积极参与交流，建立互助关系。比如老年人在健康教育活动中找到同类群体，同辈的分享与支持更能促进老人个体的身心发展。这对于处在长期照护之中的老人正确认识自己的健康水平，进行自我健康评估是十分必要的。

（三）家访探视服务

社会工作者开展个案访视服务，收集社区家庭信息，形成常规日常性工作内容，制订每月家访服务计划。通常，社会工作者家访探视的目的有三种：一是针对从未接触过的老年服务对象，为服务或活动做宣传，以拓展服务对象的范围；二是针对弱势群体，评估对方是否需要帮助；三是针对熟悉的老年服务对象，告知其近期的服务活动，邀请对方积极参与其中。在家访过程中，社工可以与服务老人建立信任关系，深入了解服务老人的个性化需求，还可以挖掘潜在的服务对象，及时对其进行心理干预和服务。事实上，有不少老年人渴望被支持、被关注，但由于某些原因没有求助的渠道，或是不习惯暴露自我，怕被他人耻笑。家访探视不仅帮助社会工作者挖掘潜在服务对象，同时还让有需求的老人能够通过正确方式倾诉。缓解心理压力和解决相关问题。尤其是出行不便的老人，因身体功能障碍导致活动能力受限，仅能在家里活动甚至卧病在床。长时间的封闭让老人产生孤独、抑郁、绝望，对生活失去意义和希望，社会工作者不定期的家访探视，会让老人，特别是处于长期照护之中的老人得到情感的安抚和疏导。

（四）认知行为干预

认知行为（cognitive behavioral therapy，CBT）理论强调通过一系列心理干预及行为矫正，改变个体不正确认知，以消除负性情绪及不良行为[1]。社会工作者在实施中分为六个步骤：心理测量、认知重构、学习技巧、强化技巧和运用训练、一般化和维持、后测和跟踪随访[2]。老年人常常会对自我的身体健康产生消极评价，对一些疾病过分担忧，从而产生疑虑、焦虑等负面情绪。社会工作者通过认知行为治疗对其进行干预，改变老年人的认知，结合行为实施，来重塑老人对自我、身体、生命等的认识。促进

---

① DuHamel K N, Mosher C E, Winkel G, et al. Randomized clinical trial of elephone-administered cognitive behavioral therapy to reduce post-traumatic stress disorder and distress symptoms after hematopietic stem-cell transplantation [J]. J Clin Oncol, 2010, 28 (23): 3754-3761.

② Gatchel R J, Rollings K H. Evidence-informed management of chronic low back pain with cognitive behavioral therapy [J]. The Spine Journal, 2008, 8 (1): 40-44.

老人积极正确保健的同时，也帮助其采取适当的就医行为。认知行为干预多用于老人精神服务，如缓解焦虑、偏执、抑郁，通过对错误认知的干预改变，改善老人心理健康状况。相较于其他心理服务而言，认知行为干预需要社会工作者具备专业的知识技巧，例如，在干预过程中如何引导老年服务对象，如何察觉其心理变化等，都要求社会工作者有较强的情感共鸣和专业素养。

（五）支持性心理治疗

支持性心理治疗（supportive psychotherapy，SP）又称支持疗法、一般性心理治疗，该治疗关注老人对精神应激情况的防御能力，帮助其控制突发的混乱思想和感情，重建心理平衡，通常以个案服务为主[①]。社会工作者通过语言的方式，协助老年人客观分析自身存在的心理压力及实际情况，用语言由浅入深引导老年人参与到治疗中，为老人提供有效的应对技巧，比如放松训练、转移注意、自我察觉等。社会工作者在倾听的过程中帮老人疏导负面情绪，有利于提高其社会适应能力。社会工作者可以给老人提供鼓励和支持，输送希望，提高自我效能感，促进老人社会化。例如，对老年服务对象进行哀伤辅导，亲人的离世特别是伴侣的突然离世，常常让老人一时无法接受，精神受到打击，出现幻觉、混乱、忧郁等负面情绪，打乱生活平衡而陷入无序的状态中。社会工作者通过支持性心理治疗干预，及时帮助老人走出哀伤情绪，重新回到正常生活轨迹。

（六）社会支持网络

社会支持（social support，SS）更多是为老人搭建、整合外部资源，促进其成长与发展，包括老人所处环境中的各级社会保障、民政部门、社

---

① Hellerstein D J, Markowitz J C. Developing supportive psychoterpy as evidence-based treatment [J]. Am J Psychiatry, 2008, 165（10）：1355-1356.

会团体等行政部门的正式支持和家庭、亲戚、邻里等微观部门的非正式支持①。相较于注重老年个体的支持性心理治疗，社会支持更强调老人的社会网络和人际关系。同伴支持在过去30年的健康照顾服务当中起到了重要的作用②，社会工作者整合资源、链接关系的优势在此得以体现。在干预过程中，帮助老年人修复和完善社会关系，提升人际关系和支持系统，增强个人与群体的互动，在交互中发挥潜在的心理资源作用。社会工作者要充分利用社区资源，如社区附近的企业单位、社区里的活动场所、社区中的志愿者骨干等，将各方资源互助合作，搭建团队活动，带动老人参与活动，如日间棋牌室、老年活动中心、老年舞蹈队等常规化活动的建立，为老人提供活动空间和内容，以消除老人孤独、忧郁、空虚等不良心理，从而提高社区老人的心理健康水平和生活质量。

五、社会工作介入老人长期照护服务的不足

（一）政府购买社会工作服务存在不足

政府购买社会工作服务是指政府通过购买的方式将部分公共服务产品委托给相关社会工作机构。经过多年的探索，我国政府购买社会工作服务已经具备了一定规模，在制度上具备了可持续性，并形成了一些可供参考的优秀经验和模式，服务的范围不断扩大到多个领域。与西方经验不同，我国政府购买社会工作服务普遍呈现出非常鲜明的嵌入性特征，即社会工

---

① 平莲莲. 城市社区空巢老人社会支持研究：以济南市为例［D］. 武汉：华中师范大学，2012.

② Davidson L, Guy K. Peer support among persons with severe mental illnesses: a review of evidence and experience ［J］. World psychiatry, 2012, 11 (2)：123-128.

作机构积极谋求政府认可，在政府主导模式下为寻求更大的自主发展空间而努力①。而政府不愿放弃其主导地位，群众缺乏对政府购买社会工作服务的基本认知，社会工作机构无法充分展现专业性等都是造成这种特征的重要原因。政策在落实到地方时受限于复杂的实际情况会导致常出现漏洞，甚至某些地方政府对政策文件"随意解读"，不仅不愿意"放权"以培育社会力量，还通过签订协议等形式介入社会工作服务过程②。同时，在政府购买服务中，部分地区项目的服务时间只有短短的一年，社会工作者很难在这段时间内取得居民和基层政府的信任。项目时间不够长会导致社工刚摸清基本情况就面临匆匆结束的结果，这大大限制了社会工作服务的广度和深度。社会工作在服务的过程中角色定位不明确，沦为基层政府工作的临时岗位，这不仅打击社会工作者的工作自主性和积极性，也是社会工作者在工作中缺乏职业认同的原因之一。政府购买社会工作服务还会出现一些制度上的困境，包括服务与需求匹配度低、资金保障的持续性较差、专业人才匮乏、过程管理和购买绩效评价和监管制度不完善等。因此，若想要摆脱这些困境，应在平衡制度建构和落实的基础上，与基层政府和社区建立一种独立自主的合作关系③。

（二）服务群体和服务形式单一，服务效果不佳

我国社会工作在老年领域的服务对象多为健康低龄老人，服务形式中文化娱乐服务较多，服务层次浮于表面化，难以真正满足长期照护老人的需求，服务效果不明显。当前我国社会工作介入老年服务主要从以下三个方面展开：一是针对老人的健康、生活、人际关系等方面开展服务，多集

---

① 管兵. 竞争性与反向嵌入性：政府购买服务与社会组织发展 [J]. 公共管理学报，2015，12（3）：83-92，158.

② 王春婷，鲁利洁. 基层政府购买公共服务中的干预行为研究：基于两个案例的探索 [J]. 江苏社会科学，2021，（5）：100-110.

③ 朱健刚，陈安娜. 嵌入中的专业社会工作与街区权力关系：对一个政府购买服务项目的个案分析 [J]. 社会学研究，2013，28（1）：43-64.

中于低龄自理老人；二是开展康娱活动服务，如兴趣小组、日间老年活动、节庆活动等参与人员较多的活动；三是开展老年人的心理健康知识的科普服务，如心理健康讲座、宣传疾病知识等。尽管实务过程中社会工作者采用了部分专业的干预技巧，但服务仍多集中于健康低龄老人，服务内容可替代性强、质量参差不齐，服务效果的有效性和可持续性有待检验。近年来我国失能老年人数量和失能率逐年增长，失能、半失能老年人寻求相关机构帮助的意愿与需求也不断上升，存在长期照护需求的老人呈现高龄化特点且普遍患有慢性疾病，长期照护服务需要较高的质量和水平。而作为长期照护服务的主要承接机构，当前我国社会工作服务机构中几乎没有专门针对失能、半失能老人的介入服务。大多数服务主要面向能够自理的老人，功能仅局限于日常的生活照顾，部分能够提供长期照护服务且设施完备、服务规范的机构普遍收费较高。而相当多失能老人的人均月收入水平较低，无力承担高昂的服务费用。因此，老年人长期照护的系统网络建设还需要继续深入，社会工作机构要从老年人的实际养老需求出发，增强长期照护服务的人才培育力度，针对性地为需要长期照护的老年群体提供有效服务。

（三）社会工作专业认知度较低，群众基础薄弱

在我国，社会工作被群众认可程度较低，大多数老年群体不了解什么是社会工作，认为社会工作者就是社区人员，或是基层政府工作的某个岗位。这种角色认知的偏差导致群众对社会工作者所提供服务的专业性和质量持怀疑态度，出现问题仍倾向于向医护工作人员或心理咨询师求助。作为资源链接者、服务提供者、社会关系的协调者，社会工作者更适应老人多样化的健康服务需求。对于长期照护服务而言，社会工作者能够基于老人的需求做出个性化的分析和评估，提供针对性的服务以解决实际问题。但受限于大众对社会工作的认知水平和接纳程度，在实际开展工作过程中常常遇到各种阻碍。例如，在服务初期，社会工作者难以靠自己与服务群

体建立专业关系，不得不借助于街道、社区的力量来获取老年群体的信任，这就导致社会工作者越发依附于社区，举办活动时的主动权也经常掌握在社区手中。这不仅不利于社会工作发挥自身作用，还会导致社会工作者的角色定位不清晰，阻碍社会工作进一步发展。社会工作机构应不断提高自身知名度，加大宣传力度，积极举办社工宣传活动，同时厘清并定位好社会工作者的角色，给一线社工提供必要的支持；社会工作者自身应夯实专业基础，为居民提供高质量的专业化服务，以优质服务提高服务群体对社会工作的认知度和认可度。

（四）社会工作介入老年群体的干预措施专业性不强

一套成熟的干预技巧是经过领域专家反复论证得出的，具备扎实的理论基础和完善的步骤流程。社会工作者在运用干预技巧前，需要了解其理论知识、认同其理念、掌握操作步骤、熟悉注意事项，在严格培训、反复练习基础上进行干预介入。社会工作者在选择和运用干预技巧时缺乏严谨性，所提供的服务具有较强的可替代性，难以体现社会工作的学科专业性和社会工作的职业能力。传统的社会工作研究主要以大量的案例研究为主，缺少具有影响力的系统性报告，难以在实践工作中以科学证据来指导服务开展。在实践中不同长期照护的老人会存在着不同的生理、心理需求，如何帮助服务对象满足其更深层次的照护需求，需要社会工作者进一步优化自身专业水平和职业素养。不同服务对象的生活境遇呈现多元化特点，普适性的介入措施无法对服务对象的困难进行有效缓解，需要有针对性、个性化地选择干预方法，做到对症下药。就长期照护服务方面而言，不能只停留在提供日常生活照护服务和基本医疗护理等共性需求的层面，也应满足老人的精神慰藉需求，尽可能为服务对象提供更多的社会参与机会等，满足老人个性化的多层次照护需求是社会工作者介入长期照护老人的未来趋势。同时，长期照护老人的服务的医学属性较强，需要科学证据支撑、客观评估成效与求证反馈，才能明确其服务效果。这不仅能够减少服务的盲目性，提升服务效率，还可以降低后期的试错成本和投入成本。所以在社会工作的服务中需要科学的依据作为指导，这样才能产生正效果，即需要"证据"来体现社会工作者的工作价值。而目前的干预方法的证据都停留在叙事案例研究、个案结论、专家建议等较低的证据等级，服务和效果的"证据性"还需进一步提高。

（五）服务效果评估以主观满意度为主，评估形式单一

在对服务过程和服务结果的评估中，主观满意度评价因其操作简单、通俗易懂而常常被作为服务效果评价的主要指标。通常以询问服务对象对相关服务的主观感受和满意度量表两种方式来测量[①]。满意度评价作为效果评价指标的信度常常受到质疑，对服务效果的评价需要客观的、量化的、体系化的评估指标。首先，满意度评估主观性太大，不同人对于满意的界定存在着个体差异，所得效果的真实性和稳定性存在质疑。其次，服务对象的满意度高并不等同于服务效果好，许多服务对象或许并没有从服务中获得实际性帮助，但在后续调查中会因为一些个人因素或世俗因素表示对服务的满意，二者并不存在完全的正相关关系。因此对于服务效果的评估应建立在老年人实际需求上，根据需求确定服务目标后，明确需要改善的目标变量有哪些，再将这些目标变量进行量化，以便于在服务结束后以客观的评估指标来对服务效果进行总结评价。

---

① 刘江，顾东辉，肖梦希. 满意度能作为社会服务效果评价指标吗?：基于一项政府购买社会服务项目的量化分析［J］. 华东理工大学学报（社会科学版），2022，37（1）：1-14.

第四章

证据的整理

本章运用循证社会工作方法，收集和整理期刊文献，并对这一领域已有的研究成果进行整理与评价，为其他研究者提供研究参考，为长期照护领域的社会工作者提供研究证据，进而作出实践决策，从而达到更好的干预效果。

一、研究对象与方法

（一）检索策略

系统检索2000—2020年发表的文献，使用Endnote管理文献。电子数据库中国期刊全文数据库（China National Knowledge Infrastructure，CNKI）、万方数据知识服务平台（WANFANG）、Campbell中国联盟。检索词：老年（老人／老年人／older／elder／senior／elderly／aged／geriatric）、社会工作（社工／social work／social worker）、长期照护（长照／长期护理／长期照料／long-term care）。检索式：（older／elder／senior／elderly／aged／geriatric）AND（social work／social worker）AND（long-term care）不同数据库稍作调整（如图4-1）。

```
#1 "老年" ±[Mesh]
#2 老人
#3 老年人
#4 "疗法" ±[Mesh Terms]
#5 治疗
#6 治疗模式
#7 干预
#8 方法
#9 模式
#10 介入
#11 "长期照护" ±[Mesh]
#12 长照
#13 长期护理
#14 LTC
#15 long-term care
#16 #1 OR #2 OR #3
#17 #4 OR #5 OR #6
#18 #7 OR #8 OR #9 OR #10 OR #11 OR
    #12 OR #13 OR #14 OR #15
#19 #16 AND #17 AND #18
```

图 4-1 检索策略

（二）纳入与排除标准

两名研究者根据研究题目与摘要，初步选择和确定符合标准的研究，对于不确定是否纳入的文献，由第三名研究者对摘要进行阅读并进行讨论并确定是否纳入。

纳入标准：研究对象为 60 岁以上的接受长期照护的老人；干预由社会工作介入或干预方法可以由社会工作实施；有规范可信的研究目标；有对于具体干预方法做出结论的报告；文献语言为中文或者英文。

排除标准：干预方法非社会工作领域。

二、研究结果

(一) 纳入过程

纳入流程见图4-2。根据文献检索方法搜索相关文章5 409篇。国外研究以及重复研究被排除在外共598篇。筛选出4 812篇文章供下一步筛选，根据标题和摘要删除了3 888篇文献研究，对其余924篇文章进行全文阅读并筛选，排除655篇文章，原因是未明确说明干预方法、策略和手段，仅依靠心理学与医学的相关疗法。最终269项研究符合本次审查的纳入标准，对这269项研究的内容进行分类和整理。通过整理发现，对失能老人进行干预的方法有10种，具体包括：理性情绪疗法（RET）、太极拳疗法、心理疏导疗法、回忆疗法、音乐疗法、认知行为疗法（CBT）、正念疗法、动机式访谈、游戏疗法、艺术疗法。对失智老人进行干预的方法有8种，具体包括：回忆疗法、游戏疗法、认知训练疗法、太极拳疗法、园艺疗法、正念疗法、音乐疗法、艺术疗法。对失心老人进行干预的方法有8种，具体包括：心理社会治疗、认知行为疗法（CBT）、心理疏导疗法、箱庭疗法、正念疗法、太极拳疗法、园艺疗法、音乐疗法。

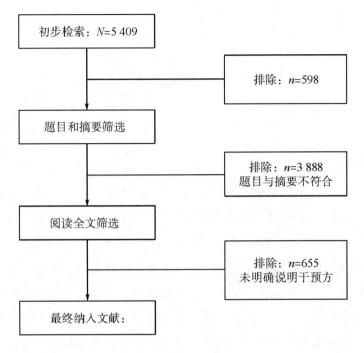

图 4-2 纳入流程图

（二）证据整理分类

已纳入的针对失能老年人长期照护的干预方法见表 4-1。

表 4-1 已纳入的针对失能老年人长期照护的干预方法

疗法分类	证据来源	干预类型	P：问题	干预措施	O：结局指标	S：现有证据支持	证据
对失能老人的干预方法	刘连珍，王金招．合理情绪疗法预防老年开胸术后肺不张的效果 [J]．中华现代护理杂志，2011（15）：1753-1755．	预防	老年开胸术后肺不张的效果	合理情绪疗法	SAS、排痰效果、配合程度和术后肺不张发生率	RCT	术后 1 周 SAS 评分实验组为（37.72±10.78）分，对照组为（48.31±8.12）分，两组 SAS 评分有效率、排痰效果、配合程度和术后肺不张发生率的比较差异均有统计学意义（ P <0.01）

表4-1(续)

疗法分类	证据来源	干预类型	P：问题	干预措施	O：结局指标	S：现有证据支持	证据
对失能老人的干预方法	张珺. 理性情绪疗法干预社区老年高血压病并发睡眠障碍患者睡眠信念的效果评价[J]. 中国初级卫生保健，2015，29(9)：23-25，28.	改善	老年人高血压病并发睡眠障碍	为期8周的理性情绪疗法干预	PSQI、DBAS	RCT	在进行理性情绪疗法干预后，干预组与对照组在匹茨堡睡眠质量指数量表PSQI中的所有因子均没有统计学差异（P均>0.05）；在睡眠个人信念和态度量表DBAS中，除"睡眠期望"因子有差异外（P=0.010），其余因子统计学差异均不显著，且"睡眠期望"因子中干预组的平均得分高于对照组
	李萍. 合理情绪化疗法对髋关节置换术患者术后负性情绪及疼痛感的影响[J]. 当代护士（下旬刊），2017（12）：54-56.		老年髋关节置换术患者术后负性情绪及疼痛感的影响	合理情绪疗法	HAMD、HAMA、VAS	RCT	观察组患者干预后HAMD评分、HAMA评分显著低于对照组（P<0.05）。观察组术后1天、术后3天、术后5天、术后7天视觉模拟评分（VAS）显著低于对照组（P<0.05）
	都凤丽，高媛，郝媛媛，等. 合理情绪化疗法在老年髋关节置换术患者心理护理中的应用[J]. 国际精神病学杂志，2016，43（5）：910-913.		对老年髋关节置换术患者心理护理的效果	合理情绪疗法	SCL-90	RCT	两组患者中术后SCL-90总评分及各纬度评分均低于术前（P<0.05），且观察组术后SCL-90总评分及各纬度评分低于对照组（P<0.05）。两组患者术后生活质量总评分及各纬度评分比较无统计学意义（P>0.05），观察组出院后3个月生活质量总评分及各纬度评分均高于对照组（P<0.05）
	高琼琼，汪晓静. 合理情绪疗法结合信息-动机-行为技巧模式对老年冠心病患者心理弹性及希望水平的影响[J]. 临床医学研究与实践，2021，6（2）：173-175.		老年冠心病患者心理弹性及希望水平的影响	合理情绪疗法结合信息-动机-行为技巧模式	CD-RISC、Herth希望量表、自制依从性调查问卷	RCT	干预后，观察组积极态度、亲密关系、行动态度评分均高于对照组（P<0.05）。观察组患者的治疗依从率为97.73%，明显高于对照组的84.09%（P<0.05）
	辛红菊，张晓君，卢秋玲，等. 合理情绪疗法在老年心血管病患者心理护理中的作用[J]. 中国老年学杂志，2008（6）：604-605.		老年心血管病患者心理护理作用	合理情绪疗法	SAS、SDS、信任度、治疗主动参与性	RCT	实验前两组患者的不良心理状态无明显差别，应用RET后，实验组的不良心理状态有明显改善，其中焦虑程度明显降低（P<0.05）。患者对医护人员的信任度有所提高，但差异不显著（P>0.05），患者对治疗的主动参与性显著提高（P<0.05）
	吴冬琴，姜河，顾晓燕. 合理情绪疗法在老年慢性心衰患者中的应用[J]. 实用临床护理学电子杂志，2018，3（37）：43+50.		减少老年慢性心衰患者的负性情绪和不良事件的发生	合理情绪疗法	SAS、SDS	RCT	与对照组相比，观察组患者干预后SAS、SDS评分明显更低，差异有统计学意义（P<0.05）；观察组不良事件发生率为5.00%，低于对照组的16.67%，差异有统计学意义（P<0.05）

表4-1(续)

疗法分类	证据来源	干预类型	P：问题	干预措施	O：结局指标	S：现有证据支持	证据
对失能老人的干预方法	李丽蓉，崔妙玲，赵琳. 合理情绪疗法在老年慢性阻塞性肺疾病病人中的应用［J］. 护理研究，2013，27（10）：922-924.		老年慢性阻塞性肺疾病病人焦虑、抑郁情绪状态和生活质量的影响	合理情绪疗法	SAS、SDS、SGRQ	RCT	干预前两组病人 SAS 评分、SDS 评分和 SGRQ 评分差异均无统计学意义（P>0.05）；干预3个月后干预组和对照组比较，SAS 评分、SDS 评分及 SGRQ 评分差异有统计学意义（P<0.05 或 P<0.01）
	解东，代维松，卞淑芬，等. 合理情绪疗法对老年Ⅱ型糖尿病患者心理和自我管理行为的影响［J］. 中国老年学杂志，2012，32（1）：157-158.		老年Ⅱ型糖尿病患者心理和自我管理行为的影响	认知理论为基础合理情绪疗法	DSCS、SAS、SDS	RCT	两组患者治疗前和治疗后2周自我管理行为总分差异无统计学意义（P>0.05）；在治疗后4周和2个月，自我管理行为总分差异有统计学意义（P<0.01）；治疗后2个月，两组在饮食管理、药物管理、高低血糖处理方面差异无统计学意义（P>0.05）；在运动管理、血糖监测、足部护理方面差异有统计学意义（P<0.01）
	桑林，刘卓，郎芳，等. "太极康复操"对老年冠心病慢性心衰患者心脏功能及生活质量的影响［J］. 中国老年学杂志，2015，35（14）：3957-3958.	改善	冠心病慢性心力衰竭改善	太极康复操	6 MWD、LVEF、MLHFQ	RCT	在药物治疗的基础上应用"太极康复操"治疗后，治疗组 6 MWD、LVEF 以及 MLHFQ 评分结果较对照组改善明显（P<0.05）
	卢茜，王蓓蓓，李彦德，等. 坐式太极运动增强虚弱老人手眼协调能力的研究［J］. 中国康复医学杂志，2009，24（3）：236-239.		增强虚弱老人的手眼协调能力	坐式太极运动	反应时间、完成动作时间、准确性	RCT	太极组基本保持了训练前的反应时间，而对照组则反应时间变慢，改变的比例分别为 3.3%±37.3%，35.8%±107.2%，P<0.05；太极组的触碰准确性明显提高（-5.8%±-36.6%），而对照组的准确性减降低（21.1%±70.8%）。但两组老年人在完成动作所需要的时间上变化无差异（分别为 2.0%±49.6%，-1.2%±-55.1%）
	李静雅，程亮. 太极拳和抗阻训练对膝关节骨关节炎老人症状及运动能力的影响［J］. 中国康复医学杂志，2019，34（11）：1304-1309.		减轻 KOA 老人症状，提高其运动能力	太极拳	WOMAC、6MWT、TUG、TUDS	RCT	16 周后组间比较结果如下。太极组与对照组：WOMAC 疼痛、僵硬和身体功能分项差异有显著性意义（P<0.05），6MWT（P=0.042）、TUG（P=0.010）和 TUDS（P=0.016）差异有显著性意义。抗阻组与对照组：身体功能（P<0.01）、TUG（P=0.012）和 TUDS（P=0.020）差异有显著性意义。太极组与抗阻组：WOMAC 疼痛、僵硬和身体功能分项（P<0.01），6MWT（P=0.040）差异有显著性意义

表4-1(续)

疗法分类	证据来源	干预类型	P：问题	干预措施	O：结局指标	S：现有证据支持	证据
对失能老人的干预方法	郝建英，谢保城.太极运动对中老年人群骨密度影响的Meta分析[J].中国组织工程研究，2019，23(19)：3109-3116.	预防	中老年人群骨质疏松预防骨密度	太极运动	腰椎骨密度、股骨骨密度、SOS、BUA	SR	太极运动可以显著改善中老年人群的腰椎［MD=0.09，95% CI (0.06, 0.12)，P<0.000 01］、股骨颈［MD=0.09，95%CI (0.06, 0.13)，P<0.000 01］、股骨大转子［MD=0.06，95% CI (0.03, 0.10)，P<0.000 01］、Ward's三角区［MD=0.07，95%CI (0.06, 0.09)，P<0.000 2］等部位骨密度。同时对跟骨骨密度测定分析，发现太极运动可以显著提高中老年人群的超声振幅衰减（BUA）值和骨超声传播速度（SOS）值等跟骨骨密度指标（P<0.05）
	赖学鸿.太极柔力球练习对预防老年人高血压的干预实验[J].现代预防医学，2011，38(17)：3497-3499，3502.		预防老年人高血压	太极柔力球	收缩压、舒张压、全血黏度、TC、UA、HDL-C、LDL-C	RCT	90天太极柔力球练习能降低老年人的收缩压（P<0.05），对男性老年人的舒张压良性改善有统计学意义（P<0.05），对女性老年人有非常明显的促进作用（P<0.01）；能显著降低老年人的全血黏度（高中低切）和UA水平（P<0.01）；对女性老年人TC的降低有统计学意义（P<0.05），对男性老年人TC的改善尤为显著（P<0.01）；对老年人HDL-C含量的升高有明显作用（男：P<0.05，女：P<0.01），显著降低老年人LDL-C水平（P<0.01），对老年高水平CRP有明显的刺激作用（P<0.05）
	宋咪，徐月，宋杰，等.太极对老年人跌倒预防效果的Meta分析[J].海南医学院学报，2020，26(7)：545-551.		老年人防跌倒	太极拳	跌倒风险	SR	和空白对照相比，太极可以减少老年人跌倒的发生［RR=0.44，95% CI (0.21~0.90)］。太极对比教育在降低老年人跌倒方面没有统计学差异［RR=0.96，95% CI (0.76~1.22)］，亚组分析也支持这一结果。太极对比教育在降低老年人跌倒方面没有统计学差异［RR=0.73，95%，CI (0.51~1.06)］
	赵媛，王燕，徐旭东，等.太极拳运动对老年人平衡功能和跌倒预防效果的Meta分析[J].中国循证医学杂志，2013，13(3)：339-345.		老年人防跌倒	太极拳	降低老年人跌倒的发生率、减少起立行走时间、增加功能性伸展距离、Berg平衡量表	SR	太极拳组在降低老年人跌倒的发生率［RR=0.82，95%CI (0.73, 0.92)，P=0.000 6］、减少起立行走时间［MD=0.71，95% CI (0.29, 1.12)，P=0.000 7］、增加功能性伸展距离［MD=0.78，95%CI (0.33, 1.23)，P=0.000 7］和Berg平衡量表得分［MD=2.45，95%CI (1.47, 3.43)，P<0.000 01］方面均明显优于对照组，其差异均有统计学意义

表4-1(续)

疗法分类	证据来源	干预类型	P: 问题	干预措施	O: 结局指标	S: 现有证据支持	证据
对失能老人的干预方法	肖奇蒨, 叶静, 金荣疆, 等. 太极预防老年跌倒的系统评价再评价 [J]. 中国循证医学杂志, 2020, 20 (2): 191-198.	预防	老年防跌倒	太极拳	单腿站立时间、起立-行走试验、总跌倒次数、跌倒3次的发生率	SR	太极组在单腿站立时间 [MD = 5.33, 95%CI (3.35, 7.32), P < 0.01; WMD = 1.76, 95% CI (-7.00, 10.52), P < 0.01]、起立-行走试验 [MD = 1.04, 95%CI (0.67, 1.41), P < 0.01]、Berg 平衡量表评分 [MD = 2.18, 95% CI (0.93, 3.43), P < 0.01]、总跌倒次数 [RR = 0.82, 95% CI (0.73, 0.92), P < 0.01]、跌倒2次的发生率 [OR = 0.69, 95% CI (0.49, 0.97), P < 0.01] 和跌倒3次的发生率 [OR = 0.39, 95% CI (0.21, 0.73), P < 0.01] 方面均优于对照组
	包勤文, 龚晨, 申潇竹, 等. 太极运动对老年Ⅱ型糖尿病患者骨质疏松的预防作用 [J]. 中国老年学杂志, 2016, 36 (13): 3246-3248.		老年Ⅱ型糖尿病患者骨质疏松的预防	太极拳	BMD, 血糖、血脂、UALB	RCT	试验组治疗后较试验前第2~4腰椎 L2~4、股骨颈和 Wards 三角 BMD 均显著增加 (P < 0.05), 而对照组治疗前后各 BMD 指标无差异; 治疗6个月后, 试验组各 BMD 差值显著高于对照组 (P < 0.05); 太极运动可显著改善老年 T2DM 患者的空腹血糖 (FBG), 糖化血红蛋白 (Hb A1c), 体重指数 (BMI) 和腰臀比 (WHR) 等指标
	刘彩霞, 段爱旭, 牛春红, 等. 心理疏导疗法在社区失能老人护理中的应用研究 [J]. 中外医学研究, 2020, 18 (26): 88-90.	改善	失能老人心理状况	心理疏导疗法进行心理干预	SCL-90	RCT	干预前两组 SCL-90 总分比较差异无统计学意义 (P > 0.05), 干预两组总分均低于干预前, 且试验组总分低于对照组, 差异均有统计学意义 (P < 0.05)。干预前两组各因子分比较差异无统计学意义 (P > 0.05), 干预后两组强迫症状和偏执因子分比较差异无统计学意义 (P > 0.05), 试验组其余因子分均低于对照组, 差异均有统计学意义 (P < 0.05)
	占建华. 心理疏导疗法改善高血压患者负性情绪的作用研究 [J]. 中国康复理论与实践, 2008, 14 (12): 1184-1186.		在高血压患者治疗中的促进作用	心理疏导疗法	SCL-90、血压	RCT	入组时两组患者的平均收缩压与平均舒张压差异均无统计学意义 (P > 0.05); 治疗干预后, 两组患者的平均收缩压与平均舒张压均有下降, 但干预组的效果显著优于对照组 (P < 0.001); 且 SCL-90 评分低于对照组 (P < 0.05)
	占建华, 章金辉, 李水法, 等. 心理疏导疗法在改善老年慢性病患者应对行为中的作用 [J]. 中华护理杂志, 2007 (7): 587-590.	预防	老年抑郁发生率	躯体治疗加心理疏导	GDS、WCS	RCT	干预半年后, 实验组 GDS 得分低于对照组, 有统计学意义 (P < 0.01)。WCS 测评结果显示, 治疗后实验组运用解决问题、求助等积极的应对方式次数增多, 而退避、幻想、自责选用次数减少, 与对照组比较, 有统计学意义 (P < 0.01)

表4-1(续)

疗法分类	证据来源	干预类型	P：问题	干预措施	O：结局指标	S：现有证据支持	证据
对失能老人的干预方法	王秀丽，郭静，周世菊，任璇. 团体怀旧疗法对改善卒中后抑郁患者的影响［J］.齐鲁护理杂志，2015，21（19）：86-88.	改善	卒中后抑郁患者抑郁情况	团体怀旧疗法	HAMD	RCT	干预组的 HAMD 测评分值在干预后明显降低，且低于对照组干预后（$P<0.01$）；干预组抑郁症状缓解率明显优于对照组（$P<0.01$）
	宁雪梅，王艳，沙莎，郑燕，赵丹，谢韬，贺敏. 结构化团体怀旧法对社区老年卒中后抑郁患者的影响［J］.成都医学院学报，2017，12（4）：510-513.		老年卒中后抑郁患者抑郁改善	结构化团体怀旧法	HAMD	RCT	干预组的 HAMD 抑郁评分在干预后明显降低，且低于对照组，差异有统计学意义（$P<0.05$）；干预组抑郁症状的缓解率明显优于对照组，差异有统计学意义（$P<0.05$）
	李菲，李梅，刘延迪，王莹. 团体怀旧疗法在糖尿病抑郁患者中的应用效果［J］.长春中医药大学学报，2019，35（5）：964-967.		糖尿病抑郁患者抑郁改善	团体怀旧疗法	HbA1c、SDS、SSRS、SDSCA	RCT	观察组 HbA1c、SDS 得分、抑郁程度均显著低于对照组（$P<0.05$），且 SDSCA 及 SSRS 得分均显著高于对照组（$P<0.05$）
	陈素艳. 怀旧疗法在老年脑卒中患者护理中的应用［J］.中国药物与临床，2020，20（6）：1017-1019.		脑卒患者心理情绪、希望水平及生活质量改善	个案怀旧疗法	HAMA、HAMD、HHI、NIHSS、FMA、WHOQOL-100	RCT	心理状态：干预后 2 组评分均有所降低，且观察组干预后评分低于对照组（$P<0.05$）。希望水平：干预后总评分较干预前有所增加（$P<0.05$）；观察组干预后各维度评分均高于对照组（$P<0.05$）。神经功能及日常生活能力：2 组 NIHSS 评分均有所降低，FMA 评分均有所增加，且观察组干预后 NIHSS 评分低于对照组，FMA 评分高于对照组（$P<0.05$）。生活质量：干预后 2 组 SF-36 评分均有所增加，且观察组干预后 WHOQOL-100 评分高于对照组（$t=4.901$，$P<0.05$）
	韩清波，闫玮娟. 怀旧疗法在老年脑卒中病人姑息护理中的应用［J］.蚌埠医学院学报，2017，42（10）：1423-1424.		老年脑卒中病人姑息护理中减轻疼痛，提高病人生活满意度和护理满意度	6人一组的小组怀旧疗法	LSIA、NRS	RCT	观察组术后数字疼痛强度量表评分明显低于对照组（$P<0.01$），生活满意度指数 A 量表评分及护理满意度均明显高于对照组（$P<0.01$）
	孙冬梅. 不间断怀旧疗法在老年脑卒中后认知功能康复患者中的应用［J］.齐鲁护理杂志，2015，21（21）：28-30.		老年脑卒中后认知功能障碍改善	不间断怀旧疗法	MoCA、MMSE、ADL	RCT	干预后两组 MoCA、MMSE、ADL 评分均较干预前明显改善（$P<0.05$），观察组改善情况明显优于对照组（$P<0.05$）；观察组 MoCA、MMSE、ADL 评分改善总有效率均高于对照组（$P<0.05$）

表4-1(续)

疗法分类	证据来源	干预类型	P：问题	干预措施	O：结局指标	S：现有证据支持	证据
对失能老人的干预方法	陈霞，汪瑞霞.怀旧疗法对脑卒中患者综合功能及满意度的影响[J].西部中医药，2019，32(10)：124-126.	改善	老年脑卒中患者综合功能及满意度的影响	怀旧疗法	MMSE、自制护理工作满意度评分表、SS-QOL	RCT	患者认知功能评分及生活质量评分治疗前后2组组内比较，差异有统计学意义($P <0.05$)，治疗后组间比较差异也有统计学意义($P <0.05$)。护理工作满意度评分观察组为(97.31±2.14)分，对照组为(89.42±3.18)分，2组比较差异有统计学意义($P <0.05$)
	张铮.怀旧疗法对老年肾病综合征患者抑郁情绪的干预效应[J].世界最新医学信息文摘，2016，16(11)：6-8.		老年肾病综合征患者抑郁情绪改善	怀旧疗法	SDS、DSI	QS	观察组67例，对照组63例，干预前SDS和DIS评分结果比较均无显著性差异，干预后其测结果比较则均有统计学意义(t值分别为$t=8.742$，$t=7.945$)均$P <0.01$；观察组自身干预前后SDS和DIS测评结果比较t值分别为$t=10.201$，$t=11.001$，均$P <0.001$
	李惠.怀旧疗法对老年脑卒中患者抑郁症状及生活质量的影响[J].吉林医学，2018，39(7)：1368-1370.		老年脑卒中患者抑郁症状及生活质量的改善	怀旧疗法	HAMD、KPS	RCT	进行干预前两组患者的基线资料与HAMD、KPS评分差异无统计学意义($P >0.05$)；干预后两组患者评分均优于干预前，差异有统计学意义($P <0.05$)，且观察组HAMD、KPS评分均优于对照组，差异有统计学意义($P <0.05$)
	董香丽，孙伟铭，袁也丰.怀旧疗法对老年脑外伤患者抑郁情绪的疗效[J].安徽医科大学学报，2016，51(12)：1842-1845.		老年脑外伤患者康复期抑郁情绪的疗效	怀旧疗法	HAMD	RCT	两组在干预前HAMD得分的差异无统计学意义($t=0.133$，$P=0.895$)，6周后干预组患者HAMD得分显著低于对照组($t=3.517$，$P=0.001$)；组内配对比较，6周后两组患者的HAMD得分均明显降低，干预组($t=5.966$，$P <0.001$)、对照组($t=2.389$，$P=0.021$)；干预组抑郁检出率为33.33%(9/27)，对照组为64.29%(18/28)，差异有统计学意义($\chi^2=4.134$，$P=0.042$)
	韩向玲.个体怀旧疗法对老年慢性病患者压力应对、心理弹性及孤独感的影响[J].河南预防医学杂志，2020，31(2)：88-90，105.		老年慢性病患者心理弹性、压力应对及睡眠质量影响	个体怀旧疗法	MCMQ、RSA、UCLA、PSQI	QS	对照组47例，干预组48例。结果干预后研究组压力应对量表(MCMQ)三个方面的评分均优于对照组($P <0.05$)；干预后研究组成人心理弹性量表(RSA)评分高于对照组，UCLA孤独量表评分及匹兹堡睡眠质量指数问卷(PSQI)评分低于对照组($P <0.05$)

表4-1(续)

疗法分类	证据来源	干预类型	P:问题	干预措施	O:结局指标	S:现有证据支持	证据
对失能老人的干预方法	蔡木. 个体怀旧疗法对老年慢病患者抑郁情绪及孤独感的影响[J]. 当代护士(中旬刊), 2018, 25(3): 85-87.	改善	老年慢性病患者抑郁情绪及孤独感的影响	个体怀旧疗法	UCLA、UCLA	RCT	干预前观察组与对照组的抑郁和孤独感评分差异无统计学意义(P>0.05);干预后观察组的孤独感得分为(6.34±2.34)分,低于对照组的得分(8.28±3.45)分,差异有统计学意义;干预后观察组的抑郁自评分为(39.22±4.18)分,低于对照组的得分(42.75±3.19)分,差异具有统计学意义(P<0.05)
	徐树平,朱春梅,潘生英,等. 音乐治疗在老年脑梗死意识障碍患者中的应用[J]. 广东医学, 2019, 40(2): 308-310.		脑梗死意识障碍患者康复治疗效果	音乐疗法	NIHSS中的意识障碍量表评分	RCT	结果观察组和对照组患者在入院时及音乐治疗后的第3、5、7、9、11、13天的意识障碍量表评分结果差异无统计学意义(P>0.05),而音乐治疗后的第15天,观察组和对照组评分结果差异有统计学意义(P<0.05),其中观察组NIHSS评分为(1.4±1.1)分,对照组为(2.5±1.4)分
	徐欣欣. 音乐疗法配合行为支持对老年肿瘤患者放疗期间情绪的影响[J]. 中国老年保健医学, 2016, 14(5): 108-109, 111.		音乐疗法配合行为支持对老年肿瘤患者放疗期间情绪的影响	音乐疗法	SAS、SDS	RCT	放疗前两组患者焦虑、抑郁评分差异无统计学意义(P>0.05);3次放疗结束后,对照组焦虑、抑郁评分逐渐升高,干预组评分逐渐降低,随着干预时间延长,评分下降明显,两组比较差异具有统计学意义(P<0.05)
	罗容莲. 音乐疗法配合足底按摩促进颅脑术后患者神志清醒的临床效果[J]. 现代医院, 2016, 16(9): 1313-1315.		颅脑术后患者神志清醒速度	音乐疗法配合足底按摩	发生躁动、呕吐例数	RCT	观察组患者术毕进入ICU后至神志完全清醒所需要的时间明显短于对照组;发生躁动、呕吐例数明显少于对照组,差异有统计学意义(P<0.01)
	回金凯,王昭君,郭琪,等. 音乐疗法对养老院住院老年人运动能力、抑郁和运动训练参加率的影响[J]. 中国康复医学杂志, 2013, 28(4): 348-351, 358.		对参加运动训练的65岁以上养老院住院老人的运动能力、抑郁状况,以及运动训练参加率的影响	全年共计43次的音乐疗法治疗	2分钟步行距离、握力、GDS-15	RCT	两组老年人干预前后相比,其各指标较干预前均有一定改善,除运动+音乐疗法组女子组2分钟步行距离、握力和老人抑郁量表(GDS)-15值比干预前有显著性的改变(P<0.05)外,其余各指标均无显著性变化。干预后组间指标相比,运动+音乐疗法组女性老年人的2分钟步行距离、握力、GDS-15值有显著性的改变(P<0.05)。运动+音乐疗法组体育训练的参加率明显优于单独运动训练组,且女子组表现显著(P<0.05)
	王江宁,李小妹. 音乐疗法对社区老年高血压病人焦虑、抑郁的影响[J]. 护理研究, 2013, 27(29): 3314-3315.		老年高血压病人焦虑、抑郁的干预效果	音乐疗法	SAS、SDS	RCT	干预组焦虑评分、抑郁评分均低于对照组,差异有统计学意义(P<0.05);干预组干预后焦虑评分、抑郁评分均低于干预前,差异有统计学意义(P<0.01)

表4-1(续)

疗法分类	证据来源	干预类型	P：问题	干预措施	O：结局指标	S：现有证据支持	证据
对失能老人的干预方法	孙穗花. 音乐疗法对急性心肌梗死PCI术后患者睡眠质量及情绪状况的影响 [J]. 现代诊断与治疗, 2020, 31 (3): 485-486.	改善	对急性心肌梗死PCI术后患者睡眠质量及情绪状况的影响	音乐疗法	PSQI、SCL-90	RCT	两组护理前睡眠质量（睡眠质量、睡眠时间、睡眠障碍、日间功能）、心理状况（焦虑、抑郁、强迫症状、人际关系）评分比较差异无统计学意义（P >0.05）；护理后，两组睡眠质量、睡眠时间、睡眠障碍、日间功能、焦虑、抑郁、强迫症状及人际关系评分均降低（P <0.05），且观察组低于对照组（P <0.05）
	吴玉华, 冷海燕, 张佩文. 音乐疗法对临终肿瘤患者癌因性疲乏的影响 [J]. 上海医药, 2015, 36 (18): 32-34.		临终肿瘤患者癌因性疲乏和生活质量的影响	音乐疗法	CRF、生活质量评估	RCT	干预后试验组癌因性疲乏程度较干预前明显减轻（P <0.05）；总体生活质量为（46±13.11）分，高于对照组的（36±8.84）分（Z =-4.276, P <0.05）
	李晓燕, 刘转丽, 张亚辉. 音乐疗法对老年高血压患者血压的影响 [J]. 医学信息（中旬刊）, 2010, 5 (4): 851.		对高血压患者的血压影响	音乐疗法	舒张压	RCT	两组收缩压治疗后比较有显著性差异（t =4.32, P <0.01）。观察组舒张压治疗前后比较显著性差异。对照组舒张压治疗前后比较无显著性差异。两组舒张压治疗后比较有显著差异（t =5.5, P <0.01）
	耿丽华. 音乐疗法对老年冠心病患者介入治疗术后血流动力学及情绪的影响 [J]. 中国老年学杂志, 2011, 31 (21): 4141-4142.		对老年冠心病患者介入治疗术后血流动力学和情绪的影响	音乐疗法	SAS、SDS	RCT	干预组患者的收缩压、心率、左室射血分数与对照组比较有统计学差异（P <0.01）；干预组SAS、SDS评分明显低于对照组，有显著性差异（P <0.01）
	刘安梅. 音乐疗法联合氨氯地平治疗老年高血压合并焦虑抑郁效果探讨 [J]. 中西医结合心脑血管病杂志, 2017, 15 (12): 1534-1536.		老年高血压合并焦虑抑郁的效果	音乐疗法	SBP、DBP、SAS、SDS	RCT	两组病人在治疗前SBP、DBP、SAS和SDS方面均无统计学意义（P >0.05）。治疗后SBP和差值均存在统计学意义（t =2.85, P <0.05; t =-2.67, P <0.05）, SBP试验组低于对照组, 差值试验组高于对照组。治疗后DBP存在统计学意义（t =2.75, P <0.05）, DBP试验组低于对照组。治疗后SAS和SDS均存在统计学意义（t =4.05, P <0.05; t =3.92, P <0.05）, SAS和SDS均是试验组低于对照组

表4-1(续)

疗法分类	证据来源	干预类型	P: 问题	干预措施	O: 结局指标	S: 现有证据支持	证据
对失能老人的干预方法	苏小妹. 音乐疗法对老年性高血压患者血压和精神状态的调节作用 [J]. 中国疗养医学, 2016, 25 (3): 253-254.	改善	调节老年性高血压患者血压和精神状态的效果	音乐疗法	平均收缩压和平均舒张压、GDS-15	RCT	一组为对照组,仅用药物治疗,另一组为治疗组,在药物治疗的同时运用音乐疗法作为辅助治疗。结果对照组和治疗组患者的平均收缩压和平均舒张压均显著降低,但是治疗组比对照组降低幅度更明显($P<0.05$)。治疗组患者显效36例,有效3例,无效1例,总有效率97.5%。对照组患者显效28例,有效5例,无效7例,总有效率82.5%。治疗组经音乐疗法的干预后,GDS-15评分显著降低。两组患者精神状态存在显著差异($P<0.05$)
	叶阳阳, 陈新华. 音乐疗法对老年肿瘤患者化疗期间焦虑的影响 [J]. 安徽医药, 2015, 19 (11): 2233-2235.		对老年肿瘤患者化疗期间焦虑的影响	音乐疗法	SAS	RCT	干预前两组患者焦虑评分无显著差异($P>0.05$),第1、2、3次化疗结束后干预组焦虑评分低于对照组($P<0.05$),且随干预时间延长,焦虑缓解明显。对照组焦虑情绪随时间延长逐渐加重,差异有统计学意义($P<0.05$)
	王江宁, 李小妹. 音乐疗法对社区老年高血压病人焦虑、抑郁的影响 [J]. 护理研究, 2013, 27 (29): 3314-3315.		对社区老年高血压病人焦虑、抑郁的干预效果	音乐疗法	SAS、SDS	RCT	干预组焦虑评分、抑郁评分均低于对照组,差异有统计学意义($P<0.05$);干预组干预后焦虑评分、抑郁评分均低于干预前,差异有统计学意义($P<0.01$)
	李琳, 张申, 卜淑芳, 等. 氟西汀联合体感振动音乐疗法治疗脑卒中后抑郁的临床观察 [J]. 中国实用神经疾病杂志, 2014, 17 (20): 103-104.		对脑卒中后抑郁症状神经功能缺损、日常生活能力及抑郁的影响	体感振动音乐疗法	HAMD、MESSS、ADL	RCT	治疗组在应用氟西汀联合体感振动音乐疗法治疗8周后, Hamilton抑郁量表、改良爱丁堡-斯堪的纳维亚量表和日常生活量表评分较对照组均有明显改善,差异有显著性($P<0.05$, $P<0.01$)
	朱月娥. 音乐疗法对老年性白内障患者术前睡眠质量的影响 [J]. 当代护士 (中旬刊), 2012 (9): 75-77.		老年性白内障患者术前睡眠质量的影响	音乐疗法	李建明等编制的睡眠状况自评量表	RCT	不同性别老年白内障患者睡眠质量无统计学意义($P>0.05$);术前睡眠质量实验组干预后术前晚睡眠质量优于对照组($P<0.05$)
	董志稳. 音乐疗法对老年阑尾炎伴高血压手术患者的影响 [J]. 中国城乡企业卫生, 2016, 31 (1): 86-87.		对阑尾炎合并有高血压的老年手术患者术前血压的影响	音乐疗法	手术室前血压、麻醉前血压	RCT	分别记录这两组患者的入手术室前血压、麻醉前血压并对这两组患者血压进行比较。结果实施音乐疗法后,观察组收缩压、舒张压变化较对照组平稳,差异有统计学意义($P<0.01$)

表4-1(续)

疗法分类	证据来源	干预类型	P: 问题	干预措施	O: 结局指标	S: 现有证据支持	证据
对失能老人的干预方法	卢蓉, 王俊, 孟艳秋. 音乐疗法对老年脑卒中后抑郁患者的康复作用 [J]. 西南国防医药, 2012, 22 (4): 405-406.	改善	脑卒中后抑郁患者的疗效	音乐疗法	SDS、HAMD	RCT	治疗后两组 SDS、HAMD 评分均有降低, 治疗组和对照组相比下降更多 (P<0.01)
	赵皎皎, 金海君, 任爱玲, 等. 音乐疗法对经皮冠状动脉血管成形术老年病人的干预 [J]. 护理研究, 2006 (22): 2011-2013.		对经皮冠状动脉血管成形术 (PTCA) 老年病人的干预作用	音乐疗法	SAS、SDS、PPI	RCT	音乐组病人术后焦虑状态及术后疼痛、入睡困难和排尿困难等不适感均明显低于对照组 (P<0.001 或 P<0.05)
	来纯云, 吴柳, 冯丽芳. 音乐在长期机械通气老年患者康复训练中的应用 [J]. 现代护理, 2004 (5): 409-410.		改善长期机械通气老年患者感情、情绪, 减少和预防焦虑、抑郁	音乐疗法	HAMD	RCT	3 周后 HAD 分值与对照组相比, 有显著性差异 (P<0.05)
	兰英, 姜娜, 廖桂香, 等. 音乐照护对脑卒中恢复期患者抑郁症状改善的影响 [J]. 当代护士 (下旬刊), 2019, 26 (10): 44-46.		改善脑卒中恢复期患者抑郁症状的效果	音乐疗法	GDS	RCT	干预前两组患者 GDS 评分无统计学差异 (P>0.05), 干预后两组患者 GDS 评分较干预前显著降低 (P<0.01)
	赵皎皎, 解晨, 金海君, 等. 音乐疗法对老年不稳定心绞痛患者的影响 [J]. 护士进修杂志, 2007 (10): 942-944.		对老年不稳定心绞痛患者的影响	音乐疗法	心率、血压、心电图、心绞痛疗效、心绞痛发作被控制时间、心电图疗效、硝酸甘油消耗量、24 小时动态心电图缺血总时间、SAS	RCT	治疗后音乐组收缩压、心率及心肌耗氧量较治疗前显著降低 (P<0.01), 对照组则无显著差异。音乐组在心绞痛和心电图疗效、心绞痛发作被控制时间以及每周硝酸甘油消耗量均优于对照组, 住院天数及 24 小时动态心电图总缺血时间显著缩短, 两组差异有显著意义 (P<0.001)。音乐组与对照组治疗前组间差异均无统计学意义 (P>0.05)。而治疗后音乐组内和两组间 SAS 标准分比较差异有显著性意义 (P<0.001)

表4-1(续)

疗法分类	证据来源	干预类型	P: 问题	干预措施	O: 结局指标	S: 现有证据支持	证据
对失能老人的干预方法	樊又嘉, 董榕. 音乐疗法对老年腹腔镜胃癌根治术患者麻醉后恢复的影响 [J]. 河北医学, 2017, 23 (4): 635-638.	改善	对老年腹腔镜胃癌根治术患者麻醉后恢复的影响	音乐疗法	血清皮质醇含量、Aldrete评分	RCT	入 PACU 后 1 小时, 观察组心率 (76±5) 次/分钟、血清皮质醇浓度 (261.0±9.5) 微克/升都低于对照组心率 (80±3) 次/分钟、血清皮质醇浓度 (274.0±7.6) 微克/升, 差异均有统计学意义 ($P<0.05$)。入 PACU 后 1 小时, 观察组 VAS 评分 (1.7±0.6) 分低于对照组 VAS 评分 (2.2±0.9) 分, 差异具有统计学意义 ($P<0.05$)。离开 PACU 时, 观察组 VAS 评分 (1.6±0.6) 分低于对照组 VAS 评分 (2.0±0.5) 分, 差异具有统计学意义 ($P<0.01$)。观察组吗啡用量 (3.5±1.3) 毫克、PCIA 总按压次数 (4.1±1.4) 次、PCIA 有效次数 (2.5±1.0) 次都少于对照组吗啡用量 (4.5±1.7) 毫克、PCIA 总按压次数 (5.7±1.4) 次、PCIA 有效次数 (3.2±1.1) 次, 差异均有统计学意义 ($P<0.01$)。观察组满意度 (4.1±0.9) 分高于对照组满意度 (3.5±0.9) 分, 差异具有统计学意义 ($P<0.05$)
	谢俐, 谢薇, 李丹梅, 等. 音乐治疗对老年高血压患者自主神经的影响 [J]. 中国康复, 2002 (2): 83-84.		高血压患者自主神经平衡指数及其功能指标的变化	音乐疗法	自主神经平衡指数	RCT	治疗后除呼吸间隔和舌下温度外, 治疗组自主神经平衡指数、功能指标及主诉症状的改善明显高于对照组 (均 $P<0.05$)
	范臻, 蒋雪妹, 王一尘. 音乐疗法对老年冠心病合并高血压病人血压的影响 [J]. 护理研究, 2005 (7): 605-606.		对老年冠心病合并高血压病人血压的影响	音乐疗法	心率、血压和心电图	RCT	观察组干预前后收缩压下降、心率下降均有统计学意义 ($P<0.01$); 干预后两组收缩压比较有统计学意义 ($P<0.01$)
	宋永全, 李坤. 音乐疗法对老年高血压患者焦虑、血压和睡眠状况的影响 [J]. 中国老年学杂志, 2015, 35 (7): 1967-1968.		老年高血压患者焦虑、血压及睡眠状况影响	音乐疗法	SAS、SDS、收缩压和舒张压、睡眠状况主观感觉	RCT	两组干预前后焦虑、抑郁评分比较两组干预后 SAS 评分和 SDS 评分均低于干预前 ($P<0.05$), 对照组干预前后差异无统计学意义 ($P>0.05$)。干预后干预组焦虑、抑郁改善状况明显优于对照组 ($P<0.05$)。收缩压和舒张压都较干预前有所下降 ($P<0.05$), 干预后干预组收缩压和舒张压改善明显优于对照组 ($P<0.05$)。两组睡眠状况比较差异具有统计学意义 ($\chi^2=15.095, P<0.05$)

表4-1(续)

疗法分类	证据来源	干预类型	P：问题	干预措施	O：结局指标	S：现有证据支持	证据
对失能老人的干预方法	刘吉红. 五行音乐疗法治疗对老年高血压患者血压的影响[J]. 实用临床护理学电子杂志, 2018, 3（50）: 83-84.		对老年高血压患者血压的干预效果	五行音乐疗法	血压自评量表	RCT	血压变化比较采用统计软件进行对比对照组和实验组入院15天以后的血压值，发现两组收缩压与舒张压均低于入院第一天，实验组在入院第10天后收缩压、舒张压均低于对照组
	黄绍宽, 郑孟传. 音乐疗法对老年高血压病患者康复的作用[J]. 心血管康复医学杂志, 2001（1）: 30-31.		对不稳定心绞痛患者的正性作用	音乐疗法	SBp、HR、SBp×HR、心绞痛和心电图疗效、心绞痛发作被控制时间以及每周硝酸甘油消耗量、SAS	RCT	治疗后音乐组收缩压、心率及心肌耗氧量较治疗前显著降低（P<0.01），对照组则无显著差异，音乐组在心绞痛和心电图疗效、心绞痛发作被控制时间以及每周硝酸甘油消耗量均优于对照组，住院天数及24小时动态心电图总缺血时间显著缩短，两组差异有显著性意义（P<0.001），治疗后音乐组内和两组间SAS标准分比较差异有显著性意义（P<0.001）
	孙穗花. 音乐疗法对急性心肌梗死PCI术后患者睡眠质量及情绪状况的影响[J]. 现代诊断与治疗, 2020, 31（3）: 485-486.	改善	对急性心肌梗死PCI术后患者睡眠质量及情绪状况的影响	音乐疗法	PSQI、SCL-90	RCT	护理后，两组睡眠质量、睡眠时间、睡眠障碍、日间功能、焦虑、抑郁、强迫症状及人际关系评分均降低（P<0.05），且观察组低于对照组（P<0.05）
	李红艳, 辛红菊, 王娜, 宋艳艳, 刘晓玲. 音乐放松疗法对老年患者失眠状态的影响[J]. 现代临床护理, 2008（8）: 41-42.		老年失眠患者的睡眠质量改善情况	音乐疗法	失眠诊断是否成立	RCT	实施音乐疗法10天后，两组患者失眠好转情况比较存在统计学差异，其中实验组显效率在80%以上，而对照组的显效率仅为8%（P<0.01）
	殷文, 耿慧. 人生回顾结合音乐疗法对机构失能老年人抑郁症状的影响[J]. 中国老年学杂志, 2017, 37（23）: 5939-5940.		失能老年人抑郁症状的影响	人生回顾结合音乐疗法	GDS	RCT	干预组在小组工作之后GDS得分明显下降（P<0.05）
	冷海燕, 吴玉华. 50例舒缓患者音乐疗法生活质量影响观察[J]. 上海医药, 2014, 35（8）: 59-60, 62.		对临终患者生活质量的影响	音乐疗法（MP3）	SF-MPQ（PRI、VAS、PPI）	RCT	两组患者心率、疼痛指标和远期生活质量比较差异有统计学意义（P<0.05）；两组患者呼吸和血压指标差异无统计学意义

表4-1（续）

疗法分类	证据来源	干预类型	P：问题	干预措施	O：结局指标	S：现有证据支持	证据
对失能老人的干预方法	闫美华，叶辉.音乐疗法在眼科老年患者围手术期中的应用[J].中华现代护理杂志，2019（9）：1150-1152.	改善	老年患者围手术期中的应用效果	音乐疗法	SAS、VAS视觉模拟评分、自制满意度问卷	RCT	出院时观察组患者SAS评分（44.4±3.26）分，低于对照组的（53.4±2.42）分，差异有统计学意义（$t=-9.913, P<0.01$）。术后观察组患者VAS视觉模拟评分（2.10±0.50）分，低于对照组的（4.78±0.72）分，差异有统计学意义（$t=-13.299, P<0.01$）。观察组患者对护理工作的满意率为95%，高于对照组的70.0%，差异有统计学意义（$\chi^2=4.329, P<0.05$）
	乐凌.认知行为疗法减轻老年全喉切除患者术前焦虑的效果分析[J].实用临床护理学电子杂志，2017，2（46）：3，7.	预防	对老年全喉切除患者术前焦虑的效果	认知行为疗法	S-AI	RCT	干预组采用认知行为疗法优于对照组，且术前焦虑评分显著降低（$P<0.01$）
	侯莉，刘伟，王颖琦，等.认知行为为主的综合护理干预对老年糖尿病患者生活质量的影响[J].中华现代护理杂志，2013，19（35）：4333-4336.		认知行为疗法为主的综合护理干预对老年糖尿病患者生活质量的影响	认知行为疗法为主的综合护理干预	SF-36	RCT	干预后观察组SF-36中总体健康、生理功能、生理职能、躯体疼痛、活力、社会功能、情感职能、精神健康得分分别为（78.35±3.43），（77.65±4.63），（79.32±4.93），（78.63±3.85），（77.53±4.25），（76.58±3.75），（79.05±5.05），（79.24±4.82）分，均高于对照组的（73.46±4.37），（72.43±4.50），（74.63±4.14），（73.42±3.75），（72.19±3.61），（72.03±3.92），（72.93±3.69），（72.83±3.86）分，差异具有统计学意义（t分别为6.34，6.15，6.32，6.07，7.02，6.75，8.34，8.75；$P<0.05$）
	刘振东.认知行为疗法对伴慢性疼痛的老年抑郁症患者生存质量的影响[J].中华行为医学与脑科学杂志，2011（9）：830-832.	改善	对伴慢性疼痛的老年抑郁症患者生存质量	认知行为疗法	HAMD、HAMA、VAS、WHOQOL-100	RCT	伴慢性疼痛的老年抑郁症患者抑郁、焦虑、慢性疼痛与生存质量呈显著负相关（$r=-0.506\sim-0.676, P<0.01$）。治疗第12周末，认知行为治疗组HAMD（36.82±7.93）分、HAMA（8.26±3.13）分、VAS（4.35±0.52）分以及WHO.QOL-100各领域及总体生存质量评分［分别为（65.71±17.29）分，（92.36±13.55）分，（77.91±12.26）分，（78.33±12.81）分，（81.79±12.43）分，（19.98±11.56）分］与入组时比较均差异有极显著性（$P<0.01$）；与非认知行为治疗组比较，上述各项评分变化均差异有显著性（$t=3.020\sim9.761, P<0.01$）

表4-1(续)

疗法分类	证据来源	干预类型	P：问题	干预措施	O：结局指标	S：现有证据支持	证据
对失能老人的干预方法	贾春霞，徐清照，朱志红，等. 理气活血解郁方合认知行为疗法治疗老年脑卒中后抑郁的临床研究[J]. 中华中医药学刊，2013，31（4）：733-736.	改善	老年脑卒中后抑郁的临床疗效	理气活血解郁方合认知行为疗法	HAMD、SDS、中医症候评分表、血液流变学检测各项指标	RCT	治疗组与对照组比较治疗90天后汉密尔顿抑郁量表（HAMD）评分、Zung's抑郁自评量表（SDS）评分、中医症候评分表评分对比有显著性差异（$P < 0.01$）；入组时两组老年脑梗伴抑郁症状患者的抑郁症状（HAMD量表分）与全血还原黏度（高切、中切）、红细胞聚集指数、红细胞刚性指数等指标都呈显著正相关（$P < 0.05 \sim 0.01$）；治疗组经中医药治疗90天后全血黏度（120s-1、70s-1和30s-1）、与全血还原黏度（高切、中切）、红细胞聚集指数、红细胞刚性指数等指标的变化值与汉密尔顿抑郁量表的减分值呈显著正相关（$P < 0.05 \sim 0.01$）
	冉珊. 早期认知行为疗法对老年脑卒中病人抑郁及神经功能的影响[J]. 世界最新医学信息文摘，2019，19（32）：106.		老年脑卒中病人应用早期认知行为疗法对抑郁及神经功能的产生影响	早期认知行为疗法	HAMD、NIHSS	RCT	两组患者在治疗后HAMD评分以及NIHSS评分上，实验组优于常规组，且呈现统计学意义（$P < 0.05$）
	万思，王士烈，刘泰. 早期认知行为疗法对老年脑卒中病人抑郁及神经功能的影响[J]. 中西医结合心脑血管病杂志，2017，15（20）：2629-2632.		早期行为认知疗法对老年脑卒中病人抑郁及神经功能的影响	早期认知行为疗法	HAMD、NIHSS、BI	RCT	治疗组HAMD、NIHSS、Barthel指数（BI）评分与对照组比较，差异有统计学意义（$P < 0.05$）；干预后，治疗组临床疗效与对照组比较，差异有统计学意义（$P < 0.05$）
	陈永梅，许媛，尹子敬. 团体咨询联合认知行为疗法在老年冠心病冠脉搭桥术患者中的应用[J]. 天津护理，2020，28（3）：275-279.		老年冠心病冠脉搭桥术患者的自我管理行为	团体咨询联合认知行为疗法	CSMS	RCT	两组干预2个月、6个月后自我管理行为总分及各维度评分增高，体重指数、血压、糖化血红蛋白下降，在时间效应、组间效应、交互效应差异均有统计学意义（$P < 0.05$）
	弓巧巧，吴红霞，裴嘉宇. 团体认知行为疗法对老年慢性阻塞性肺疾病患者的干预效果研究[J]. 中国医疗管理科学，2020，10（2）：57-63.		老年慢性阻塞性肺疾病（COPD）患者焦虑、抑郁、自我效能及生活质量的干预效果	团体认知行为疗法	SAS、SDS、GSES、SF-36	QS	干预后1个月两组患者焦虑自评量表、抑郁自评量表、生活质量量表、一般自我效能量表评分均优于干预前，且差异均具有统计学意义（$P < 0.05$）。结论团体认知行为疗法可缓解老年COPD患者的焦虑、抑郁症状，提升自我效能感，改善其生活质量

表4-1(续)

疗法分类	证据来源	干预类型	P：问题	干预措施	O：结局指标	S：现有证据支持	证据
对失能老人的干预方法	黄浩. 文拉法辛联合认知行为疗法治疗老年心脏神经官能症对照评估 [J]. 中国现代药物应用, 2013, 7 (15)：135-136.		老年心脏神经官能症的临床疗效	认知行为疗法	治疗效果	RCT	观察组患者的治疗情况要明显优于对照组，两组之间的差异具有统计学意义（P <0.05）
	乔点点. 咨询与认知疗法在 PCI 术后患者中的应用价值 [J]. 临床心电学杂志, 2020, 29 (2)：120-122, 126.		老年冠心病患者经皮冠状动脉介入术后其躯体化症状、提高遵医行为及降低心血管不良事件发生率	团体咨询结合认知行为疗法	SSS	RCT	连续干预 3 个月后，观察两组患者躯体化症状（SSS）评分、遵医行为及心脑血管不良事件发生率。结果干预后，干预组各维度 SSS 评分较对照组降低明显（P <0.05）；干预组遵医行为评分较对照组升高明显（P <0.05）；干预组心血管不良事件发生率 3.03% 较对照组 18.18% 低（P <0.05）
	郭翠英, 王宇, 赵秀丽. 认知行为疗法在住院老年慢性病合并抑郁症状中的应用 [J]. 中国误诊学杂志, 2011, 11 (31)：7639-7640.	改善	老年慢性躯体疾病合并抑郁者的抑郁情况与生活质量改善	认知行为疗法	HAMD、QLI	RCT	HAMD 量表总分实验组比对照组明显下降，实验组生活质量提高比对照组更明显，两组间比较差异有统计学意义
	陈烨, 朱晓燕, 刘洪珍, 等. 团体咨询联合认知行为疗法对老年冠心病患者 PCI 术后情绪与心脏不良事件发生率的影响 [J]. 中华现代护理杂志, 2018, 24 (1)：64-70.		对老年冠心病患者 PCI 术后焦虑抑郁情绪以及心脏不良事件发生率的影响	团体咨询联合认知行为疗法	SAS、SDS	RCT	团体咨询联合认知行为疗法干预后 1、3、6 个月，两组患者的躯体化症状自评量表结果在时间效应、组间效应、交互效应上差异有统计学意义（F 时间 = 5.141, P <0.05；F 组间 = 8.534, P <0.01；F 交互 = 6.729, P <0.01）。干预后 6 个月内观察组患者心脏不良事件发生率低于对照组，差异有统计学意义（P <0.05）
	瞿兴芹, 周维华. 认知行为疗法对肺源性心脏病患者心功能康复及焦虑、抑郁情绪的影响 [J]. 西部中医药, 2018, 31 (12)：134-137.		肺源性心脏病患者心功能康复及焦虑抑郁情绪的影响	认知行为疗法	RVEF、BNP、PASP、VC、MMEF、FEV1/FVC、PEF、SAS、SDS	RCT	观察组干预后 6 个月 6 分钟步行试验、右心室射血分数（RVEF）水平高于对照组，脑尿钠肽（BNP）和肺动脉收缩压（PASP）水平低于对照组，差异有统计学意义（P <0.05）；观察组干预后 6 个月肺活量（VC）、最大呼气中段流速（MMEF）、第一秒用力呼气量与用力肺活量比值（FEV1/FVC）和呼气峰值流速（PEF）水平均高于对照组，差异有统计学意义（P <0.05）；观察组干预后 6 个月焦虑自评量表（SAS）与抑郁自评量表（SDS）积分低于对照组，差异有统计学意义（P <0.05）

表4-1(续)

疗法分类	证据来源	干预类型	P：问题	干预措施	O：结局指标	S：现有证据支持	证据
对失能老人的干预方法	胡雪丽，刘仕杰，刘洋，等.营养膳食联合认知行为疗法对老年糖尿病肾病患者的焦虑抑郁情绪、营养状况与认知功能的影响［J］.国际精神病学杂志，2020，47（2）：373－375，378.	改善	老年糖尿病肾病患者的营养状况及认知功能、焦虑抑郁的变化	营养膳食治疗联合认知行为疗法	ALB、PA、TRF、Hb、HbA1c、BUN、Cr、SDS、SAS、MMSE	RCT	观察组人血白蛋白（ALB）、前白蛋白（PA）、转铁蛋白（TRF）、血红蛋白（Hb）、MMSE 评分高于对照组，糖化血红蛋白（HbA1c）、血尿素氮（UN）、血肌酐（Cr）、SDS、SAS 评分低于对照组（$P<0.05$）
	范书华.认知行为疗法联合西酞普兰治疗老年慢性心力衰竭合并抑郁障碍患者的临床疗效［J］.首都食品与医药，2020，27（11）：50.		老年慢性心力衰竭（CHF）合并抑郁障碍患者抑郁症状	认知行为疗法联合西酞普兰	HAMD	RCT	观察组总有效率较对照组高（$P<0.05$）；观察组 HAMD 评分低于对照组（$P<0.05$）
	宋杨.认知行为疗法对老年慢性支气管炎患者生活质量的影响［J］.中国民康医学，2014，26（19）：72-74.		老年慢性支气管炎患者生活质量的影响	认知行为疗法	SAS、SDS、SF-36	RCT	治疗后，观察组患者 SAS、SDS 评分以及生活质量明显优于对照组（$P<0.05$）
	黄燕，李程，姜连英，等.认知行为疗法对老年颈椎骨折住院患者负性情绪的影响［J］.长春中医药大学学报，2020，36（2）：350-352.		老年颈椎骨折住院患者负性情绪	认知行为疗法	HAMA-14、HAMA-17	RCT	干预3周后，2组焦虑、抑郁评分差异有统计学意义（$P<0.05$）；观察组的疗效优于对照组（$P<0.05$）
	曹佳，卢立立，徐蕾，等.认知行为疗法对老年冠心病患者睡眠质量的影响［J］.河北医学，2014，20（11）：1916-1919.		老年冠心病患者睡眠质量	认知行为疗法	PSQI	QS	两组患者的 PSQI 总分和各因子得分均有幅度下降，但干预组患者的睡眠质量明显改善，差异均有统计学意义（$P<0.01$）
	黄亚川，朱秀梅，吴小花.认知行为疗法对老年大面积烧伤患者焦虑抑郁情绪的影响［J］.国际精神病学杂志，2016，43（4）：688－690，697.		大面积烧伤老年患者焦虑抑郁情绪	认知行为疗法	HANA、PHQ-9、IL-6、TNF-α	RCT	心理干预后，实验组患者的焦虑、抑郁评分、IL-6 及 TNF-α 水平的下降程度均大于对照组，且除 TNF-α 水平外，两组间差异均具有统计学意义

表4-1(续)

疗法分类	证据来源	干预类型	P：问题	干预措施	O：结局指标	S：现有证据支持	证据
对失能老人的干预方法	陈娇，周立虹.认知行为疗法对老年COPD患者负性情绪的干预效果研究[J].世界最新医学信息文摘，2019，19（A0）：264-265.	改善	老年慢性阻塞性肺疾病患者负性情绪的干预效果	认知行为疗法	SAS、SDS	QS	对照组实施常规护理模式，试验组实施认知行为疗法干预，干预时间为2周。结果试验组患者焦虑得分低于对照组，差异有统计学意义（$P<0.05$）
	侯莉，刘伟，王玉兰，等.认知行为干预对老年心血管疾病患者自尊感及睡眠质量的影响[J].齐鲁护理杂志，2013，19（17）：1-3.		老年心血管疾病患者自尊感及睡眠质量	认知行为疗法	自尊感量表、PQ-SI	RCT	观察组干预后自尊感及睡眠质量优于对照组（$P<0.05$），干预效果与患者性别、配偶情况、经济状况、疾病知识等因素有关
	靳岩鹏，邢凤梅，景丽伟，等.认知行为疗法配合八段锦对老年housebound及日常生活能力量表的干预效果[J].中国老年学杂志，2017，37（3）：698-701.		改善老年housebound及日常生活能力	认知行为疗法配合八段锦	认知行为疗法配合八段锦	RCT	干预后三组housebound、ADL状况比较差异显著（$P<0.05$）
	常国胜，倪居，张瑞星，等.暗示疗法与认知行为疗法在老年躯体形式疼痛障碍患者中的效果比较[J].中国老年学杂志，2016，36（20）：5110-5112.		老年持续性躯体形式疼痛障碍（PSPD）疼痛感和焦虑	认知行为疗法	VAS、SAS	RCT	结果住院期间两组的时间交互效应无差异（$P>0.05$），出院后两组时间交互效应差异显著（$P<0.05$），出院后暗示组疼痛程度趋于稳定低值，而认知组疼痛程度呈上升趋势，出院6个月时暗示组复发率低于认知组（$P<0.05$）。躯体意念引导式暗示疗法对老年PSPD患者的治疗效果有更好的长期效应，在一定的时间内对维持疗效、预防复发较认知行为心理治疗有一定优势
	曹海涛，张婉.短期正念行为训练对髋部骨折固定术后老年患者心境状态及生活质量的影响[J].中国康复理论与实践，2014，20（9）：881-884.		髋部骨折固定术后老年患者心境状态及生活质量	短期正念行为训练	POMS、SF-36、MAAS	RCT	治疗后，实验组正念水平，POMS的紧张—焦虑、忧郁—沮丧、疲惫—惰性、活力—好动评分及生活质量评分优于对照组（$P<0.05$）

表4-1(续)

疗法分类	证据来源	干预类型	P：问题	干预措施	O：结局指标	S：现有证据支持	证据
对失能老人的干预方法	高军霞. 短期正念行为训练联合优质护理对老年肺癌患者心理状况的影响 [J]. 中国老年保健医学, 2019, 17 (6): 154 -156.	改善	老年肺癌患者心理状况的影响	短期正念行为训练联合优质护理	正念度、SAS、SDS	RCT	干预后，两组正念度各维度评分均升高，观察组高于对照组，两组比较差异显明 ($P<0.05$)；两组SAS评分和SDS评分均下降，观察组低于对照组，两组比较差异显著 ($P<0.05$)；观察组生活质量各维度评分明显高于对照组，两组比较差异明显 ($P<0.05$)
	刘丹，董素娟. 基于正念减压疗法的心理干预对冠心病支架植入患者负性情绪、服药依从性及生活质量的影响 [J]. 中国健康心理学杂志, 2019, 27 (9): 1342 -1346.		老年前列腺增生病人焦虑、抑郁及生活质量的影响	正念干预小组进行院外微信视频指导	SAS、SDS、BPHQLS	RCT	干预后试验组SAS、SDS评分较干预前降低，且低于对照组 ($P<0.05$)；BPHQLS得分降低，且低于对照组 ($P<0.05$)
	张耕瑞，杨丽，段东奎，等. 正念放松训练对经皮冠状动脉介入治疗患者心理应激反应及睡眠质量影响的研究 [J]. 中华护理杂志, 2018, 53 (12): 1463-1467.		对冠心病(CHD)支架植入患者负面情绪、服药依从性及生活质量的影响	正念减压疗法	SCL-90、SAQ1、SPBS	RCT	干预后，观察组躯体化 ($t=-6.61, P<0.05$)、强迫症状 ($t=-5.65, P<0.05$)、人际关系 ($t=-3.41, P<0.05$)、抑郁 ($t=-5.54, P<0.05$)、焦虑 ($t=-10.36, P<0.05$)、恐怖 ($t=-5.01, P<0.05$) 及偏执 ($t=-3.70, P<0.05$) 均显著低于对照组；观察组服药依从性显著优于对照组 ($Hc=5.66, P<0.05$)；观察组干预后躯体活动受限程度 (PL) ($t=4.69, P<0.05$)、心绞痛稳定状态 (AS) ($t=4.68, P<0.05$)、心绞痛发作情况 (AF) ($t=4.58, P<0.05$)、治疗满意度 (TS) ($t=3.89, P<0.05$)、疾病认知程度 (DP) ($t=2.96, P<0.05$) 及总得分 ($t=6.52, P<0.05$) 均显著高于对照组；观察组干预后，身体负担 ($t=-9.37, P<0.05$)、情感负担 ($t=-4.48, P<0.05$) 及总得分 ($t=-3.45, P<0.05$) 得分均显著低于对照组；观察组服务满意度显著高于对照组 ($t=5.44, P<0.05$)

表4-1(续)

疗法分类	证据来源	干预类型	P：问题	干预措施	O：结局指标	S：现有证据支持	证据
对失能老人的干预方法	缪苏，邓小岚，钱蕾. 正念干预对老年高血压病患者焦虑抑郁水平的影响［J］. 护理实践与研究，2017，14（10）：139-140.	改善	伴有焦虑、抑郁心理情绪的老年高血压病患者中的效果	正念干预	SAS、SDS	RCT	两组患者入院1个月后焦虑、抑郁水平均有所改善，与入院时比较，差异有统计学意义（P＜0.05），但干预组改善更明显，且低于对照组干预后比较，差异有统计学意义（P＜0.05）
	张先庚，李燕，张夏梦，等. 正念干预对社区老年Ⅱ型糖尿病合并抑郁状态患者生存质量的影响［J］. 成都医学院学报，2019，14（5）：654-657.		老年Ⅱ型糖尿病合并抑郁状态患者生存质量的影响	正念干预	DSQL	RCT	试验组患者干预后，生存质量总分和生理、心理、社会关系得分均低于干预前，且低于对照组干预后得分（P＜0.05）；治疗维度得分与干预前及对照组干预后得分比较，差异无统计学意义（P＞0.05）
	王平. 正念减压干预对老年脑梗死住院患者自我效能及睡眠质量的影响观察［J］. 罕少疾病杂志，2020，27（6）：94-95.		老年脑梗死住院患者自我效能及睡眠质量的影响	正念减压干预	GESE、PSQI	RCT	护理后干预组的GESE评分明显高于对照组（P＜0.05），PSQI评分明显低于对照组（P＜0.05）
	薛军. 正念减压护理对老年脑卒中合并阻塞型睡眠呼吸暂停低通气综合征患者负面情绪的影响［J］. 中国当代医药，2020，27（3）：238-240.		老年脑卒中合并阻塞型睡眠呼吸暂停低通气综合征患者负面情绪的影响	正念减压护理	HAMA、FFMQ、POMS-SF	RCT	观察组HAMA评分低于对照组（P＜0.05）；POMS-SF评分低于对照组（P＜0.05）；观察组FFMQ评分高于对照组，差异均有统计学意义（P＜0.05）
	王立英，杜旸，刘薇，等. 正念减压疗法对癌症老年患者癌因性疲乏的影响［J］. 护理学报，2015，22（17）：68-69.		癌症老年患者癌因性疲乏的影响	正念减压疗法	简易疲乏量表中文版	RCT	开展正念减压疗法8周，干预后患者的癌因性疲乏程度为轻度、中度、重度分别有25、14、10例，干预前分别为9、18、22例，经比较，差异有统计学意义（P＜0.01）
	初紫晶，王崇，于立娜，等. 正念减压疗法对老年肝硬化失代偿期患者负性情绪及自我效能的影响［J］. 中国老年学杂志，2019，39（13）：3162-3165.		老年肝硬化失代偿期患者负性情绪的影响	正念减压疗法	SAS、SDS、CPSS	RCT	减压前后两组分别采用焦虑自评量表（SAS）和抑郁自评量表（SDS）及知觉压力量表（CPSS）测评评定，干预组实施正念减压疗法后4周的焦虑和抑郁评分明显低于对照组，差异有统计学意义（P＜0.05）。两组患者均于干预前及干预后第4周末接受自我效能问卷测评并比较，患者的自我效能各维度评分均高于对照组，差异有统计学意义（P＜0.05）。减压前后干预组护理满意度明显高于对照组，差异有统计学意义（P＜0.05）

表4-1(续)

疗法分类	证据来源	干预类型	P：问题	干预措施	O：结局指标	S：现有证据支持	证据
对失能老人的干预方法	王静，金璐. 正念减压疗法对老年冠心病合并心理障碍患者睡眠质量及主观幸福感的影响[J]. 护士进修杂志，2019，34(22)：2084-2087.	改善	老年冠心病合并心理障碍患者负性情绪、睡眠质量、主观幸福感的影响	正念减压疗法	自制"老年冠心病合并心理障碍患者一般调查问卷"、SAS、SDS、PSQI	RCT	观察组患者焦虑（SAS）、抑郁（SDS）评分明显低于对照组；主观睡眠质量、入睡时间、睡眠效率、睡眠障碍评分明显低于对照组；激越、孤独与不满评分明显高于对照组
	吴桂香. 正念减压疗法对老年丧偶肺癌化疗患者癌因性疲乏和心理健康状况的影响[J]. 临床与病理杂志，2020，40(2)：430-436.		老年丧偶肺癌化疗患者癌因性疲乏以及心理健康状况的影响	正念减压疗法	RPFS、HAMD、HAMA、QLQ-C30	RCT	干预组干预8周后RPFS量表4个维度评分及总评分、HAMD评分、HAMA评分均低于干预前，与对照组干预后比较亦显著降低，差异均有统计学意义（$P<0.05$）；干预组干预后QLQ-C30量表5个维度及总评分较干预前提高，差异有统计学意义（$P<0.05$）；与对照组干预后比较，差异亦有统计学意义（$P<0.05$）；对照组干预前后比较，RPFS评分、HAMD评分、HAMA评分和QLQ-C30评分比较，差异均无统计学意义（$P>0.05$）
	丁慧玲，冯冬绪，郭建飞，等. 正念减压疗法结合支持性心灵关怀对社区高血压老年患者的干预效果分析[J]. 护理与康复，2018，17(2)：75-78.		高血压老年患者的血压，并能改善其焦虑、抑郁状况。	正念减压疗法结合支持性心灵关怀	SAS、GDS、血压情况	RCT	干预后，观察组收缩压和舒张压、焦虑自评量表和老年抑郁量表得分均显著低于对照组，差异有统计学意义（$P<0.05$）
	李雨昕，杨茜，刘世英，等. 正念减压疗法用于社区老年慢性疼痛患者的效果[J]. 护理学杂志，2016，31(9)：97-100.		老年慢性疼痛患者疼痛控制效果及情绪的影响	分小组开展正念减压疗法	SF-MPQ、PRI、PPI、VAS	RCT	干预8周后，干预组疼痛程度及焦虑、抑郁得分显著低于对照组（$P<0.05$，$P<0.01$）
	李香芙，钟梅艳. 正念减压疗法在老年髋部骨折固定术患者早期康复护理中的应用研究[J]. 当代护士（下旬刊），2019，26(8)：141-144.		老年髋部骨折固定术患者早期康复阶段关节功能的改善	正念减压疗法	Harris评分、POMS	RCT	结果治疗后观察组的Harris评分及心境状态均优于对照组（$P<0.05$）

表4-1(续)

疗法分类	证据来源	干预类型	P：问题	干预措施	O：结局指标	S：现有证据支持	证据
对失能老人的干预方法	吴先群，林芯，陈增娇，等. 正念减压训练联合远程支持锻炼对老年肺癌患者术后康复的影响 [J]. 中华肺部疾病杂志（电子版），2020，13（3）：394-396.	改善	老年肺癌患者术后康复阶段心理状况与生理状况的改善	正念减压训练联合远程支持锻炼	QLQ-LC13、SDS、VC、FVC、FEV1、RPFS	RCT	患者的抑郁和抑郁量表评分明显下降（$P < 0.05$），而观察者患者分值更低，评分明显优于对照组（$P < 0.05$）。此外，两组患者癌性疲乏情况也有明显改善，RPFS评分明显下降（$P < 0.05$），但观察组患者比对照组患者评分更低，具有统计学差异（$P < 0.05$）。各项肺功能指标都有显著改善，其VC、FVC、FEV1 以及 FEV1/FVC 等指标均有明显升高（$P < 0.05$），且观察组患者明显高于对照组，差异具有统计学意义（$P < 0.05$）
	王媛媛. 正念认知疗法对老年髋部骨折固定术后患者认知功能及疼痛程度的影响 [J]. 中国疗养医学，2020，29（11）：1150-1152.		老年髋部骨折固定术后患者认知功能及疼痛程度的影响	正念认知疗法	MMSE、VAS	RCT	结果观察组简明智能状态量表（MMSE）评分在术后第1天、术后第3天高于对照组，视觉模拟评分（VAS）在术后2小时、12小时、24小时及48小时的疼痛程度观察组低于对照组，观察组苏醒时间、拔管时间短于对照组，术后24小时镇痛药物用量观察组低于对照组（$P < 0.05$）
	熊鸣琴，张燕，廖梅，等. 正念认知治疗对老年术后胃瘫综合征患者焦虑抑郁的影响 [J]. 中国老年学杂志，2020，40（22）：4892-4895.		老年术后胃瘫综合征患者焦虑抑郁的影响	正念认知疗法	HAMA、HAMD、CD-RICS、HHI、MCMQ	RCT	两组干预后汉密尔顿焦虑量表（HAMA）评分、汉密尔顿抑郁量表（HAMD）评分低于干预前，且观察组低于对照组，差异均有统计学意义（均 $P < 0.01$）；两组心理弹性量表（CD-RISC）乐观性、坚韧性、力量性各维度评分均高于干预前，且观察组高于对照组，差异均有统计学意义（均 $P < 0.01$）；两组中文版 Herth 望量表（HHI）积极行动（P）、亲密关系（I）、对当下与未知的态度（T）3 个维度评分均较干预前升高，且观察组高于对照组，差异均有统计学意义（均 $P < 0.01$）；两组医学应对问卷（MCMQ）面对评分均较干预前升高，且观察组高于对照组，回避、放弃两项评分均较干预前降低，且观察组低于对照组，差异均有统计学意义（均 $P < 0.01$）
	张基伟，高珊珊，郝娜. 正念训练在老年高血压失眠患者中的应用 [J]. 中国疗养医学，2016，25（3）：257-258.		老年高血压失眠患者睡眠质量的影响	正念训练	PSQI	RCT	10 天护理干预后观察组在主观睡眠质量、入睡时间、睡眠时间、睡眠效率、日间功能障碍和睡眠质量总得分情况与对照组比较差异有高度统计学意义（$P < 0.01$）；观察组降压总有效率为85.71%，对照组降压总有效率为39.29%，两组比较差异有高度统计学意义（$P < 0.01$）

表4-1（续）

疗法分类	证据来源	干预类型	P：问题	干预措施	O：结局指标	S：现有证据支持	证据
对失能老人的干预方法	白波. 自我效能干预联合正念减压疗法在老年冠心病伴高血脂患者护理中的应用[J]. 中外医疗, 2018, 37 (29): 164-166.	改善	老年冠心病伴高血脂患者心理应激反应及心功能的影响	自我效能干预联合正念减压疗法	SDS、SAS、LVD、LVDd、LVEF、QOL-C30	RCT	两组患者干预前的SDS、SAS得分差异无统计学意义（$P > 0.05$），观察组干预后SDS、SAS得分均较对照组低差异有统计学意义（$t = 6.833$、5.709，$P < 0.05$）；干预后，观察组的LVDs（29.19 ± 3.38）mm、LVDd（46.55 ± 4.77）mm、LVEF（62.86±3.57）%，均显著优于对照组（$t = 3.817$、2.855、6.681，$P < 0.05$）；观察组干预后的生活质量（QOL-C30）总分（76.38±5.08）分，较对照组的（70.23±4.49）分显著升高，差异有统计学意义（$t = 5.918$，$P = 0.000$）
	许少英，余田桂，钱冬霞，等. 动机访谈及心理行为干预对老年COPD病人自我感受负担的影响[J]. 全科护理, 2015, 13 (6): 502-504.		对老年慢性阻塞性肺疾病病人自我感受负担的影响	动机访谈及心理行为干预	SPB	RCT	干预后，观察组的SPB总分以及照护负担、情感负担维度得分均低于同期对照组评分（$P < 0.05$）
	王侠. 动机性访谈式延伸护理对老年脑卒中康复的影响[J]. 河南医学高等专科学校学报, 2017, 29 (5): 466-468.		老年脑卒中患者康复的影响	动机性访谈式延伸护理	NIHSS、BI	RCT	观察组干预后的神经缺损功能评分为（4.71±1.95）分，低于对照组的（6.48±2.32）分，差异有统计学意义（$P < 0.05$）；观察组日常生活能力、肢体运动能力评分分别为（84.78±10.32）分、（71.58±12.67）分，高于对照组的（75.94±12.37）分、（61.24±15.33）分，差异有统计学意义（$P < 0.05$）
	张莹. 动机性访谈对高龄高血压患者自护能力及血压控制的影响[J]. 检验医学与临床, 2017, 14 (19): 2921-2923.		老年高血压患者自我护理能力及血压控制的影响	动机性访谈	ESCA	RCT	干预后，动机访谈组患者血压控制达标率明显高于常规组，差异有统计学意义（$P < 0.05$），动机访谈组ESCA评分与常规组相比，差异有统计学意义（$P < 0.05$）；动机访谈组总体满意度优于常规组，差异有统计学意义（$P < 0.05$）
	何志坚，陈俊锋，陈金培，等. 基于跨理论模型动机访谈改善老年高血压患者自我效能及疗效的研究[J]. 中国初级卫生保健, 2018, 32 (10): 47-49, 65.		老年高血压患者自我效能	基于跨理论模型动机访谈干预	采用高血压患者自我管理行为评估问卷、高血压患者生命质量测定量表	RCT	干预前，两组自我效能、自我管理、血脂水平、血压治疗及控制情况和生存质量之间差异均无统计学意义（$P > 0.05$）；干预18个月后，观察组自我效能、自我管理、高密度脂蛋白、血压治疗及控制情况和生存质量较对照组均有显著改善（$P < 0.05$）

表4-1(续)

疗法分类	证据来源	干预类型	P：问题	干预措施	O：结局指标	S：现有证据支持	证据
对失能老人的干预方法	李坤颖. 动机访谈式健康教育对老年晚期肺癌患者治疗依从性的影响 [J]. 中西医结合心血管病电子杂志, 2019, 7 (10): 185, 188.	改善	老年晚期肺癌患者治疗依从性的影响	动机访谈式健康教育	世界卫生组织生存质量测定量表简表	RCT	干预后, 观察组患者的治疗依从性与生活质量均明显高于对照组, 差异有统计学意义 ($P<0.05$)
	高艳华. 动机性访谈心理干预对老年慢性阻塞性肺疾病患者呼吸锻炼依从性、希望水平及心理健康的影响 [J]. 中国健康心理学杂志, 2019, 27 (1): 83-86.		老年慢性阻塞性肺疾病患者呼吸锻炼依从性、希望水平及心理状况影响。	动机性访谈	SAS、SDS、干预后呼吸锻炼依从性、SF-36	RCT	观察组干预后希望水平总分显著高于对照组得分 ($t=5.193, P<0.05$); 观察组干预后 SAS 评分、SDS 评分均显著低于对照组 ($t=-3.607, -3.387; P<0.05$); 观察组干预后 3 个月呼吸锻炼依从性显著优于对照组 ($Z=9.649, P<0.05$); 观察组干预后 3 个月 SF-36 量表八大维度评分均显著高于对照组 ($t=4.554, 16.687, 17.943, 6.769, 4.529, 13.180, 12.030, 10.713; P<0.05$)
	徐雯娟. 动机性访谈对老年高血压患者血压控制及自护能力的影响 [J]. 临床医药文献电子杂志, 2019, 6 (86): 107-108.		老年高血压患者血压控制及自护能力的影响	动机性访谈	舒张压和收缩压、自护行为	RCT	干预后, 观察组舒张压、收缩压水平均低于对照组, 差异有统计学意义 ($P<0.05$); 干预后自护能力 (掌握健康知识、优化日常生活、保持健康行为、坚持服药、自我病情监测、心理调节) 评分均高于对照组, 差异有统计学意义 ($P<0.05$)
	党建辉, 黄琴, 林小玲, 等. 动机性访谈对高龄高血压患者自我管理能力及血压控制效果的影响 [J]. 广东医学, 2018, 39 (14): 2240-2244.		老年高血压患者自我管理能力及血压控制效果的影响	动机性访谈	血压控制情况、ESCA、CHPS	RCT	干预后, 观察组血压控制达标率明显高于对照组 (77.22% vs 62.50%), 差异有统计学意义 ($\chi^2=4.084, P=0.043$); 干预后观察组高血压行为依从性总分显著低于对照组, 差异有统计学意义 ($P<0.05$), 观察组患者体质指数和腰围值明显低于对照组患者, 差异有统计学意义 ($P<0.05$)
	曾杜纯, 叶祥明, 谭同才, 等. 虚拟运动游戏对老年Ⅱ型糖尿病周围神经病变患者平衡功能和跌倒风险影响 [J]. 浙江中西医结合杂志, 2020, 30 (3): 212-215.	改善和预防	老年Ⅱ型糖尿病周围神经病变患者平衡功能和跌倒风险的影响	虚拟运动游戏	TUGT、BBS、PST、LOST、FRT、COP	RCT	治疗后两组 TUGT 均较治疗前降低, BBS 评分均较治疗前提高, 且治疗组优于对照组, 差异均有统计学意义 ($P<0.05$)。治疗后, 两组总稳定极限值均较治疗前提高, 总体稳定值、前后值、左右值、完成时间及跌倒风险总分均降低, 且治疗组优于对照组, 差异均有统计学意义 ($P<0.05$)

表4-1(续)

疗法分类	证据来源	干预类型	P：问题	干预措施	O：结局指标	S：现有证据支持	证据
对失能老人的干预方法	赵莉，陈红娜，王群丽. 沙盘游戏为主导的心理干预对老年肿瘤晚期患者护理效果分析 [J]. 中国老年保健医学, 2018, 16 (2)：98-100.	改善	老年肿瘤晚期患者心理调节及生活质量影响	沙盘游戏为主导的心理干预	SAS, SDS	RCT	干预前，两组患者的 SAS，SDS 评分无显著性差异（$P>0.05$）；干预后，两组患者的 SAS，SDS 评分均显著降低（$P<0.05$），且观察组的评分明显低于对照组（$P<0.05$）。干预前，两组患者的总体生命质量因子、躯体供能、角色功能、认知功能、社会功能、情绪功能、恶心、呕吐、疲倦、疼痛、呼吸困难、睡眠、食欲减退、腹泻、便秘、经济状况评分无显著性差异（$P>0.05$）；干预后，两组患者的功能评分（总体生命质量因子、躯体供能、角色功能、认知功能、社会功能、情绪功能）均显著升高（$P<0.05$），且观察组明显高于对照组（$P<0.05$）；观察组的症状评分（恶心、呕吐、疲倦、疼痛、呼吸困难、睡眠、食欲减退、腹泻、便秘、经济状况）均显著降低（$P<0.05$），且观察组明显低于对照组（$P<0.05$）
	陈梅，付丛会，崔燕萍，等. 游戏疗法对老年脑卒中认知功能及情绪障碍的影响 [J]. 中国康复, 2017, 32 (5)：394-396.		对老年护理医院脑卒中患者认知功能及情绪障碍的影响	游戏疗法	MoCA、BDI	RCT	治疗 3 个月后，2 组 MoCA 评分均较入组时明显升高（$P<0.05$），且研究组高于对照组（$P<0.05$）；12 个月后随访，研究组 MoCA 评分较治疗 3 个月后显著降低（$P<0.05$），但与入组时比较差异无统计学意义，对照组 MoCA 评分 12 个月后随访时较治疗 3 个月后及入组时显著降低（$P<0.05$），研究组 MoCA 评分显著高于对照组（$P<0.05$）。治疗 3 个月后，2 组 BDI 评分均较入组时明显减低（$P<0.05$），2 组间比较差异无统计学意义；12 个月后随访，研究组 BDI 评分较治疗 3 个月后明显升高（$P<0.05$），但仍显著低于入组时（$P<0.05$），对照组 BDI 评分较治疗 3 个月后及入组时明显升高（$P<0.05$），研究组 BDI 评分明显低于对照组（$P<0.05$）
	金环，熊莉娟，胡莉萍. 积极艺术治疗对老年癌症患者生活质量的影响 [J]. 护理学杂志, 2011, 26 (15)：67-69.		手术或放化疗癌症患者老年人生活质量提升	艺术思考和创作	SF-36	RCT	经受过手术或放化疗癌症患者老人共 80 名，按自愿原则分为两组各 40 人，两组性别、年龄、病情、病程、文化程度、月收入及付费方式比较差异无统计学意义（均 $P>0.05$）。各维度评分显著高于对照组（均 $P<0.05$）

已纳入的针对失智老年人长期照护的干预方法见表4-2。

表4-2　已纳入的针对失智老年人长期照护的干预方法

干预方法	证据来源	干预措施	P：问题	干预措施	O：量表	S：现有证据支持	证据
回忆疗法	刘艳存，吴小佳，周同. 团体怀旧疗法对老年痴呆患者影响的Meta分析［J］. 解放军护理杂志，2017，34（9）：1-7.	改善	对阿尔茨海默病患者的认知功能和抑郁情绪改善，生活质量和一般健康状况。	团体回忆疗法	MMSE、GDS、CSDD、QOL-AD、CBI、MZBI、RSS、GHQ	SR	Meta分析结果显示，团体怀旧疗法可改善阿尔茨海默病患者的认知能力和抑郁情绪（$P<0.001$），减轻其照顾者负担（$P=0.002$），提高生活质量（$P=0.003$）和一般心理健康状况（$P=0.007$）
	郑梅. 回忆疗法护理模式在老年痴呆患者中的应用效果［J］. 中国民康医学，2020，32（24）：152-154.		阿尔茨海默病患者中的应用效果	回忆疗法护理模式	ADL、MMSE、CMAI	RCT	护理后，两组日常生活能力量表和简易精神状态量表评分均高于护理前，且观察组高于对照组，差异有统计学意义（$P<0.05$）；护理后，两组激越行为量表评分均低于护理前，且观察组低于对照组，差异有统计学意义（$P<0.05$）
	刘艳存，李婷，罗丹. 怀旧疗法对轻中度老年痴呆患者影响的Meta分析［J］. 护理学杂志，2016，31（21）：4-9.		轻中度阿尔茨海默病患者的认知功能和情绪状态	怀旧疗法	MMSE、GDS、CSDD、FAQ、ADL、AD-QOL、Barthel指数	SR	Meta分析结果显示，怀旧疗法可改善轻中度阿尔茨海默病患者的认知能力、抑郁情绪、日常行为能力、生活质量及健康状态（均$P<0.01$）
	葛兆霞，邓小岚. 老年痴呆患者实施回忆疗法康复效果观察［J］. 护理学报，2013，20（3）：63-65.		阿尔茨海默病患者的康复情况	回忆疗法	MMSE、BI	RCT	简明精神状态检查量表和巴氏指数在无论阿尔茨海默病患者，还是血管性痴呆患者，其干预组与对照组组别与时间的交互作用有统计学意义（$P<0.01$）；干预组与对照组的2个量表评分组间差异有统计学意义（$P<0.01$）；简明精神状态检查量表和巴氏指数在训练前、训练后1个月、训练后3个月这3个时间点的差异均有统计学意义（$P<0.01$）
	黄晓玲. 老年痴呆患者护理中怀旧疗法的临床效果观察［J］. 基层医学论坛，2020，24（6）：870-871.		阿尔茨海默病患者的精神及痴呆情况改善	怀旧疗法	MMSE、CSSDD	RCT	探究组MMSE评分显著高于对比组，CSSDD评分显著低于对比组，差异有统计学意义（$P<0.05$）
	周娟. 回忆疗法治疗阿尔茨海默症患者认知障碍的临床效果观察［J］. 临床合理用药杂志，2019，12（2）：97-98.		阿尔茨海默症患者认知障碍改善情况	回忆疗法	MMSE、SAS	RCT	治疗后，观察组改善程度好于治疗前，亦好于对照组（$P<0.01$或$P<0.05$）；治疗后，2组SAS评分均较治疗前改善，且观察组改善程度好于对照组（$P<0.01$）

表4-2(续)

干预方法	证据来源	干预措施	P：问题	干预措施	O：量表	S：现有证据支持	证据
回忆疗法	郑成泰. 回忆疗法联合奥氮平治疗对改善老年痴呆精神行为障碍的临床疗效分析[J]. 世界最新医学信息文摘, 2018, 18 (93)：46, 52.	改善	改善阿尔茨海默病精神行为障碍	回忆疗法联合奥氮平	BEHAVE-AD	RCT	两组患者治疗后2、4、8周的BEHAVE-AD评分均较治疗前显著降低（$P <0.05$），治疗后2周观察组患者的BEHAVE-AD得分显著低于对照组（$P <0.05$）；治疗8周后，观察组的总有效率为93.33%，对照组的总有效率为88.89%，差异无统计学意义（$P >0.05$）；观察组患者失眠、记忆力、椎体外系反应、激惹等不良反应的发生率明显低于对照组（$P <0.05$）
	胡爱君, 陈小敏. 回忆疗法对老年痴呆患者激越行为的影响[J]. 中国康复, 2014, 29 (4)：329-330.		阿尔茨海默病患者激越行为	回忆疗法	CMAI	RCT	治疗12周后, 2组激越行为量表（CMAI）评分均较治疗前明显降低（$P <0.01, 0.05$），且干预组更低于对照组（$P <0.01$）
	毛元红, 许彬, 耿桂灵. 怀旧疗法在老年痴呆患者中应用效果的循证分析[J]. 现代预防医学, 2017, 44 (13)：2475-2480.		阿尔茨海默病患者中认知功能、生活质量、抑郁症状、激越行为的改善	怀旧疗法	MMSE、GDS、CSSDD、CMAI、MOSES-Irritability	SR	与对照组相比较, 干预组患者的认知功能（MD = 1.92, 95% CI [0.46, 3.39]）、生活质量（SMD = 6.37, 95% CI [0.54, 12.2]）有所提高且具有统计学差异, 而在抑郁症状（SMD = -0.36, 95% CI [-0.79, 0.07]）、激越行为（SMD = -0.17, 95%CI [-0.36, 0.02]）改善方面无统计学差异, 但后者的敏感性较差, 因此研究者未对后者的Meta分析结果妄下结论
	李菲, 汪莉, 刘丽萍, 等. 个体怀旧疗法联合认知训练在早期认知障碍老年人中的应用及效果评价[J]. 微创医学, 2018, 13 (6)：726-728, 742.		早期认知障碍老年人	个体怀旧疗法联合认知训练	MMSE、GDS-15、SF-36	RCT	4个月干预后, 老年人MMSE量表评分、SF-36问卷评分均显著优于干预前（$P <0.05$），但干预前后, 老年人GDS-15评分比较差异无统计学意义（$P > 0.05$）。干预后, 老年人MMES中的定向、注意与计算能力和回忆力方面评分显著高于干预前（均$P < 0.05$），但干预前后, 老年人记忆力、语言能力比较, 差异无统计学意义（$P > 0.05$）
	时婷婷. 怀旧疗法联合3R护理法对血管性痴呆老年患者MMSE评分及生活质量的影响[J]. 河南医学研究, 2017, 26 (23)：4365-4366.		血管性痴呆老年患者认知功能（MMSE）评分及生活质量的影响	怀旧疗法联合3R护理法	MMSE、SF-36	RCT	研究组干预后语言能力、记忆力、定向力等MMSE评分高于对照组, 研究组干预后SF-36评分高于对照组, 差异均有统计学意义（$P <0.05$）

表4-2(续)

干预方法	证据来源	干预措施	P：问题	干预措施	O：量表	S：现有证据支持	证据
回忆疗法	李永珍，罗丽新，黄佳垚，等.怀旧疗法干预对阿尔茨海默病患者的应用效果研究［J］.护理实践与研究，2018，15（13）：154-155.	改善	对阿尔茨海默病（AD）患者抑郁程度、生命质量、认知功能、自尊及孤独感的改善	怀旧疗法	HAMD、QOL-AD、MMSE、SES、ULS-6	RCT	治疗后10周，研究组患者的抑郁程度与孤独感得分低于对照组（P<0.05），生命质量、认知功能、自尊得分高于对照组（P<0.05）
	李沐，吕继辉，高茂龙，等.怀旧疗法对轻中度痴呆患者行为和精神症状的影响［J］.北京医学，2016，38（10）：999-1002.		对轻中度阿尔茨海默病患者行为和精神症状的作用	怀旧疗法	NPI	RCT	经过重复测量方差分析，两组NPI总分在分组主效应（F=4.614，P=0.037）、时间主效应（F=100.100，P=0.000）、分组×时间的交互效应（F=26.115，P=0.000）的差异均有统计学意义。因子分析中攻击/激越、异常的运动行为2个因子的分组主效应、时间主效应、分组×时间的交互效应具有统计学差异（P<0.05），抑郁/恶劣心境因子在分组主效应、时间主效应的差异具有统计学意义（P<0.05）
	农冬晖，邹小惠.怀旧疗法对老年痴呆患者认知功能及抑郁情绪的影响［J］.实用临床护理学电子杂志，2017，2（46）：135+138.		阿尔茨海默病患者认知功能及抑郁情绪的影响	怀旧疗法	MMSE、GDS	RCT	护理前两组患者MMSE量表和GDS量表评分相当，护理后干预组患者MMSE量表和GDS量表评分均优于对照组
	赵银华，张颖.怀旧疗法对老年阿尔茨海默病病人认知功能的影响［J］.护理研究，2018，32（11）：1736-1740.		对老年阿尔茨海默病（AD）病人认知功能的影响	怀旧疗法	MMSE、WHO-UCLA SVLT、RSPM	RCT	两组干预前MMSE、WHO-UCLA SVLT各维度评分与总分及RSPM成绩比较差异均无统计学意义（P>0.05）。干预1个月后观察组MMSE量表记忆力、回忆力、语言功能维度得分及总分明显高于干预前（P<0.05）；干预1个月后观察组WHO-UCLA SVLT量表各维度评分均高于干预前（P<0.05），干预前组间RSPM成绩比较差异无统计学意义（P>0.05），干预1个月后组间RSPM成绩比较差异无统计学意义（P>0.05）

表4-2(续)

干预方法	证据来源	干预措施	P:问题	干预措施	O:量表	S:现有证据支持	证据
回忆疗法	肖然. 怀旧疗法对阿尔茨海默症病人认知功能与日常生活能力的影响[J]. 全科护理, 2019, 17 (19): 2350-2352.	改善	对阿尔茨海默病(AD)病人认知功能与日常生活能力的影响	怀旧疗法	MMSE、ADAS-cog、ADCS-ADL、SF-36	RCT	观察组病人干预8周后MMSE评分、ADCS-ADL评分高于对照组(P<0.05),ADAS-cog评分低于对照组(P<0.05)。观察组病人干预8周后躯体症状、躯体健康、角色功能、心理健康、社会功能、情绪角色功能、精力及总体健康评分高于对照组(P<0.05)
	李沫, 吕继辉, 郝智慧, 等. 怀旧疗法对阿尔茨海默病患者认知和自尊水平的影响[J]. 北京医学, 2014, 36 (10): 809-811.		对轻中度阿尔茨海默病患者的治疗效果	怀旧疗法	MMSE、SES	RCT	干预组在接受3个月团体怀旧治疗后,其MMSE评分改善程度较对照组差异无统计学意义($t=0.104$, $P=0.917$);干预组SES评分在治疗3个月后较干预前明显改善($t=2.520$, $P=0.020$),且与对照组治疗后SES评分比较差异有统计学意义($t=2.238$, $P=0.031$)
	陶荣, 程琦. 怀旧护理疗法对老年痴呆患者认知功能及生活质量的影响[J]. 中国继续医学教育, 2017, 9 (22): 263-264.		对阿尔茨海默病患者认知功能及生活质量的影响	怀旧护理疗法	简易智能精神状态量表、阿尔茨海默病生活质量量表	RCT	两组患者干预前认知功能评分差异无统计学意义(P>0.05),观察组干预后认知功能评分高于对照组(P<0.05);两组患者干预前的生活质量评分差异无统计学意义,观察组干预后的生活质量评分较对照组高(P<0.05)
游戏疗法	陈圆圆, 戴敏, 朱慧, 等. 游戏疗法对阿尔茨海默病患者认知功能、情绪状态及生活质量影响的Meta分析[J]. 浙江医学, 2019, 41 (13): 1383-1386.		缓解阿尔茨海默病症认知功能和情绪状态	游戏疗法	MMSE、CSDD、QOL-AD	SR	(MD = 2.72, 95% CI: 1.19 ~ 4.25)及情绪状态(MD=-1.78, 95%CI: -2.55~-1.01),差异均有统计学意义(均P<0.05);但在生活质量方面,差异无统计学意义(P>0.05)
	白珊珊, 朱宏伟. 体感互动游戏在老年痴呆患者认知改善中的应用[J]. 中华现代护理杂志, 2020 (10): 1359-1364.		阿尔茨海默病患者记忆力、注意计算力与语言能力改善	体感互动游戏	MMSE	RCT	干预8周后,观察组患者MMSE得分(16.79±7.18)分,高于对照组的(12.91±6.96)分,两组得分比较差异有统计学意义(P<0.05)。干预前、干预第4、8周的观察组患者体感互动游戏得分比较,差异有统计学意义(P<0.05)
	陈晓欢, 陈萍, 李红. 益智游戏对老年痴呆患者生活质量的影响[J]. 中华现代护理杂志, 2016, 22 (29): 4171-4173.		对阿尔茨海默病患者生活质量的影响	益智游戏	MMSE、CSDD、QOL-AD	RCT	干预后患者的认知水平和生活质量明显优于干预前,患者的抑郁状态较干预前有明显的改善,差异有统计学意义(P<0.05)。

表4-2(续)

干预方法	证据来源	干预措施	P：问题	干预措施	O：量表	S：现有证据支持	证据
游戏疗法	乔亚珺. 团队游戏训练对轻度认知障碍老年患者情绪及日常活动能力的影响［J］. 中华物理医学与康复杂志, 2017, 39（8）: 631-632.	改善	轻度认知障碍老年患者情绪及日常活动能力的影响	团队游戏训练	MoCA、GDS、ADL	RCT	经3个月训练后发现对照组 MoCA 量表评分较治疗前明显改善（P<0.05），但 GDS 及 ADL 量表评分虽有改善趋势，但总体改善效果不明显（P>0.05）。而观察组患者 MoCA、GDS、ADL 量表评分均较治疗前明显改善（P<0.05），并且该组患者 GDS 及 ADL 量表评分改善效果亦显著优于对照组水平，组间差异均具有统计学意义（P<0.05）
	张四清, 许荣梅, 张文革, 等. 游戏类有氧训练治疗轻中度认知功能障碍老年人的疗效观察［J］. 中华物理医学与康复杂志, 2020, 42（5）: 399-401.		轻中度认知障碍老年患者的辅助治疗效果	游戏类有氧训练治疗	MoCA、ADL、SPIEGEL	RCT	经3个月治疗后，发现2组患者蒙特利尔认知评估量表（MoCA）评分、日常生活能力量表（ADL）评分及 SPIEGEL 睡眠量表评分均较治疗前明显改善（P<0.05）；并且治疗后观察组患者 MoCA、ADL 及 SPIEGEL 评分［分别为（24.3±3.5）分］、（20.1±4.2）分和（20.8±3.7）分］亦显著优于对照组水平，组间差异均具有统计学意义（P<0.05）；另外观察组治疗满意度为88.6%，也明显优于对照组水平（P<0.05）
	郑萍萍, 李丹, 郑晓丽, 等. 团体益智游戏对老年轻度认知障碍患者情绪状态和认知功能的影响［J］. 护理管理杂志, 2019, 19（7）: 530-533.		改善老年轻度认知功能障碍患者情绪状态和认知功能的效果	团体益智类游戏	MMSE、SAS、SDS、MoCA	RCT	干预后，观察组患者简易精神状态检查得分和蒙特利尔认知评估得分均高于干预前，蒙特利尔认知评估总分高于对照组，焦虑得分、抑郁得分较干预前显著下降（P<0.01 或 P<0.05）
	邵庭芳, 陈萍, 陈秋华, 等. 桌面小组游戏对老年痴呆病人情绪管理的效果研究［J］. 全科护理, 2017, 15(12): 1499-1501.		阿尔茨海默病病人情绪改善的效果研究	桌面小组游戏	MMSE、QOL-AD	RCT	干预前后简易精神状态检查表、阿尔茨海默病生活质量量表和情绪观察表得分的差异有统计学意义（P<0.05）
	陈翠芳. 游戏疗法对轻度老年痴呆患者认知功能及主观幸福感的改善效果［J］. 现代中西医结合杂志, 2012, 21（3）: 260-261.		对轻度阿尔茨海默病患者认知功能及主观幸福感改善	游戏疗法	MMSE、PGC、HDS	RCT	患者在参与游戏8周后的认知程度及主观幸福感较游戏前有显著改善（P 均<0.01）

表4-2（续）

干预方法	证据来源	干预措施	P：问题	干预措施	O：量表	S：现有证据支持	证据
认知训练疗法	廖院平，刘典英，温小凤，等.认知功能训练联合作业疗法对阿尔茨海默病患者认知功能及生活质量的影响[J].中国医学创新，2020，17（29）：109-112.	改善	阿尔茨海默病（AD）患者认知功能及生活质量的影响	认知功能训练联合作业疗法	MMSE、HDS、ADCS-ADL、WHOQOL-BREF	RCT	护理前，两组患者的认知功能、智力情况、日常生活能力及生活质量评分比较，差异均无统计学意义（$P>0.05$）；护理后，观察组认知功能、智力情况、日常生活能力及生活质量评分均明显高于对照组，差异均有统计学意义（$P<0.05$）
	褚玮，张建国，李伟.认知训练对轻中度阿尔茨海默病治疗效果的Meta分析[J].中西医结合护理（中英文），2019，5（4）：23-27.		轻中度阿尔茨海默病患者病情恢复和认知功能的提高	认知训练	MMSE、ADL	SR	①干预组简易精神状态检查（MMSE）量表评分高于对照组[MD=1.93，95%CI（1.25，2.61），I2=63%，$P<0.01$]。②2组日常生活能力量表（ADL）水平差异无统计学意义[MD=-3.84，95%CI（-7.85，0.16），I2=95%，$P=0.06$]。由于ADL量表异质性较大，采取敏感性分析，国外研究结果表明2组间差异无统计学意义[MD=0.01，95%CI（-0.40，0.41），I2=0%]，国内研究结果表明干预组ADL量表评分低于对照组[MD=-7.05，95%CI（-8.48，-5.62），I2=0%]
	王雪梅，张圆圆，于虹，等.计算机化认知训练对轻度认知障碍老年人干预效果的Meta分析[J].临床荟萃，2019，34（9）：843-849.		轻度认知障碍老年人的改善	计算机化认知训练	MMSE、MoCA、SF、GDS、ADL	SR	干预结束时试验组简易精神状态量表（MMSE）和蒙特利尔认知功能状态量表（MoCA）得分优于对照组[MD=1.78，95%CI（0.41，3.15），$P<0.05$]，[MD=4.02，95%CI（1.33，6.70），$P<0.05$]；试验组顺向数字测试（DSF）和逆向数字测试（DSB）得分优于对照组[MD=1.01，95%CI（0.39，1.64），$P<0.05$]，[MD=0.67，95%CI（0.16，1.17），$P<0.05$]；试验组延迟回忆得分优于对照组[MD=1.20，95%CI（1.00，1.39），$P<0.05$]；但对言语流畅性测试（SF）、老年抑郁量表（GDS）和日常生活能力量表（ADL）得分的改善效果不明显
	陈梅兰，欧光忠，卞坚强，等.认知训练对老年痴呆患者疗效的Meta分析[J].慢性病学杂志，2017，18（7）：743-746.		对阿尔茨海默病患者的疗效	认知训练	ADL、SMD	SR	共纳入6个RCT。Meta分析结果显示，相比对照组，认知训练组提高患者的日常生活能力，日常生活能力量表（ADL）标准化均数差（SMD）0.57，95%CI为0.220.93，$P=0.002$；认知训练后6个月患者精神状态仍有改善，简易精神状态检查量表（MMSE）SMD 0.56，95%CI为0.210.91，$P=0.002$；但两组在治疗后和治疗后3个月的MMSE评分差异无统计学意义（$P>0.05$）

表4-2(续)

干预方法	证据来源	干预措施	P：问题	干预措施	O：量表	S：现有证据支持	证据
认知训练疗法	王梦桃.轻度认知功能障碍老年人认知干预效果的meta分析[J].当代护士（中旬刊），2019，26（1）：78-82.	改善	对老年轻度认知障碍（MCI）患者的效果	认知训练	认知功能影响	SR	纳入Meta分析的文献共有21篇，累计干预组753例，对照组717例。认知训练对MCI老年人认知功能的影响的效应量MD及95%CI分别为2.91（2.34，3.49）
	吴迪，黄彦飞，陈芬，等.计算机远程认知训练在老年Ⅱ型糖尿病合并轻度认知功能障碍患者中的应用效果研究[J].中外医学研究，2018，16（34）：165-167.		老年Ⅱ型糖尿病（T2DM）合并轻度认知功能障碍患者中的应用效果	计算机远程认知训练	MoCA、MMSE	RCT	干预后试验组患者的糖尿病自我管理能力得分高于对照组（P<0.05）。干预后试验组患者的糖化血红蛋白值低于对照组（P<0.05）。干预前，两组患者的生存质量评分比较差异无统计学意义（P>0.05）；干预3个月后，试验组患者的生存质量评分高于对照组（P<0.05）
	孔晓明，王莹，吴晓平，等.认知训练对阿尔茨海默病患者情绪的影响[J].安徽医药，2014，18（11）：2117-2119.		对轻中度阿尔茨海默病（AD）病人情绪障碍的影响	认知训练	MMSE、HAMA、HAM	RCT	干预后6个月，研究组的HAMA、HAMD分值开始比对照组及干预前低（P<0.05），有一定的统计学意义，干预后9、12个月，研究组的MMSE分值高于对照组（P<0.05）
	胡月红，王志娟，罗一烽，等.个性化认知训练对轻度阿尔茨海默病患者的影响[J].护理实践与研究，2014，11（9）：13-14.		对轻度阿尔茨海默病（AD）患者认知功能的改善效果	个性化认知训练	MMSE、ADL	RCT	对照组与试验组患者出院时MMSE及ADL评分较入院时的评分差异均有统计学意义（P<0.05）。出院6个月时两组MMSE及ADL评分差异有统计学意义（P<0.05）。同时个性化认知训练方式对轻度AD患者MMSE，ADL评分的改善幅度大于常规无差别认知训练方式
	陈方方，胡霞.盐酸多奈哌齐联合认知功能训练治疗老年脑卒中后认知功能障碍疗效探析[J].亚太传统医药，2013，9（9）：183-184.		老年脑卒中后认知功能障碍的临床疗效	认知功能训练	MMSE、FIM、BI	RCT	两组治疗后MMSE、FIM、Barthel指数评分较治疗前均有明显改善（P<0.05）；且观察组治疗后的上述指标明显高于对照组（P<0.05）；观察组总有效率86.7%明显高于对照组的55.3%，两组比较有显著差异性（P<0.05）
	李爱云，李秀艳.综合认知训练对阿尔茨海默病患者心境的影响[J].中国实用护理杂志，2013（6）：10-13.		对阿尔茨海默病（AD）患者心境的影响	综合认知训练	QOL-AD、DMAS	RCT	干预组接受综合认知训练1年后，患者的心境状态较对照组明显改善，生活质量显著高于对照组；干预组中非重度组AD患者心境、生活质量的改善效果明显优于重度组患者
	李美娟，杨淑芬，付萍萍，等.认知训练对老年性痴呆患者的影响[J].中国现代医生，2013，51（21）：9-11.		阿尔茨海默病患者提高其社会功能及改善心理状况	认知训练	NOSIE-30、	RCT	①患者在训练后的总积极因素得分高于训练前得分（P<0.05）；②患者在训练后的总消极因素得分低于训练前得分（P<0.05）；③患者在训练后的病情总评估计得分高于训练前得分（P<0.05）

表4-2(续)

干预方法	证据来源	干预措施	P：问题	干预措施	O：量表	S：现有证据支持	证据
认知训练疗法	戎燕，夏恩奎，汤武亨.虚拟现实技术指导下的认知功能训练对老年痴呆患者认知功能和生活质量的影响[J].中华现代护理杂志，2019（2）：208-211.	改善	对阿尔茨海默病患者认知功能和生活质量的影响	虚拟现实技术指导下的认知功能训练	MMSE、ADL、QOL-AD、PSQI	RCT	干预1个月后，观察组患者的MMSE、QOL-AD评分均高于对照组，ADL、PSQI评分低于对照组，差异均有统计学意义（$P<0.05$）
	冯威，李春波，陈优，等.综合认知训练对轻度认知功能损害的干预效果[J].中华老年医学杂志，2015，34（4）：355-358.		对轻度认知功能损害（MCI）的中短期干预效果	综合认知训练	NTBE、自制健康问卷	RCT	①基线：干预组NTBE中语义联系项优于对照组（$t=2.13$，$P=0.037$），词汇流畅蔬菜测验项低于对照组（$t=-2.25$，$P=0.038$），其他测验两组差异均无统计学意义（均$P>0.05$）。②1年随访组内比较：干预组NTBE推理测验（$t=-2.70$，$P=0.010$）等16项提高，2项下降（均$P<0.05$）。对照组NT：BE语义联系（$t=-2.27$，$P=0.013$）等9项提高，5项下降（均$P<0.05$）。③1年随访组间比较：干预组NTBE推理测验（F=16.80，$P=0.000$）等5项优于对照组（均$P<0.05$）。③3次随访重复测量方差分析NTBE推理测验（F=5.16，$P=0.01$）等4项测验存在时间与组别交互作用（均$P<0.05$）
	蒋园园，练敏，罗一烽.个体化认知训练改善轻度认知功能损害患者认知功能的效果[J].解放军护理杂志，2015，32（11）：14-16，46.		对轻度认知功能损害患者认知功能的改善效果	认知训练	MMES、ADL	RCT	入院当天、出院当天及出院后第3个月，两组患者的MMES及ADL评分差异均无统计学意义（均$P>0.05$）；出院后第6个月，观察组患者的MMES评分高于对照组，ADL评分低于对照组，差异均有统计学意义（均$P<0.05$）
	胡进，黄金，张艳，王丽萍，等.认知训练对糖尿病合并轻度认知障碍患者认知功能的影响[J].中国护理管理，2015，15（9）：1074-1078.		社区Ⅱ型糖尿病（T2DM）合并轻度认知功能障碍（MCI）患者认知功能的影响	认知训练	MoCA、MMSE	RCT	两组患者MoCA北京版、MMSE得分的干预主效应、时间主效应、干预与时间交互效应间差异有统计学意义（$P<0.05$）；干预3个月末及随访3个月末实验组和对照组MoCA北京版、MMSE得分间差异有统计学意义（$P<0.05$）。实验组干预3个月末及随访3个月末MoCA北京版、MMSE得分较干预前升高（$P<0.05$）。干预后，实验组MoCA北京版量表的视空间执行功能、抽象思维、延迟记忆领域的评分高于对照组（$P<0.05$）

表4-2(续)

干预方法	证据来源	干预措施	P：问题	干预措施	O：量表	S：现有证据支持	证据
认知训练疗法	褚静. 强化认知干预在老年轻度认知功能障碍患者中的应用[J]. 中西医结合护理（中英文），2016，2（12）：118-120.		老年轻度认知功能障碍（MCI）患者中的应用效果	认知训练	MMSE、ADL	RCT	实施干预后，干预组MMSE各项评分及总分均高于对照组，差异有统计学意义（$P<0.01$）；干预组ADL量表各项评分均高于对照组，差异有统计学意义（$P<0.05$或$P<0.01$）
	蔡俊，张忠兴. 功能性锻炼结合认知训练对老年轻度认知障碍患者认知功能影响研究[J]. 牡丹江师范学院学报（自然科学版），2019（2）：43-47.		老年轻度认知障碍患者认知功能的影响	功能性锻炼结合认识训练	MMSE、TMT-A、TMT-B、P300	RCT	经过6个月的功能性锻炼结合认知训练干预，其视空间与执行功能、注意、抽象和MoCA均有显著改善，语言、延迟回忆分值有所提升；MMSE、TMT-A、TMT-B，P300潜伏期波幅与对照组相比均有统计学意义
	石海琴. 早期认知康复训练对老年痴呆患者认知功能和生活质量的影响[J]. 白求恩医学杂志，2018，16（3）：325-327.		对阿尔茨海默病患者认知功能和生活质量的影响	早期认知康复训练	SF-36	RCT	观察组患者认知障碍程度低于对照组，各领域生活质量评分均高于对照组（$P<0.05$）
	胡莉涓，谢韬，王虹，等. 多维度认知训练改善轻度认知障碍病人认知功能的效果观察[J]. 护理研究，2017，31（21）：2646-2648.	改善	改善轻度认知障碍病人认知功能的效果	多维度认知训练	MoCA、QOL-AD	RCT	干预后干预组MoCA总分明显高于本组干预前及对照组干预后得分（$P<0.05$）。干预后两组QOL-AD得分比较差异无统计学意义（$P>0.05$）
	兰琳. 以患者为中心的认知康复训练在老年血管性痴呆患者中的应用效果[J]. 中国医药导报，2018，15（11）：158-161.		老年血管性痴呆患者中的应用效果	认知康复训练	FIM、CNT、DST、VST、VPCT、ACCPT、MMSE	RCT	训练结束后，两组上述评分均高于训练前，且训练组均明显高于对照组，差异均有统计学意义（$P<0.05$）。训练前两组患者CNT测验的各项评分比较，差异均无统计学意义（$P>0.05$）；训练结束后，除言语学习测试（LLT）外，训练组记忆力评估项目记忆广度测验（DST）、视觉广度测验（VST）、视觉学习测试（VLT）及注意力评估项目视觉持续性能测验（VCPT）、听觉控制持续性能测验（ACCPT）测验结果均明显优于对照组，差异均有统计学意义（$P<0.05$）；组内比较显示，训练组训练后DST、VST、VLT、VCPT和ACCPT测验结果优于训练前，差异均有统计学意义（$P<0.05$）而对照组训练前后上述指标比较，差异均无统计学意义（$P>0.05$）

表4-2(续)

干预方法	证据来源	干预措施	P：问题	干预措施	O：量表	S：现有证据支持	证据
认知疗法	徐清，刘晓伟，李鹏鹏，等. 平板认知训练对轻中度阿尔茨海默病的疗效[J]. 中国老年学杂志，2020，40（13）：2813-2814.	改善	对轻中度阿尔茨海默病的疗效	平板认知训练	MMSE、ADL	RCT	治疗前两组 MMSE 评分、ADL 评分比较，差异无统计学意义（P>0.05）。治疗后两组 MMSE 评分较治疗前明显升高（P<0.05），且研究组较对照组升高更明显（P<0.05）。治疗后两组 ADL 评分较治疗前明显降低（P<0.05），且研究组较对照组降低更明显（P<0.05）
	赵春善，高玲，孟繁明. 认知训练对老年轻度认知障碍认知功能影响的 meta 分析[J]. 中国老年学杂志，2018，38（22）：5487-5492.		对老年轻度认知障碍（MCI）认知功能的影响	认知训练	MMSE、MoCA、ADL	SR	Meta 分析结果显示，认知训练有助于改善老年 MCI 的认知功能[MD = 2.52，95% CI（1.76，3.27），P<0.001]；对认知训练具体方法进行 Meta 分析显示，记忆力训练、运算法训练、回忆疗法训练、语言能力训练及数字法训练等干预方法有效（P<0.05），而智力游戏训练、图片法训练等干预方法无效（P>0.05）
	叶家盛. 针刺配合认知功能训练治疗帕金森病痴呆疗效观察[J]. 上海针灸杂志，2016，35（9）：1053-1055.		认知功能训练治疗帕金森病痴呆的影响	针刺配合认知功能训练	MMSE、MoCA	RCT	治疗组治疗后 MMSE 评分和 MoCA 评分与对照组比较，差异均具有统计学意义（P<0.05）。治疗组总有效率为 90.0%，对照组为 70.0%，两组比较差异具有统计学意义（P<0.05）
	杨伟，王红，陈卓铭，等. 中药治疗与传统认知训练联合虚拟技术对轻度阿尔茨海默病患者的疗效评价[J]. 中国康复医学杂志，2018，33（7）：783-788.		对轻度阿尔茨海默病患者进行早期认知干预效果	中药治疗与传统认知训练联合虚拟技术	MMSE、FIM、WMS	RCT	治疗前后两组的 MMSE 评分、FIM 评分、WMS 评分，均有显著性变化（P<0.05）；且治疗后治疗组的效果明显优于对照组（P<0.05 或 P<0.01）
太极拳疗法	周勇，赵岁岁，赵梦影. 太极柔力球运动治疗老年性痴呆的实验研究[J]. 辽宁体育科技，2016，38（1）：72-74.		阿尔茨海默病的改善	太极柔力球	MMSE、ADL	RCT	实验组患者认知能力和日常生活能力均有所改善，实验后简易智能精神状态量表（MMSE）和日常生活能力量表（ADL）评分与实验前相比有显著性差异（P<0.01）；对照组简易智能精神状态量表（MMSE）和日常生活能力量表（ADL）评分没有显著性差异（P>0.05）

表4-2(续)

干预方法	证据来源	干预措施	P: 问题	干预措施	O: 量表	S: 现有证据支持	证据
太极拳疗法	刘米娜, 李学斌. 太极延缓社区中老年人认知功能衰退有效性的系统评价 [J]. 社会建设, 2017, 4(4): 42-56.		老年轻度认知障碍的改善	太极拳	ADAS-Cog、MMSE、阿尔茨海默病评估量表	SR	太极拳在提高中老年执行功能 TMT-A、DS-F、DS-B 和记忆功能 CVLF 均优于控制组, 但在执行功能 TMT-B 和整体认知功能 MMSE 无差异。干预超过 6 个月更有效提高中老年人的执行功能 TMT-A 评分
园艺疗法	陈一静, 黄蔚萍, 任冬梅, 等. 长期小组式园艺疗法对轻度老年痴呆患者的影响 [J]. 健康教育与健康促进, 2018, 13(6): 555-557.	改善	对轻度阿尔茨海默病患者的影响	长期小组式园艺疗法	MMSE、ADL、QLI	RCT	出院后 8 个月, 实验组患者的 MMSE、ADL 和 QLI 评分分别为 23.07±4.43、24.19±8.97 和 8.85±0.92, 优于对照组的 20.58±2.34、33.17±12.40 和 6.76±2.05 (P<0.01)
	李雪飞, 黄秋韵, 李树华, 等. 园艺植物栽培活动对失智老人身心健康的影响 [J]. 西北大学学报(自然科学版), 2020, 50(6): 867-880.		对失智老人身心健康的影响	园艺植物栽培活动	血压、心率、HRV、SF-12生理分量表、人脸量表、SF-12心理分量表	RCT	一个疗程的园艺植物栽培活动能够正向提升失智老人 SF 生理分量表得分与人脸量表得分, 使他们正向情绪得到促进。对 HRV 的影响机制较为复杂, 从 RMSSD、HF、LF/HF 指标的变化来看, 一个疗程的园艺植物栽培活动能够使失智老人呈现放松状态; 而从 SDNN、LF 等指标的变化来看, 一个疗程的活动没有使他们放松
正念疗法	谭红珠. 正念冥想对阿尔茨海默病患者的认知能力及元认知水平影响 [J]. 山西医药杂志, 2019, 48(12): 1515-1517.		对 AD 患者的认知能力及元认知水平影响	正念冥想疗法	MMSE、MCQ-30	RCT	2 组患者护理后, 试验组 MMSE 评分显著高于对照组 (P<0.05), 试验组 MCQ-30 中积极信念、认知的自我意识、控制思维的倾向、认知信心方面评分显著高于对照组 (P<0.05)
	刘莹, 郭婧, 郝春艳, 等. 正念认知疗法对阿尔茨海默病患者认知功能和生活质量的影响 [J]. 中华现代护理杂志, 2020, 26(21): 2903-2908.		对阿尔茨海默病(AD)患者认知功能和生活质量的影响	正念认知疗法	MMSE、QOL-AD	RCT	两组患者均完成本研究的干预和评价过程, 无退出病例。研究组患者干预 2 个月后的 QOL-AD 总分及各维度评分高于对照组, 两组得分比较差异均有统计学意义 (P<0.05); 但两组患者干预 2 个月后的 MMSE 评分差异无统计学意义 (P>0.05)

表4-2(续)

干预方法	证据来源	干预措施	P：问题	干预措施	O：量表	S：现有证据支持	证据
正念疗法	张营丽，周艳华，李卓，等. 正念冥想疗法干预阿尔茨海默病患者神经损伤及焦虑抑郁的效果分析[J]. 中国实用神经疾病杂志，2020，23（20）：1813-1817.		对阿尔茨海默病患者神经损伤及焦虑、抑郁的干预效果	正念冥想疗法	HAMD-17、HAMA-14、血清神经损伤指标水平	RCT	预后实验组患者血清 Aβ1-42、Tau 蛋白含量明显降低，血清 PON1、SOD 含量明显升高，差异均有统计学意义（P<0.05）；实验组血清 Aβ1-42、Tau 蛋白含量低于对照组，血清 PON1、SOD 含量高于对照组，差异均有统计学意义（P<0.05）。干预后实验组 HAMD-17 评分、HAMA-14 评分明显低于对照组，差异均有统计学意义（P<0.05）
音乐疗法	马潇斌，白金文，陈长香. Soundsory 音乐疗法对老年冠心病共病高血压患者记忆障碍的干预效果[J]. 华北理工大学学报（医学版），2020，22（6）：468-473.	改善	老年冠心病共病高血压患者记忆功能的影响	Soundsory 音乐疗法	RBMT-Ⅱ	RCT	三组患者 RBMT-Ⅱ 的 12 个单项及总标准差值评分差异均有统计学意义（P<0.05）。干预 1 组 8 个单项及总标准差值评分高于对照组，干预 2 组 12 个单项及总标准差值评分明显高于对照组，差异均有统计学意义（P<0.05）。干预 2 组与干预 1 组比较，立即回忆故事、信息即刻回忆、面部再认、定向和日期、回忆预约时间、延迟回忆故事、延迟回忆信息及 RBMT-Ⅱ 总标准分 8 项评分差值差异均有统计学意义（P<0.05）
	丁燕，陆志德，张海霞. 古琴音乐疗法对轻中度阿尔茨海默病患者睡眠影响的研究[J]. 齐齐哈尔医学院学报，2019，40（14）：1754-1755.		对轻中度阿尔茨海默病（AD）患者睡眠情况的影响	古琴音乐疗法	SDRS、HAMA	RCT	相比基线时的评分，治疗第 2、4、9、11 周末 SDRS 及 HAMA 的评分均出现明显下降，差异有统计学意义（P<0.05）
	李希彤，谢静涛. 国内音乐疗法对阿尔茨海默病患者干预效果的 Meta 分析[J]. 湖南中医药大学学报，2019，39（1）：52-56.		对阿尔茨海默病患者干预效果	音乐疗法	MMSE、ADL、NPI、PSQJ	SR	其中 6 项研究中实验组认知功能优于对照组［WMD = 0.92，95% CI（0.14～1.71），P = 0.02］；2 项研究中实验组睡眠质量优于对照组［WMD = - 1.88，95% CI（-2.44～-1.32），P < 0.000 1］；3 项研究中实验组和对照组日常生活活动能力得分差异无统计学意义（P>0.05）；2 项研究中实验组和对照组神经精神量表得分差异无统计学意义（P>0.05）
	唐俊，王林，王圣秋，等. 个性化音乐治疗对老年中重度痴呆患者激越行为的影响[J]. 中西医结合护理（中英文），2020，6（10）：231-234.		对中重度阿尔茨海默病患者激越行为的影响	个性化音乐治疗	MMSE、CMAI	RCT	干预后观察组 CMAI 激越行为量表的评分（31.10±3.78）分，低于对照组（36.85±4.43）分，差异有统计学意义（P<0.05）。观察组简易智能精神状态量表（MMSE）评分高于对照组，但差异无统计学意义（P>0.05）

表4-2(续)

干预方法	证据来源	干预措施	P: 问题	干预措施	O: 量表	S: 现有证据支持	证据
音乐疗法	蹇正清, 刘静, 夏昌华, 等. 积极音乐疗法对老年痴呆患者睡眠障碍的影响 [J]. 山西医药杂志 (下半月刊), 2013, 42 (9): 1069-1071.		对阿尔茨海默病患者睡眠障碍的影响	积极音乐疗法	PSQI	RCT	两组患者在干预后PSQI总分及各项目得分均较干预前有明显变化, 差异具有统计学意义 ($P<0.05$)。积极音乐治疗组患者的睡眠时间、睡眠质量、睡眠障碍、日间功能及PQSI总分均较对照组变化更为明显, 差异具有统计学意义 ($P<0.05$), 而入睡时间、睡眠效率及睡眠药物在两组间差异无统计学意义 ($P>0.05$)
	吕继辉, 高天, 李沫, 等. 音乐治疗对轻度阿尔茨海默病患者记忆、语言和精神症状的作用 [J]. 中华神经科杂志, 2014, 47 (12): 831-835.	改善	对轻度阿尔茨海默病患者记忆力、语言功能和精神症状的作用	音乐治疗	WHO-UCLA AVLT	RCT	A组世界卫生组织—加利福尼亚听觉词语测试 (WHO-UCLA AVLT) 即刻回忆得分 (分) $t1$ (7.38 ± 1.45) 及 $t2$ (7.24 ± 1.42) 均高于 $t0$ (6.81±1.40), 差异有统计学意义 ($t=3.79$, $t=3.62$, $P<0.05$)。A组WHO-UCLA AVLT 延迟回忆得分 (分) $t1$ 高于 $t0$ (6.51±1.52 与 5.88±1.34, $t=4.06$, $P<0.05$)。词语流畅性测试得分 (分) $t1$ 时 A组 (8.63 ± 1.94) 和 B组 (8.58±1.75) 均高于C组 (7.54 ±2.03), 差异有统计学意义 ($t=5.57$, $t=2.48$, $P<0.05$); $t2$ 时 A组 (8.45 ± 1.69) 高于 B组 (7.89 ± 1.74) 和 C组 (7.43 ± 1.52), 差异有统计学意义 ($t=2.37$, $t=4.55$, $P<0.05$); A组 $t1$ (8.63±1.94) 及 $t2$ (8.45± 1.69) 均高于 $t0$ (7.62±1.70), 差异有统计学意义 ($t=3.92$, $t=3.65$, $P<0.05$); B组 $t1$ 高于 $t0$ (8.58±1.75 与 7.68±1.76, $t=3.31$, $P<0.05$)。A组神经精神问卷评分 (分) $t1$ (13.52±11.63) 及 $t2$ (13.01±11.72) 均低于 $t0$ (16.37±11.72), 差异有统计学意义 ($t=33.07$, $t=29.65$, $P<0.05$)。A组照料者苦恼程度得分 (分) $t1$ (16.43 ± 11.90) 及 $t2$ (15.02 ± 10.56) 均低于 $t0$ (21.72±12.88), 差异有统计学意义 ($t=32.44$, $t=31.68$, $P<0.05$)

表4-2(续)

干预方法	证据来源	干预措施	P：问题	干预措施	O：量表	S：现有证据支持	证据
音乐疗法	尹洪海，赵志欣. 多奈哌齐联合音乐治疗早期阿尔茨海默的疗效观察 [J]. 现代医药卫生，2014，30 (24)：3700-3701.	改善	早期阿尔茨海默的疗效	音乐治疗	MMSE、SCAG	RCT	治疗12周后与治疗前比较，两组患者简易精神状态检查（MMSE）总分均明显提高，且治疗组患者老年临床评定量表（SCAG）总分下降明显，差异均有统计学意义（ $P<0.05$ ）；12周末两组注意力因子比较，差异有统计学意义（ $P<0.05$ ），其中治疗组与对照组比较SCAG量表中抑郁、焦虑、不合作、易激惹评分明显降低，差异均有统计学意义（ $P<0.05$ ）
	仲伟爱，曹丽青，高文铖. 老年痴呆患者的团体音乐治疗效果 [J]. 中国民康医学，2015，27 (3)：82，85.		对阿尔茨海默病患者的康复治疗作用	团体音乐治疗	MMSE、ADL	RCT	两组患者治疗前MMSE及ADL评分无显著差异。治疗组治疗6个月后MMSE评分高于治疗前和对照组（P均<0.05）
	周超，陈梅，马红锋，等. 音乐治疗对阿尔茨海默病患者精神状态和语言功能的影响 [J]. 心理月刊，2020，15 (3)：109.		对轻中度阿尔茨海默病患者精神状态和语言功能的影响	音乐治疗	BSSD、ABC	RCT	音乐治疗干预后，儿歌组和红歌组同干预组相比具有统计学差异（ $P<0.05$ ）；儿歌组和红歌组同对照组60天后的BSSD及ABC均有统计学差异（ $P<0.05$ ）
	尹琴，高燕，蒯骆，等. 音乐游戏运动疗法对高龄轻度认知障碍患者干预效果的研究 [J]. 中国卒中杂志，2020，15 (4)：411-415.		高龄轻度认知障碍患者功能独立性的影响	音乐游戏运动疗法	FIM	RCT	观察组（30例，实际完成28例）与对照组（30例，实际完成30例）一般情况和治疗前FIM得分差异无统计学意义。治疗后观察组FIM中运动功能（ $P=0.006$ ）、认知功能（ $P=0.001$ ）优于对照组。观察治疗后FIM中运动功能（ $P<0.001$ ）、认知功能（ $P<0.001$ ）和总分（ $P<0.001$ ）均高于本组治疗前。对照组治疗后FIM得分与治疗前差异无统计学意义
	付美华，萧志亮，钟远惠，等. 音乐疗法对阿尔茨海默病患者的睡眠和生活质量的影响 [J]. 齐齐哈尔医学院学报，2016，37 (6)：711-713.		阿尔茨海默病患者的睡眠和生活质量的影响	音乐疗法	PSQI、BPRS、WHOQOL-BREF	RCT	本研究共脱落9例（9%），共收集91例（91%）AD患者资料。经4周干预后，研究组在PSQI总分、BPRS总分、知觉障碍、情感障碍和行为障碍得分显著高于对照组（ $t=4.126$ ，4.075；$\chi^2=4.396$ ，9.306，8.032；$P<0.05$ ）。研究组在WHOQOL-BREF总分、生理领域、心理领域、社会关系和环境领域得分均低于对照组（ $t=13.430$ ，7.170，11.397，14.214；$P<0.05$ ）

表4-2(续)

干预方法	证据来源	干预措施	P：问题	干预措施	O：量表	S：现有证据支持	证据
音乐疗法	韩侨，赵春善，高玲.音乐疗法对老年痴呆患者激越行为影响的Meta分析［J］.现代预防医学，2019，46（13）：2410-2414.	改善	对阿尔茨海默病患者激越行为影响	音乐疗法	CIMA	SR	合并效应具有统计学意义［WMD = − 6.05，95% CI（− 10.93，-1.17），P = 0.020］；干预时间在2个月以下合并效应无统计学意义［WMD = − 5.24，95% CI（-11.79，− 1.31），P = 0.120］；干预时间在3个月以上合并效应具有统计学意义［WMD = −8.34，95% CI（− 11.42，− 5.27），P < 0.001］
	刘丽纯，刘燕.音乐治疗对老年痴呆症患者的干预效果［J］.中国老年学杂志，2017，37（5）：1215-1216.		阿尔茨海默病症患者在认知功能和抑郁情绪上的临床疗效	音乐治疗	MMSE、CSDD	RCT	治疗后实验组患者MMSE、CSDD评分优于对照组（P <0.05）
	陈秀华.音乐疗法在老年痴呆患者护理中的应用分析［J］.智慧健康，2018，4（17）：130-131.		阿尔茨海默病护理中应用音乐疗法的效果	音乐疗法	MMSE、CSDD	RCT	观察组患者治疗1个月、3个月MMSE评分明显高于治疗前及对照组治疗后，CSDD评分明显低于治疗前及对照组治疗后，差异均有统计学意义（P <0.05）
	陈艳.音乐疗法在老年痴呆患者临床护理中的应用效果分析［J］.实用临床护理学电子杂志，2019，4（35）：154.		阿尔茨海默病患者临床护理中各项精神指标，降低康奈尔痴呆情况	音乐疗法	精神状况评分、CSDD	RCT	在临近6个月的治疗与护理中，两组患者的精神状态均有所改善，但实验组患者的精神状况评分要高于对照组患者，且康奈尔痴呆抑郁评分低于对照组患者，两组患者对比产生的差异存在统计学意义（P <0.05）
	陆茜.音乐疗法在老年痴呆患者临床护理中的应用效果分析［J］.心理月刊，2019,14(10)：23-24.		阿尔茨海默病患者各项精神指标改善	音乐疗法	MMSE、CSDD	RCT	治疗1、3个月，观察组MMSE评分均高于对照组，CSDD评分均低于对照组差异有统计学意义（P <0.05）
艺术疗法	麻友兵，高英玲，杨桂春，等.艺术行为治疗联合奥氮平、吡拉西坦对老年阿尔茨海默病患者认知功能的改善效果［J］.临床医学研究与实践，2019，4（4）：23-24		老年人阿尔茨海默病患者认知改善	艺术行为治疗联合奥氮平、吡拉西坦	MMSE	RCT	治疗后，两组定向力、注意力和计算力、记忆力、回忆能力、语言能力及认知功能总分均升高，且研究组高于对照组（P <0.05）

已纳入的针对失心老年人长期照护的干预方法见表4-3。

表4-3　已纳入的针对失心老年人长期照护的干预方法

干预方法	证据来源	干预类型	P：问题	干预措施	O：指标	S：现有证据支持	证据
心理社会治疗模式	张富松，符娟，潘苗. 心理社会干预对老年抑郁症患者社会功能及生活质量的影响［J］. 职业与健康，2011，27（10）：1124-1126.		老年抑郁症患者社会功能及生活质量的影响	接受为期6个月的心理社会干预，以小组形式	HAMD、HAMA、ITAQ、SF-36、GAS、SDSS	RCT	干预组 HAMD 总分、HAMA 总分、ITAQ 总分变化值、7 项 SF-36 因子分改善值、GAS 总分变化值、SDSS 总分变化值均明显高于药物组，差异均有统计学意义（$P < 0.01$）
	潘苗，张三强，王长虹，等. 心理社会干预对首发老年抑郁症患者 1 年结局的影响［J］. 中国实用医刊，2011（13）：5-8.		对首发老年抑郁症患者 1 年结局的影响	心理社会干预	ITAQ、SF-36、GAS、SDSS	RCT	干预组和药物组总的治疗中断率分别为 22.14% 和 45.71%，复发率分别为 1.43% 和 23.57%，再入院率分别为 5.71% 和 15.8%，差异均有统计学意义（$P < 0.05$）。干预组服药依从性（84.3%）高于药物组（63.6%），差异有统计学意义（$P < 0.01$）。干预组 ITAQ 总分变化值、7 项 SF-36 因子分改善值、GAS 总分变化值、SDSS 总分变化值均明显高于药物组，差异均有统计学意义（$P < 0.01$）
认知行为疗法（CBT）	刘建洪，宫雪，周军辉，等. 回忆疗法联合帕罗西汀药物治疗在老年抑郁患者中的应用价值及对患者生活质量的影响［J］. 国际精神病学杂志，2018，45（3）：480-482.	改善	老年抑郁患者中的应用价值及对其生活质量的影响	回忆疗法联合治疗	HAMD、SF-36	RCT	实验组患者的疗效好于对照组（$P < 0.05$）。实验组患者治疗 2 周、治疗 4 周及治疗 8 周后的 HAMD 评分均低于对照组（$P < 0.05$）。实验组患者的 SF-36 各维度评分均高于对照组，生活质量更好（$P < 0.05$）
	林明钦. 团体怀旧疗法对老年抑郁症患者疗效的影响［J］. 当代护士（中旬刊），2016（11）：83-84.		老年抑郁症患者抑郁情况改善	团体怀旧疗法	HAMD	RCT	治疗后两组患者 HAMD 评分均下降（$P < 0.05$），试验组患者 HAMD 评分低于对照组（$P < 0.05$），试验组患者治疗总有效率高于对照组患者（$P < 0.05$）
	李培军. 团体怀旧治疗对老年抑郁症患者的疗效及生活质量的影响［J］. 职业与健康，2015，31（6）：755-757.		老年抑郁症患者的疗效及生活质量的影响	团体怀旧疗法	LISA、GDS	RCT	GDS 评分：两组的评分均有明显下降，试验组评分由试验前的（16.31±2.33）分下降到试验后的（7.24±2.09）分，对照组由试验前的（16.42±2.11）分下降到试验后的（13.21±2.23）分，2 组比较差异有统计学意义（$t = 2.786$，$P < 0.01$）。LISA 评分：试验组的评分高于对照组，其差异有统计学意义（$t = 3.012$，$P < 0.01$）

表4-3(续)

干预方法	证据来源	干预类型	P:问题	干预措施	O:指标	S:现有证据支持	证据
认知行为疗法(CBT)	李菲,李梅,刘延迪,等.团体怀旧疗法在糖尿病抑郁患者中的应用效果[J].长春中医药大学学报,2019,35(5):964-967.	改善	糖尿病抑郁患者的自我管理能力及社会支持力,改善抑郁情绪	团体怀旧疗法	Hb A1c、SDS、SSRS	RCT	共86例患者完成研究,干预12周后,观察组 Hb A1c、SDS 得分、抑郁程度均显著低于对照组($P<0.05$),且 SDSCA 及 SSRS 得分均显著高于对照组($P<0.05$)
	黄丽.综合护理联合怀旧疗法对老年Ⅱ型糖尿病伴抑郁症患者血糖水平及抑郁情绪的影响[J].中国临床护理,2020,12(2):128-132.		老年Ⅱ型糖尿病伴抑郁症患者血糖水平及抑郁情绪的影响	综合护理联合怀旧疗法	FBG、2hPG水平、SDS、SF-36	RCT	干预后,观察组 FBG、2hPG 水平、SDS 评分均低于对照组($t=10.815$,$P<0.001$;$t=3.815$,$P<0.001$;$t=4.579$,$P<0.001$),SF-36 评分高于对照组($t=4.516$,$P<0.001$);依从性好于对照组($Z=2.538$,$P=0.011$)
	王丽利,贾晶晶,何成丽,等.缅怀疗法对老年抑郁症患者抑郁情绪及生活满意度的影响[J].护理与康复,2020,19(9):65-67.		老年抑郁症患者抑郁情绪及生活满意度的影响	缅怀疗法	GDS、MMSE	RCT	干预3周后,观察组患者老年抑郁筛查量表评分低,差异有统计学意义($P<0.05$);生活满意度 A 量表评分高于对照组,差异有统计学意义($P<0.05$)
	罗思欢,朱晓翠,任衍镇.居家认知行为疗法对老年抑郁患者情绪及认知功能的影响[J].国际护理学杂志,2017,36(6):746-749.		对老年抑郁患者情绪及认知功能的影响	认知行为疗法随访	HAMD、MMSE	RCT	两组出院后3个月、6个月 HAMD 评分均低于治疗前,观察组出院后3个月、6个月 HAMD 评分低于对照组($P<0.05$)。两组出院后3个月、6个月 MMSE 评分均高于治疗前,观察组出院后3个月、6个月 MMSE 评分高于对照组($P<0.05$)。观察组干预6个月后总体健康、生理功能、生理职能、社会功能、健康精神、情感职能等方面评分显著高于对照组($P<0.05$)
	郭玉敏,田秀清,孙晶晶.居家认知行为疗法应用于老年抑郁症患者的效果及对认知功能、抑郁情绪的影响[J].医学理论与实践,2019,32(17):2835-2837.		老年抑郁症患者认知功能及抑郁情况的改善	居家认知疗法	HAMD、MMSE	RCT	认知组出院后2个月、4个月的汉密尔顿抑郁量表(HAMD)评分均低于常规组,简易智力状态检查量表(MMSE)评分高于常规组,差异有统计学意义($P<0.05$)
	刘航英.老年抑郁性神经症的认知行为疗法[J].健康心理学杂志,2000(4):455-456.		老年抑郁患者抑郁情况的改善	认知行为疗法	HAMD	RCT	一周后病人自觉症状均有不同程度的减轻,HAMD 抑郁量表评分均小于35分;三周后半数以上病人临床症状消失,抑郁量表评分小于8分;90%以上的病人在治疗4周时症状消失,抑郁量表评分小于8分

表4-3(续)

干预方法	证据来源	干预类型	P：问题	干预措施	O：指标	S：现有证据支持	证据
认知行为疗法（CBT）	朱仁祥，任丽娟，高蕾. 米氮平联合认知行为疗法治疗老年抑郁症的效果观察［J］. 宁夏医科大学学报，2012，34（12）：1310-1312.	改善	老年抑郁症患者失调性认知程度	认知行为疗法	HAMD、QLI	RCT	治疗不同阶段实验组显效率均高于对照组，两组 HAMD 量表评分随治疗时间延长而逐渐降低，但实验组与对照组比较差异均有统计学意义（$P<0.05$），第4、8、12周末，实验组与对照组 QLI 评分比较差异有统计学意义（$P<0.05$ 或 $P<0.01$）
	潘小平. 认知行为疗法对继发性抑郁症治疗及康复效果的研究进展［J］. 齐齐哈尔医学院学报，2012，33（5）：634-636.		老年抑郁症患者抑郁程度改善	认知行为疗法	HAMD、HAMA、GAF、LSR	RCT	两组治疗前评分差异无统计学意义 $P>0.05$），治疗后2个月、4个月评分差异亦无统计学意义（$P>0.05$），治疗后6、8、10个月评分，观察组均显著低于对照组（$P<0.01$）
	黄珊，罗石友，黄惜惠. 认知行为疗法对老年期抑郁症患者康复的疗效分析［J］. 齐齐哈尔医学院学报，2015，36（21）：3219-3220.		老年期抑郁症患者康复的影响	认知行为疗法	SAS、SDS、HAMD、改良 BI	RCT	对照组患者治疗后 SAS 和 SDS 评分情况较治疗前无显著性差异（$P>0.05$）；观察组患者治疗后 SAS 和 SDS 评分情况较对照组治疗后有显著性差异（$P<0.05$）；观察组患者治疗后 HAMD 和改良 Barthel 指数情况较治疗前有显著性差异（$P<0.05$）；对照组患者治疗后 HAMD 和改良 Barthel 指数评分情况较治疗前无显著性差异（$P>0.05$）；观察组患者治疗后 HAMD 和改良 Barthel 指数情况较对照组治疗后有显著性差异（$P<0.05$）
	丁冬红，何海霞，吴殿龙. 认知行为疗法对老年抑郁症的治疗作用［J］. 临床精神医学杂志，2004（5）：298.		老年期抑郁的临床效果	认知行为疗法	HAMA、HAMD、TESS	RCT	随访半年后联合治疗组的显效率为71.4%，药物治疗组为47.6%，以前组显著较好（$P<0.05$）
	杨秋霞，何传才，王荣生. 认知行为疗法对老年抑郁症全面康复的临床疗效［J］. 中国社区医师（医学专业），2012，14（8）：32-33.		老年抑郁抑郁、焦虑情绪的影响	认知行为疗法	HAMD	RCT	两组临床疗效、复发率比较有显著性差异（$P<0.05$）
	于美芝，王开尧，王铁石. 认知行为疗法干预老年人睡眠障碍［J］. 中国临床医生，2014，42（1）：45-47.		老年人睡眠障碍的临床效果	认知行为疗法	PSQI	RCT	结果认知行为疗法干预6个月后，能明显缩短入睡时间，显著改善睡眠质量和睡眠效率，与干预前比较有显著性差异（$P<0.05$）

表4-3(续)

干预方法	证据来源	干预类型	P：问题	干预措施	O：指标	S：现有证据支持	证据
认知行为疗法（CBT）	徐萍，季卫东，潘尧生.认知行为疗法联合药物对老年睡眠障碍患者血清细胞因子和皮质醇的影响及疗效观察［J］.实用老年医学，2015，29（2）：137-141.	改善	老年睡眠障碍内分泌及免疫功能及睡眠质量	认知行为疗法联合药物	IL-1、TNF-α、皮质醇水平、PSQI	RCT	联合治疗组总有效率为92.59%，认知行为治疗组为62.96%，药物治疗组为70.37%，联合治疗组疗效明显优于其他2组（$P < 0.01$），认知行为治疗组与药物治疗组组间差异不显著（$P > 0.05$）。3组患者治疗后PSQI总分及7个因子评分明显低于治疗前，且联合治疗组下降更显著（$P < 0.05$）。3组患者治疗前血清细胞因子及皮质醇水平均较高，治疗后均有所下降，且联合治疗组下降更显著（$P < 0.05$）
	龚恒芬，黄瑛，金莹，孙喜蓉，瞿家兴，黄娟，奚玥，陆伟，赵楠.盐酸多奈哌齐联合认知行为疗法对轻度认知功能障碍患者的临床疗效［J］.中国社区医师，2017，33（2）：29-30.		对轻度认知功能障碍的疗效	认知行为疗法	MoCA、MMSE	RCT	治疗后8周与12周，联合组MMSE评分显著高于西药组（$P < 0.05$），联合组MoCA评分显著低于西药组（$P < 0.05$）
	李东冬，戴立磊，秦碧勇.认知行为疗法在老年抑郁症患者中的应用效果［J］.海南医学，2017，28（11）：1741-1744.		老年抑郁症患者临床症状及自杀意念改善	认知行为疗法	HAMD、SIOSS	RCT	两组患者在年龄、性别、民族、职业、有无配偶、受教育程度等方面比较差异均无统计学意义（$P > 0.05$）；两组患者治疗前HAMD评分比较差异无统计学意义（$P > 0.05$），治疗4周、8周后两组患者的评分均有不同程度的降低，但观察组降低更明显，差异均有统计学意义（$P < 0.05$）；两组患者治疗前SIOSS评分比较差异无统计学意义（$P > 0.05$），治疗4周后两组患者的评分均有不同程度的降低，但观察组降低更明显，主要体现在绝望因子及睡眠因子方面，差异均有统计学意义（$P < 0.05$）；随着治疗时间的延长，8周后差异更明显，主要体现在绝望因子、睡眠因子及乐观因子，差异均有统计学意义（$P < 0.05$）

表4-3(续)

干预方法	证据来源	干预类型	P：问题	干预措施	O：指标	S：现有证据支持	证据
认知行为疗法（CBT）	周淑新. WONCA 研究论文摘要汇编（三）——初级保健老年人抑郁症认知行为疗法的临床效果：一项随机对照试验［J］. 中国全科医学，2010，13（4）：451.	改善	老年人抑郁症抑郁情绪改善	认知行为疗法	BDI－II、社会功能问卷、欧洲生活质量量表	RCT	对80%参试者做了跟踪。做TC或CBT平均课程数目>7。意向-治疗分析发现，CBT与TAU和TC比较，BDI-II量表测试结果分别改善-3.07［95% CI（-5.73，-0.42）］和-3.65［95% CI，（-6.18，-1.12）］，与TAU和TC相比，结果更支持CBT。顺应性平均因果分析法对CBT和TC做了比较。每次治疗课程做了BDI-II测试，CBT明显受益0.4分［95%CI（0.01，0.72）］
	景艳玲，崔维珍，孙平，等. 认知行为疗法在老年抑郁症中的应用［J］. 临床精神医学杂志，2007（4）：236.		老年抑郁症治疗的效果	认知行为疗法	HAMD、HAMA	RCT	两组相比，于治疗第6周及8周时联合治疗组HAMD及HAMA评分下降均较药物治疗组更显著（P均<0.05）
	王胜，郑汉波，汪达山，等. 认知行为治疗对老年期抑郁症的辅助治疗［J］. 临床精神医学杂志，2010，20（5）：347-348.		老年期抑郁症治疗中的辅助治疗作用	认知行为疗法	HAMD	RCT	治疗8周合用组疗效显著好于对照组，合用组各期HAMD评分下降比对照组更为显著
	朱建忠. 度洛西汀合并认知行为疗法治疗老年抑郁症疗效对照研究［J］. 中国民康医学，2010，22（5）：563-564.		老年抑郁症治疗效果	认知行为疗法	HAMD	RCT	研究组治疗显效率78.57%，明显高于对照组60.71%，研究组4周来HAMD评分优于对照组
	周志英. 认知疗法在老年抑郁症病人治疗中的应用［J］. 全科护理，2012，10（4）：304-305.		老年抑郁症病人治疗中的应用效果	认知行为疗法	CCG－GL、HAMD	RCT	对照组治疗8周后HAMD评分低于治疗前；观察组治疗2周、4周、8周后HAMD评分均降低，且均低于对照组，观察组总有效率为93.3%，对照组为76.6%，观察组总有效率高于对照组（P<0.05）；治疗1年后，观察组复发率为6.67%，明显低于对照组（26.7%，P<0.05）
	朱志红，贾春霞，张宇燕. 中医药结合认知行为疗法在老年脑卒中抑郁症患者康复过程中的作用［J］. 中华中医药学刊，2012，30（9）：2038-2039.		老年脑卒中抑郁症患者康复过程中的作用	中医药结合认知行为疗法	HAMD、SDS	RCT	中医治疗组和对照组在治疗后第60天、第90天汉密尔顿抑郁量表（HAMD）评分、抑郁自评量表（SDS）评分、中医症候评分表评分比较有显著性差异（P<0.01）

表4-3(续)

干预方法	证据来源	干预类型	P:问题	干预措施	O:指标	S:现有证据支持	证据
认知行为疗法（CBT）	王佳冰，闫玮娟.认知行为疗法在脑卒中抑郁症患者康复护理中的应用[J].当代护士（中旬刊），2014（10）：31-32.	改善	脑卒中抑郁症患者康复护理中的应用效果	认知行为疗法	HAMD	RCT	干预组的临床症状缓解情况明显优于对照组，比较差异具有统计学意义（$P<0.05$）
	朱石莲，陈绍云，张燕锋.认知行为疗法结合中药治疗焦虑症的临床观察[J].临床医学工程，2019，26（7）：951-952.		焦虑症患者焦虑症状改善	认知行为疗法	HAMD	RCT	治疗1周、3周、6周后，研究组的HAMD评分均显著低于对照组（$P<0.05$）。研究组的治疗总有效率为92.06%，高于对照组的77.78%（$P<0.05$）。研究组的不良反应发生率为7.94%，低于对照组的20.63%（$P<0.05$）
	李盼洁，刘欣欣.认知行为疗法联合药物对原发性失眠症患者睡眠状况及生活质量的影响[J].黑龙江医药科学，2019，42（6）：73-74.		改善原发性失眠症患者睡眠状况	认知行为疗法	PSQI、SF-36	RCT	研究组治疗总有效率[91.11%（41/45）]高于对照组[75.56%（34/45）]（$P<0.05$）；治疗结束后，两组PSQI及SF-36分值均优于治疗前，且研究组PSQI分值低于对照组，SF-36分值高于对照组（$P<0.05$）
	韩锋.中药熏蒸结合认知行为疗法治疗老年失眠症的临床疗效[J].世界最新医学信息文摘，2017，17（37）：152-153.		老年失眠症的改善	中药熏蒸结合认知行为疗法	PSQI	RCT	Ⅲ组的总有效率较高，与Ⅰ组和Ⅱ组差异明显，证实存在统计学意义（$P<0.05$）；Ⅲ组PSQ分值改善情况较优，与Ⅰ组和Ⅱ组差异明显，证实存在统计学意义（$P<0.05$）。Ⅲ组、Ⅱ组的不良反应率较低，与Ⅰ组差异明显，证实存在统计学意义（$P<0.05$）
	Sivertsen B，Omvik S，Pallesen S. et al..认知行为疗法与佐匹克隆治疗老年慢性原发性失眠患者的比较：一项随机对照试验[J].世界核心医学期刊文摘（神经病学分册），2006（11）：1.		老年慢性原发性失眠患者睡眠情况改善	认知行为疗法	总觉醒时间、总睡眠时间、睡眠效率、慢波睡眠	RCT	CBT治疗组患者的睡眠效率从预治疗时的81.4%增加至6个月随访时的90.1%，而佐匹克隆治疗组患者则从82.3%降至81.9%。与其他2组患者相比，CBT治疗组患者夜间睡眠中处于慢波睡眠（3期和4期）的时间更长，而觉醒时间更短
	张文静.中药熏蒸结合认知行为疗法治疗老年失眠症疗效分析[J].实用中医药杂志，2016，32（4）：297-298.		老年失眠症的改善	中药熏蒸结合认知行为疗法	PSQI、疗效及不良反应情况	RCT	治疗后3组PSQI较前均有明显降低（$P<0.01$），治疗组降低程度大于熏蒸组和对照组（$P<0.01$）。总有效率3组比较差异无统计学意义（$P>0.05$）。治疗组和熏蒸组不良反应发生率均低于对照组（$P<0.05$）

表4-3(续)

干预方法	证据来源	干预类型	P：问题	干预措施	O：指标	S：现有证据支持	证据
认知行为疗法（CBT）	赵丽丽. 认知行为疗法联合药物治疗老年睡眠障碍效果观察 [J]. 疾病监测与控制, 2017, 11（6）: 497-498.	改善	老年睡眠障碍改善	认知行为疗法	睡眠效率、PSQI	RCT	观察组临床总有效率为92.3%，高于对照组的62.8%（$P<0.05$）；观察组治疗后的PSQI总分为（3.38±0.13）分，低于对照组的（7.09±0.14）分（$P<0.05$）
	许伟. 右佐匹克隆片联合认知行为疗法干预老年睡眠障碍的效果观察 [J]. 世界睡眠医学杂志, 2019, 6（7）: 863-864.		老年患者睡眠障碍的临床效果	认知行为疗法	PSQI	RCT	观察组患者干预后的PSQI评分为（4.26±1.34）分，低于对照组的（7.48±2.62）分，差异有统计学意义（$P<0.05$）
	王欣, 白英, 任夏瑾. 艾司西酞普兰联合认知行为疗法治疗老年抑郁症的效果 [J]. 中国实用医刊, 2020, 47（16）: 80-82.		治疗老年抑郁症的效果	认知行为疗法	临床疗效、不良反应、生活质量	RCT	治疗7个月，观察组总有效率为95.74%（45/47），高于对照组的76.08%（35/46），观察组不良反应占比12.76%（6/47），低于对照组的45.65%（21/46）。观察组生活质量评分高于对照组，差异均有统计学意义（P均<0.05）
	张加明. 米氮平合并认知行为疗法治疗老年抑郁症的对照研究 [J]. 四川精神卫生, 2014, 27（2）: 174-176.		老年抑郁症的疗效	认知行为疗法	HAMD、HAMA	RCT	治疗8周末和6个月末，HAMD和HAMA总评分两组比较，差异有统计学意义（$P<0.05$）。A、B两组显效率分别为84.38%和59.38%，差异有统计学意义（$x^2=4.947$, $P<0.05$）。6个月末A组复发3例（9.38%）；B组复发10例（31.25%），两组比较差异有统计学意义（$x^2=4.317$, $P<0.05$）
心理疏导疗法	刘洋, 冯淑丹. 心理疏导疗法在老年抑郁症患者病情控制中的应用效果 [J]. 中国老年学杂志, 2019, 39（24）: 6123-6126.		老年抑郁症患者病情控制中的应用效果	心理疏导疗法	HAMD、HAMA	RCT	与治疗前相比，心理疏导组患者经过3个月心理疏导治疗后汉密尔顿抑郁表、汉密尔顿焦虑量表评分大幅降低，治疗显著性、总有效性及患者健康评定量测结果显著上升，差异有统计学意义（$P<0.05$）
箱庭疗法	朱小茼, 杨绍清, 赵加伟. 箱庭疗法对冠心病伴抑郁患者生命质量的影响 [J]. 中国老年学杂志, 2016,36（14）:3565-3566.		对冠心病伴抑郁患者生命质量的影响	箱庭疗法	TDL-QOLAS、SDS	RCT	箱庭疗法干预前，干预组与对照组患者SDS评分无统计学差异，干预组TDL-QOLAS评分明显低于对照组（$t=-2.272$, $P<0.05$）；箱庭疗法干预后再次进行评定；干预组的TDL-QOLAS评分（$F=1\ 214.37$, $P<0.01$）和SDS评分（$F=249.28$, $P<0.01$）与对照组比较均有显著差异

表4-3(续)

干预方法	证据来源	干预类型	P：问题	干预措施	O：指标	S：现有证据支持	证据
箱庭疗法	闫宏锋，姜珺，甄文风，等. 团体沙盘游戏疗法对长期住院的老年慢性精神分裂症患者生活质量的影响和阴性症状改善的研究［J］. 山西医药杂志，2018，47（9）：975-979.		老年慢性精神分裂症状改善和生活质量提升	箱庭疗法	GQOLI-74、PANSS	RCT	两组患者 GQOLI-74 分比较：治疗前差异无统计学意义（P>0.05）；治疗30周后，在躯体功能、心理功能、负性情感、正性情感、人际交往能力、生活质量等评分方面，研究组患者均高于对照组（P<0.05）。两组患者 PANSS 评分比较：治疗前2组 PANSS 各项评分比较差异无统计学意义（P>0.05）；治疗30周后，两组患者的阳性症状量表评分方面的差异无统计学意义（P>0.05），研究组患者的 PANSS 总分、阴性症状量表分及一般精神病理量表分较对照组均明显下降，并且较治疗前下降更明显，差异有统计学意义（P<0.05）
太极拳疗法	拜争刚，王晓，李红敏，等. 太极拳预防老年抑郁症有效性的系统评价［J］. 中国老年学杂志，2014，34（10）：2716-2719.	改善	太极拳预防老年抑郁症的有效性	太极拳疗法	抑郁症自评量表评价（如 CES-D、POMS）	SR	显示太极拳对比空白组在12周随访期抑郁症评分方面的差异有统计学意义［SMD=-0.29，95%CI（-0.54，-0.05）］。太极拳对比其他措施改善老年抑郁评分差异无统计学意义［SMD=-0.35，95%CI（-0.86，0.16）；SMD=-0.13，95%CI（-0.75，0.49）；SMD=-0.58，95%CI（-1.22，0.05）；SMD=-0.31，95%CI（-0.69，0.06）；SMD=-0.07，95%CI（-0.68，0.54）；SMD=-0.25，95%CI（-0.82，0.33）；SMD=-0.31，95%CI（-0.90，0.29）；SMD=-0.10，95%CI（-0.45，0.65）］
	廖建国. 24w 太极锻炼对城市老年女性心理健康的影响［J］. 中国老年学杂志，2015，35（24）：7232-7233.		太极拳锻炼对老年女性心理健康影响	24-式太极拳锻炼	POMS、SCL-90	RCT	干预后，太极组（24周前后组内对照、24周后组间对照）的躯体化、强迫症状、抑郁、敌对因子得分均值显著减小（P<0.05），人际关系敏感、偏执因子得分均值非常显著减小（P<0.01），太极组（24w前后组内对照、24w后组间对照）的紧张、愤怒因子得分均值显著减小（P<0.05），精力因子得分均值显著增加（P<0.01）
	廖桂香. 太极拳对空巢老人抑郁情绪及生活质量的影响［J］. 社区医学杂志，2012，10（17）：5-6.		空巢老人抑郁情绪及生活质量的影响	太极拳疗法	GDS、SD-36	RCT	观察组抑郁评分干预3个月为（20.91±3.63）分，干预6个月为（13.34±2.44）分，与对照组比较差异均有统计学意义（均 P<0.05）

表4-3(续)

干预方法	证据来源	干预类型	P：问题	干预措施	O：指标	S：现有证据支持	证据
太极拳疗法	宋清华. 太极养生功对老年焦虑症患者焦虑量表评分的影响[J]. 中国老年学杂志, 2014, 34 (20)：5851-5852.		老年焦虑症患者的疗效	太极养生功	HAMA、GQOLI-74	RCT	经90天锻炼治疗后，HAMA综合评分和GQOLI-74评分明显优于锻炼治疗前（$P<0.05$）
正念疗法	王玲，白巧燕，徐春萍，等. 有氧运动联合正念训练对老年认知障碍患者认知功能的影响[J]. 中国医药科学, 2019, 9 (15)：18-22.	改善	对老年认知障碍患者认知功能的影响	正念训练	MMSE、ADAS-cog、NPI、ADCS-ADL	RCT	两组所有患者均完成12周有氧运动及正念训练。两组患者第8、16周MMSE及ADAS-cog评分、NPI评分、ADCS-ADL评分均得到显著改善（$P<0.05$）；观察组第8、16周MMSE评分明显高于对照组，ADAS-cog评分、NPI评分及ADCS-ADL评分均明显低于对照组，差异均有统计学意义（$P<0.05$）；观察组总满意度（93.33%）明显高于对照组（73.33%），差异有统计学意义（$P<0.05$）；两组患者干预期间未出现心电图及血、尿、便常规、肝功能、血生化异常；观察组及对照组均在第1周有氧运动中出现1例头晕患者
	徐世才，彭洁，袁铭，等. 正念疗法对养老机构老年人睡眠质量和认知功能的影响[J]. 中国健康教育, 2020, 36 (7)：667-669.		老年人睡眠质量和认知功能的作用	正念疗法	PSQI	RCT	实验组PSOI中的主观睡眠质量、入睡时间、睡眠时间、睡眠效率、睡眠障碍、催眠药物、日间功能障碍维度及PSQI总得分分别为（0.93±0.57）分、（1.08±0.42）分、（0.98±0.55）分、（0.73±0.54）分、（0.70±0.56）分、（0.50±1.27）分、（0.23±0.51）分和（4.40±1.61）分，均低于对照组得分，差异均有统计学意义（$P<0.05$）；干预后，实验组MoCA中的注意力、延迟回忆、定向力领域及MoCA总分得分分别为（3.50±0.68）分、（2.50±0.82）分、（5.73±0.45）分和（20.85±1.83）分，均高于对照组得分，差异均有统计学意义（$P<0.05$）
	陈明霞，郑亚琦，冷伟. 正念疗法联合个体化药物治疗对老年抑郁症患者焦虑抑郁状态、日常生活能力和社会功能的影响[J]. 实用医院临床杂志, 2019, 16 (2)：63-66.		对老年抑郁症患者焦虑抑郁状态、日常生活能力和社会功能的影响	正念疗法	HAMA、HAMD、SDSS、FFMQ、SF-36	RCT	治疗后，两组抑郁及焦虑评分、SDSS评分均降低，且观察组低于对照组（$P<0.05$）。观察组观察、描述及觉知地行动、不判断和不反应、总分较治疗前升高，对照组描述及不判断、总分较治疗前升高，观察组FFMQ量表各评分高于对照组（$P<0.05$）。两组生活满意及社会关系、情感职能、精神健康得分水平较治疗前显著升高，且观察组高于对照组（$P<0.05$）

表4-3(续)

干预方法	证据来源	干预类型	P：问题	干预措施	O：指标	S：现有证据支持	证据
正念疗法	田博，韩海斌，王婷婷.正念冥想训练联合艾司唑仑在伴睡眠障碍的老年高血压患者中的应用观察[J].中华心脏与心律电子杂志，2018，6（4）：222-224.	改善	伴睡眠障碍的老年高血压患者中的应用效果	正念冥想训练	PSQL、DBP、SBP	RCT	观察组干预后睡眠质量、入睡时间、睡眠时间、睡眠效率、睡眠障碍评分低于对照组（$P<0.05$）；观察组干预后SBP、DBP低于对照组（$P<0.05$）
	木尼热·胡赛音，热娜古丽·艾买江.正念认知干预对老年心境情感障碍和社会功能的影响[J].心理月刊，2019，14（20）：79.		老年心境情感障碍和社会功能的影响	正念认知干预	BRMS、HAMA、HAMD-17、FAQ	RCT	与对照组相比，观察组治疗后BRMS评分、HAMA评分、HAMD-17评分降低，FAQ评分降低，组间比较都有统计学差异（$P<0.05$）
	王玮.正念训练对老年抑郁障碍患者的干预效果[J].慢性病学杂志，2020，21（6）：835-839.		不伴精神病性症状的老年抑郁障碍患者的影响	正念疗法	HAMD、FFMQ	RCT	患者共65例，研究过程中脱落3例，共62例完成数据收集，其中观察组脱落率6.1%，对照组脱落率3.1%，两组各31例完成数据收集，两组脱落率比较，差异无统计学意义（$P>0.05$）。两组患者在性别构成、婚姻状态、平均年龄、平均病程及受教育年限方面比较，差异无统计学意义（$P>0.05$）。观察组治疗2周末、治疗4周末、治疗6周末及对照组治疗4周末、治疗6周末HAMD评分均较治疗前下降（$P<0.05$）。观察组治疗4周末、治疗6周末HAMD评分均显著低于对照组（$P<0.05$）。观察组五因素正念量表（FFMQ）评分均高于治疗前（$P<0.05$），且治疗2周末、治疗4周末、治疗6周末FFMQ评分均显著高于对照组（$P<0.05$）。两组不同时点临床疗效比较，观察组总有效率均优于对照组，差异有统计学意义（$P<0.05$）。两组睡眠指标均较治疗前改善，且治疗6周末观察组入睡潜伏期、入睡后觉醒次数较对照组明显减少（$P<0.05$），总睡眠时间较对照组明显增加，差异有统计学意义（$P<0.05$）
	张耕瑞，杨丽，段东奎，等.正念放松训练对经皮冠状动脉介入治疗患者心理应激反应及睡眠质量影响的研究[J].中华护理杂志，2018，53（12）：1463-1467.		老年冠心病经皮冠状动脉介入治疗患者围手术期心理应激反应及睡眠质量的影响	正念放松训练	SCL-90、PSQI	RCT	干预4周后，实验组SCL-90总分和躯体化、强迫、人际关系敏感、抑郁、焦虑因子得分均低于对照组，差异有统计学意义（$P<0.05$）。实验组PSQI总分和睡眠质量、入睡时间、睡眠时间、睡眠效率、睡眠障碍、日间功能障碍因子得分均低于对照组，差异有统计学意义（$P<0.05$）

表4-3(续)

干预方法	证据来源	干预类型	P：问题	干预措施	O：指标	S：现有证据支持	证据
正念疗法	刘典英，刘明矾. 正念治疗与工娱治疗对老年抑郁症患者的干预效果［J］. 中国老年学杂志，2015，35（2）：298-299.	改善	改善老年抑郁症患者抑郁症状	正念治疗	HAMD	RCT	8周后正念治疗组的 HAMD 评分〔(13.80±9.60)分〕显著低于工娱治疗组〔(19.44±1.55)分〕（P<0.05）
	康延海，盛莉. 艾司西酞普兰联合正念认知疗法对老年抑郁症患者负性自动思维及自杀意念的影响［J］. 中国老年学杂志，2020，40（19）：4143-4146.		对老年抑郁症患者负性自动思维及自杀意念的影响	正念认知疗法	ATQ、SIOSS、HAMD-24	RCT	治疗8周后两组 ATQ 评分均较治疗前明显下降，且观察组明显低于对照组，差异均有统计学意义（均 P<0.001）；治疗8周后，两组掩饰因子、睡眠因子、乐观因子、绝望因子及 SIOSS 总分均较治疗前明显降低，且观察组明显低于对照组，差异均有统计学意义（均 P<0.05）；治疗8周后，两组 HAMD-24 评分均较治疗前明显降低，且观察组明显低于对照组，差异均有统计学意义（P<0.05，P<0.001）
	蒋合萍，谭友果. 文拉法辛结合正念减压疗法对住院老年抑郁症的临床疗效和生活质量的影响［J］. 中国老年学杂志，2019，39（21）：5358-5362.		老年抑郁症患者的临床疗效和生活质量的影响	正念减压疗法	FFMQ、GQLI、HAMD	RCT	实验组和对照组痊愈率比较，差异显著（P<0.05）。在 MBSR 干预8周后，实验组在观察维度、不判断维度、不反应维度、正念度总分比较具有显著差异（P<0.05）；在描述和觉知行动维度比较无显著差异（P>0.05）。两组在生活质量比较中，实验组在8周后躯体功能和心理功能明显高于对照组（P<0.05）。正念度量表与生活质量表评分相关分析结果显示，心理功能、社会功能与观察维度呈正相关；心理功能和描述维度呈正相关；物质功能、心理功能、社会功能与觉知行动维度呈正相关；物质功能、躯体功能、心理功能、社会功能均与不判断维度呈正相关；躯体功能、社会功能与不反应呈正相关（均 P<0.05）
	童丽琴. 八周简易正念减压训练对老年功能性消化不良患者焦虑抑郁和睡眠质量的改善作用［J］. 世界华人消化杂志，2020，28（7）：265-269.		降低负面情绪和改善睡眠质量	简易正念减压训练	PSQI、SDS、SAS、	RCT	与干预前比较，两组焦虑自评量表和抑郁自评量表评分均降低（P<0.05），且观察组降低明显于对照组（P<0.05）。与干预前比较，两组干预后睡眠质量明显改善（P<0.05），入睡时间明显缩短（P<0.05），睡眠时间明显延长（P<0.05），且观察组明显于对照组（P<0.05）

表4-3(续)

干预方法	证据来源	干预类型	P：问题	干预措施	O：指标	S：现有证据支持	证据
园艺疗法	林桂永，黄金菊，郑凯双，等．园艺疗法联合镇肝息风汤加减对脑卒中后遗症期患者躯体功能障碍及精神康复的影响［J］．湖南中医杂志，2020，36（7）：32-34.	改善	脑卒中后遗症患者躯体功能及精神障碍的影响	园艺疗法联合镇肝息风汤	FMA、NIHSS、HAMD	RCT	两组上下肢 FMA 评分、FMA 总分及 NIHSS、HAMD 评分治疗前后组内比较及治疗后组间比较，差异均有统计学意义（$P < 0.05$）
	王萍，刘晓伟．绘画联合园艺疗法对抑郁症患者临床症状及 HAMD 评分的影响［J］．临床医学研究与实践，2020，5（26）：33-35.		对抑郁症患者的影响	绘画联合园艺疗法	HAMD、MRSS、SDSS、GQOLI-74	RCT	治疗后，两组患者的 HAMD、MRSS、SDSS 评分均降低，且研究组明显低于对照组（$P < 0.05$）。研究组的临床症状改善总有效率明显高于对照组（$P < 0.05$）。治疗后，两组患者 GQOLI-74 各维度评分均升高，且研究组均高于对照组，差异具有统计学意义（$P < 0.05$）
	黄燕颖．园艺治疗对长期住院老年性精神分裂症患者的影响［J］．护理实践与研究，2017，14（14）：150-151.		对长期住院老年性精神分裂症患者的作用和影响	园艺疗法	BPRS、IPROS、NORS	RCT	接受相关治疗干预后，两组患者的 BPRS，IPROS，NORS 量表指标数据均显著性降低（$P < 0.05$），研究组显著性低于对照组（$P < 0.05$）
	王珍兰，江定武．园艺疗法联合运动护理干预在老年抑郁症患者中的护理效果及对激越行为的影响［J］．中外医学研究，2020，18（14）：101-103.		老年抑郁症患者中的护理效果及对激越行为的影响	园艺疗法	GDS、SAFE、SSC、CMAI	RCT	护理前两组 GDS、SAFE、SSC、CMAI 评分比较，差异均无统计学意义（$P > 0.05$）；护理后观察组 GDS、SAFE、SSC、CMAI 评分均显著低于对照组，差异均有统计学意义（$P < 0.05$）；观察组护理后生活质量评分高于对照组，差异有统计学意义（$P < 0.05$）
	高云，黄素，陆钰勤．园艺疗法对慢性精神分裂症的康复效果分析［J］．中国医药科学，2016，6（7）：202-205.		慢性精神分裂症的康复效果分析	园艺疗法	BPRS、NORS、DASS-21、GSES、IPROS	RCT	两组患者 BPRS、NORS 评分均较干预前明显下降，但实验组下降幅度更明显，与对照组比较，差异有高度统计学意义（$P < 0.01$），两组 DASS-21 及 GSES 均无统计学意义，但临床观察部分实验组患者的抑郁症状有所缓解。干预后实验组 IPROS 总分和部分因子分较对照组低，差异有统计学意义（$P < 0.05$ 或 $P < 0.01$）

表4-3(续)

干预方法	证据来源	干预类型	P：问题	干预措施	O：指标	S：现有证据支持	证据
音乐疗法	谭晶晶,刘英杰.心理护理联合音乐疗法改善老年抑郁症的临床分析[J].中西医结合心血管病电子杂志,2019,7(1):149.	改善	改善老年抑郁症患者的抑郁状况	音乐疗法	HAMD	RCT	观察组在经过心理护理联合音乐疗法方案护理后,抑郁状况明显有所改善,和对照组相比,差异有统计学意义（$P<0.05$）
	顾秀娟.心理护理联合音乐疗法对改善老年抑郁症的临床作用[J].国际护理学杂志,2014,33(8):2147-2149.		改善老年抑郁症的临床作用	音乐疗法	HAMD、GQOL-74	RCT	治疗后两组患者HAMD评分均显著下降（$P<0.05$）,观察组患者HAMD评分明显低于对照组（$P<0.05$）;患者物质生活评分、心理功能评分、社会功能评分、躯体功能评分、总体生活质量评分均较治疗前显著升高（均$P<0.05$）,观察组患者物质生活评分、心理功能评分、社会功能评分、躯体功能评分、总体生活质量评分均明显高于对照组（均$P<0.05$）;患者治疗总有效率明显高于对照组（$P<0.05$）
	宗艳红,吕玉先,张彬,等.心理护理联合音乐疗法改善老年抑郁症的临床研究[J].中国实用医药,2014,9(3):211-212.		老年抑郁症患者的影响	音乐疗法	SDS、GQOLI-74	RCT	在治疗4周后,联合组与心理组的SDS和GQOLI-74得分无显著差别,实验组（联合组与心理组）与对照组的SDS和GQOLI-74得分均存在显著差异;在治疗8周后,联合组、心理组与对照组的SDS和GQOLI-74得分均存在显著差异
	吴耘,赵珂,程圣楠.帕金森并发抑郁症老年患者使用康复操联合五行音乐治疗法的疗效探讨[J].中国疗养医学,2020,29(5):504-507.		改善帕金森并发抑郁症老年患者的运动能力、生活自理能力及抑郁情况	五行音乐疗法	ADL、HAMD、SDS	RCT	两组患者的各个指标（运动能力、平衡能力及ADL评分）治疗前的数值差异无统计学意义（$P>0.05$）。两组患者的运动能力指标:治疗后低于治疗前。平衡能力、ADL能力等两个指标治疗后高于治疗前。运动能力指标研究组低于对照组。平衡能力、ADL能力评分等指标研究组高于对照组。其差异均具有统计学意义（$P<0.05$）。两组患者SDS、HAMD量表评分治疗前差异无统计学意义（$P>0.05$）,治疗后均低于治疗前。SDS、HAMD评分研究组均低于对照组,差异具有统计学意义（$P<0.05$）
	董香丽,孙伟铭,袁也丰,等.接受式音乐疗法改善社区老年人抑郁情绪的效果[J].中国老年学杂志,2017,37(7):1752-1753.		对社区老年人抑郁情绪的干预效果	接受式音乐疗法	GDS	RCT	干预前两组GDS评分无统计学差异（$P=0.578$）;接受式音乐治疗2个月后干预组较对照组的抑郁情绪水平和检出率均显著降低（$t=3.580$,$P=0.001$;$\chi^2=4.482$,$P=0.034$）,干预组前后评分差异显著（$t=3.713$,$P=0.000$）

表4-3（续）

干预方法	证据来源	干预类型	P：问题	干预措施	O：指标	S：现有证据支持	证据
音乐疗法	李红彦，李世宏，林璨，等. 音乐放松疗法在老年患者负性情绪中的应用［J］. 中国误诊学杂志，2009，9（35）：8611-8612.	改善	老年患者的负性情绪改善	音乐疗法	HAMA、HAMD	RCT	治疗后两组患者两量表的分值明显低于治疗前，但实验组较对照组的分值下降，具有统计学差异（P<0.05~0.01）
	杨玉兴，权元文，郭建魁，等. 中医五行音乐对老年抑郁症患者心理健康的影响［J］. 中华中医药杂志，2019，34（6）：2787-2790.		老年抑郁症患者心理健康的影响	五行音乐疗法	SDS、SCL-90、HAMD	RCT	老年抑郁症患者 SDS 评分、SCL-90 总分及部分因子高于全国常模；五行音乐疗法可降低患者 SDS 分、HAMD 总分及部分因子分值、SCL-90 总分及部分因子分值，部分数值和阳性对照组、阴性对照组相比均有显著降低（P<0.05）
	杨玉兴，李宇欣，乔树洲，等. 五行音乐佐治老年抑郁症患者抑郁临床研究［J］. 安徽中医药大学学报，2016，35（6）：18-21.		对老年抑郁症患者抑郁状态的影响	五行音乐疗法	SDS、HAMD	RCT	治疗组治疗后 SDS 评分，HAMD 总分及各因子分均较治疗前显著降低（P<0.05）；治疗组治疗后 SDS 降低值，HAMD 总分及焦虑/躯体化因子评分和睡眠障碍因子评分降低值显著大于阳性对照组和阴性对照组（P<0.05）。治疗组临床疗效明显优于阴性对照组（P<0.05）
	唐仕友，许云华，李进，等. 歌唱疗法对老年抑郁症的辅助治疗作用［J］. 中国医药指南，2011，9（34）：112-113.		对老年抑郁症的疗效及安全性	歌唱疗法	HAMD-17、TESS	RCT	HAMD 评分在治疗 1 周后两组有统计学差异（P<0.05），治疗 6 周后观察组和对照组显效率分别为 80.0% 和 57.5%，两组差异有显著性（P<0.01）；观察组不良反应发生率（27.5%）明显低于对照组（62.5%）
	沙薇薇. 音乐疗法对老年血液病睡眠障碍患者睡眠质量的影响［J］. 中华现代护理杂志，2013（5）：511-512.		对老年血液病睡眠障碍患者睡眠质量的影响	音乐疗法	PSQI	RCT	结果音乐治疗后，患者 PSQI 总分为（5.23±3.01）分，治疗前为（10.04±6.58）分，治疗后低于治疗前，差异有统计学意义（t=4.853，P<0.05）。PSQI 量表主观睡眠质量、入睡时间、睡眠时间、睡眠效率、睡眠障碍、催眠药物和日间功能各因子得分治疗后得分低于治疗前，差异均有统计学意义（P<0.05）
	李敏，李洁，盛志娟，等. 音乐玩偶对改善老年精神科住院患者孤独感的效果观察［J］. 护理与康复，2016，15（7）：694-696.		改善老年精神科住院患者孤独感的效果	音乐玩偶	UCLA	RCT	干预 4 周后，观察组 UCLA 孤独量表总分（39.92±7.42）分明显低于对照组（45.80±8.10）分，经比较，P<0.05；观察组在 4 周后仍为高度孤独者的比例明显低于对照组，经比较，P<0.05

表4-3(续)

干预方法	证据来源	干预类型	P：问题	干预措施	O：指标	S：现有证据支持	证据
音乐疗法	金丽菊，崔秀梅，庞少波，等. 音乐干预对髋关节置换术老年患者抑郁症及血压的影响 [J]. 国际护理学杂志，2011（7）：978-979.	改善	对髋关节置换术老年患者抑郁症及血压的影响	音乐干预	血压波动，SAS、SDS	RCT	两组患者干预前的抑郁发生率为44.5%，明显高于正常人群；血压均有升高现象。观察组辅以音乐干预疗法3个月后，血压波动较干预前及对照组明显降低，其SDS和SAS评分也较干预前及对照组显著改善

（三）分析

本书认为失能老人是指全部或者部分丧失生活自理能力，生理上部分组织或器官发生病变从而影响或限制其行动能力，与正常老年人的生活或行为方式有一定区别，年龄在60岁及以上的老年人。因此，本书将患有慢性疾病影响日常生活的，如脑卒中、冠心病、慢性阻塞、高血压、糖尿病等疾病患者纳入高风险失能老人范畴，同时排除精神问题造成的慢性疾病患者，如抑郁症、睡眠障碍、阿尔茨海默病等疾病患者。

针对失能老人共有10种干预方法，分别是理性情绪疗法、太极拳疗法、心理疏导疗法、回忆疗法、音乐疗法、认知行为疗法、正念疗法、动机式访谈、游戏疗法、艺术疗法，共计121篇文献。文献发表的期刊从拥有的文献数量而言数量前三分别是音乐疗法、认知行为疗法和正念疗法，数量分别是32篇、23篇和21篇；中间数量的文献有太极拳疗法9篇、理性情绪疗法9篇、回忆疗法12篇、动机式访谈8篇；心理疏导疗法、游戏疗法和艺术疗法的文献最少，分别是3篇、3篇和1篇。从干预类型而言，仅有10篇文章涉及了预防类型的干预，其余全部为改善类的研究。拥有系统评价级别证据的干预方法仅有太极拳疗法共计4篇，其余仅有随机对照实验级别的证据。

从干预问题角度而言，关注最多的领域集中在各类失能或半失能老人的抑郁情绪的减少，共计有41篇文章全部或者部分涉及了老年抑郁情绪的改善，22 篇文章涉及了老年人高血压问题；其他还包括失能老人生活质量提升、焦虑等负性情绪的减少、半失能老人的康复训练、老年人防跌倒、自我效能、临终关怀等。采用了 SAS、SDS、HAMA、HAMD、PSQI、SCL-90、GDS 等量表作为结局指标进行测量。

从文献来源来说，90% 以上的文献来源期刊是医学、护理类期刊，仅有不到 10% 的期刊为人口学主题的期刊。发表期刊多为一般期刊，发表在北核或 CSCD 的期刊数量共有 25 篇，占全部发表期刊的 20%。几乎所有文献作者都有医学或者循证医学背景，单位来源多为医院，少数有部分高校或者循证研究中心。

为探讨所纳入文献的证据质量，本文严格参照《Cochrane 干预措施系统评价手册》5.01 版中 Cochrane 协作网偏倚风险评估工具，对全部纳入非系统评价文献进行偏倚风险评估，由于研究条件有限，评估过程由一个研究者系统学习工具后，从随机分配、分配隐藏、受试者及实验人员盲法、结局评估盲法、数据完整性、选择性报告 6 个方面进行评估。具体评估如表 4-4 所示。

表 4-4　Cochran 协作网偏倚风险评估工具

对全部纳入非系统评价文献进行偏倚风险评估

方法	序号	证据来源	随机分配	分配隐藏	受试者、实验人员盲法	结局评估员盲法	数据完整性	选择性报告
理性情绪疗法 RET	1	刘连珍，王金招. 合理情绪疗法预防老年开胸术后肺不张的效果［J］. 中华现代护理杂志，2011（15）：1753-1755.	低风险	不清楚	不清楚	不清楚	低风险	不清楚
	2	张珺. 理性情绪疗法干预社区老年高血压病并发睡眠障碍患者睡眠信念的效果评价［J］. 中国初级卫生保健，2015，29（9）：23-25，28.	高风险	高风险	不清楚	低风险	低风险	不清楚
	3	李萍. 合理情绪化疗法对髋关节置换术患者术后负性情绪及疼痛感的影响［J］. 当代护士（下旬刊），2017（12）：54-56.	低风险	不清楚	不清楚	低风险	不清楚	高风险
	4	都凤丽，高媛，郝媛媛，等. 合理情绪化疗法在老年髋关节置换术患者心理护理中的应用［J］. 国际精神病学杂志，2016，43（5）：910-913.	低风险	不清楚	不清楚	低风险	不清楚	不清楚

表4-4(续)

方法	序号	证据来源	随机分配	分配隐藏	受试者、实验人员盲法	结局评估员盲法	数据完整性	选择性报告
理性情绪疗法RET	5	高琼琼, 汪晓静. 合理情绪疗法结合信息-动机-行为技巧模式对老年冠心病患者心理弹性及希望水平的影响 [J]. 临床医学研究与实践, 2021, 6 (2): 173-175.	低风险	不清楚	不清楚	不清楚	不清楚	不清楚
	6	辛红菊, 张晓君, 卢秋玲, 等. 合理情绪疗法在老年心血管患者心理护理中的作用 [J]. 中国老年学杂志, 2008 (6): 604-605.	不清楚	不清楚	不清楚	不清楚	高风险	不清楚
	7	吴冬琴, 姜河, 顾晓燕, 等. 合理情绪疗法在老年慢性心衰患者中的应用 [J]. 实用临床护理学电子杂志, 2018, 3 (37): 43, 50.	低风险	不清楚	不清楚	低风险	高风险	不清楚
	8	李丽蓉, 崔妙玲, 赵琳. 合理情绪疗法在老年慢性阻塞性肺疾病病人中的应用 [J]. 护理研究, 2013, 27 (10): 922-924.	低风险	不清楚	不清楚	低风险	不清楚	不清楚
	9	解东, 代维松, 卞淑芬, 等. 合理情绪疗法对老年Ⅱ型糖尿病患者心理和自我管理行为的影响 [J]. 中国老年学杂志, 2012, 32 (1): 157-158.	高风险	不清楚	不清楚	低风险	低风险	不清楚
太极拳疗法	1	桑林, 刘卓, 郎芳, 等. "太极康复操" 对老年冠心病慢性心衰患者心脏功能及生活质量的影响 [J]. 中国老年学杂志, 2015, 35 (14): 3957-3958.	低风险	不清楚	不清楚	不清楚	低风险	不清楚
	2	卢茜, 王蓓蓓, 李彦德, 等. 坐式太极运动增强虚弱老人手眼协调能力的效果 [J]. 中国康复医学杂志, 2009, 24 (3): 236-239.	低风险	不清楚	不清楚	不清楚	低风险	不清楚
	3	李静雅, 程亮. 太极拳和抗阻训练对膝关节骨性关节炎老人症状及运动能力的影响 [J]. 中国康复医学杂志, 2019, 34 (11): 1304-1309.	低风险	不清楚	不清楚	不清楚	高风险	不清楚
	5	赖学鸿. 太极柔力球练习对预防老年人高血压的干预实验 [J]. 现代预防医学, 2011, 38 (17): 3497-3499, 3502.	高风险	高风险	高风险	低风险	高风险	不清楚
	9	包勤文, 龚晨, 申潇竹, 等. 太极运动对老年Ⅱ型糖尿病患者骨质疏松的预防作用 [J]. 中国老年学杂志, 2016, 36 (13): 3246-3248.	高风险	不清楚	不清楚	不清楚	不清楚	不清楚

表4-4（续）

方法	序号	证据来源	随机分配	分配隐藏	受试者、实验人员盲法	结局评估员盲法	数据完整性	选择性报告
心理疏导疗法	1	刘彩霞，段爱旭，牛春红，等. 心理疏导疗法在社区失能老人护理中的应用研究［J］. 中外医学研究，2020，18（26）：88-90.	低风险	不清楚	不清楚	不清楚	低风险	不清楚
	2	占建华. 心理疏导疗法改善高血压患者负性情绪的作用研究［J］. 中国康复理论与实践，2008，14（12）：1184-1186.	高风险	不清楚	不清楚	高风险	低风险	不清楚
	3	占建华，章金辉，李水法，等. 心理疏导疗法在改善老年慢性病患者应对行为中的作用［J］. 中华护理杂志，2007（7）：587-590.	低风险	不清楚	不清楚	不清楚	低风险	不清楚
回忆疗法	1	王秀丽，郭静，周世菊，等. 团体怀旧疗法对改善卒中后抑郁患者的影响［J］. 齐鲁护理杂志，2015，21（19）：86-88.	低风险	不清楚	不清楚	不清楚	高风险	不清楚
	2	宁雪梅，王艳，沙莎，等. 结构化团体怀旧法对社区老年卒中后抑郁患者的影响［J］. 成都医学院学报，2017，12（4）：510-513.	高风险	不清楚	不清楚	不清楚	不清楚	不清楚
	3	李菲，李梅，刘延迪，等. 团体怀旧疗法在糖尿病抑郁患者中的应用效果［J］. 长春中医药大学学报，2019，35（5）：964-967.	低风险	不清楚	不清楚	不清楚	高风险	不清楚
	4	陈素艳. 怀旧疗法在老年脑卒中患者护理中的应用［J］. 中国药物与临床，2020，20（6）：1017-1019.	低风险	不清楚	不清楚	不清楚	低风险	不清楚
	5	韩清波，闫玮娟. 怀旧疗法在老年脑卒中病人姑息护理中的应用［J］. 蚌埠医学院学报，2017，42（10）：1423-1424.	低风险	不清楚	不清楚	高风险	不清楚	不清楚
	6	孙冬梅. 不间断怀旧疗法在老年脑卒中后认知功能康复患者中的应用［J］. 齐鲁护理杂志，2015，21（21）：28-30.	低风险	不清楚	不清楚	低风险	低风险	不清楚
	7	陈霞，汪瑞霞. 怀旧疗法对脑卒中患者综合功能及满意度的影响［J］. 西部中医药，2019，32（10）：124-126.	高风险	不清楚	不清楚	不清楚	不清楚	不清楚
	8	张铮. 怀旧疗法对老年肾病综合征患者抑郁情绪的干预效应［J］. 世界最新医学信息文摘，2016，16（11）：6-8.	高风险	不清楚	不清楚	不清楚	不清楚	不清楚

表4-4(续)

方法	序号	证据来源	随机分配	分配隐藏	受试者、实验人员盲法	结局评估员盲法	数据完整性	选择性报告
回忆疗法	9	李惠.怀旧疗法对老年脑卒中患者抑郁症状及生活质量的影响[J].吉林医学,2018,39(7):1368-1370.	低风险	不清楚	不清楚	不清楚	低风险	不清楚
	10	董香丽,孙伟铭,袁也丰.怀旧疗法对老年脑外伤患者抑郁情绪的疗效[J].安徽医科大学学报,2016,51(12):1842-1845.	低风险	不清楚	不清楚	不清楚	高风险	不清楚
	11	韩向玲.个体怀旧疗法对老年慢性病患者压力应对、心理弹性及孤独感的影响[J].河南预防医学杂志,2020,31(2):88-90,105.	低风险	不清楚	不清楚	不清楚	不清楚	不清楚
	12	蔡木.个体怀旧疗法对老年慢病患者抑郁情绪及孤独感的影响[J].当代护士(中旬刊),2018,25(3):85-87.	低风险	不清楚	不清楚	不清楚	高风险	不清楚
音乐疗法	1	徐树平,朱春梅,潘生英,等.音乐治疗在老年脑梗死意识障碍患者中的应用[J].广东医学,2019,40(2):308-310.	低风险	不清楚	不清楚	不清楚	不清楚	不清楚
	2	徐欣欣.音乐疗法配合行为支持对老年肿瘤患者放疗期间情绪的影响[J].中国老年保健医学,2016,14(5):108-109,111.	低风险	不清楚	高风险	不清楚	不清楚	不清楚
	3	罗容莲.音乐疗法配合足底按摩促进颅脑术后患者神志清醒的临床效果[J].现代医院,2016,16(9):1313-1315.	低风险	不清楚	低风险	不清楚	不清楚	不清楚
	4	回金凯,王昭君,郭琪,等.音乐疗法对养老院住院老年人运动能力、抑郁和运动训练参加率的影响[J].中国康复医学杂志,2013,28(4):348-351,358.	低风险	不清楚	低风险	不清楚	低风险	不清楚
	5	王江宁,李小妹.音乐疗法对社区老年高血压病人焦虑、抑郁的影响[J].护理研究,2013,27(29):3314-3315.	低风险	不清楚	不清楚	不清楚	不清楚	不清楚
	6	孙穗花.音乐疗法对急性心肌梗死PCI术后患者睡眠质量及情绪状况的影响[J].现代诊断与治疗,2020,31(3):485-486.	低风险	不清楚	不清楚	低风险	不清楚	不清楚
	7	吴玉华,冷海燕,张佩文.音乐疗法对临终肿瘤患者癌因性疲乏的影响[J].上海医药,2015,36(18):32-34.	低风险	不清楚	高风险	不清楚	不清楚	不清楚

表4-4(续)

方法	序号	证据来源	随机分配	分配隐藏	受试者、实验人员盲法	结局评估员盲法	数据完整性	选择性报告
音乐疗法	8	李晓燕，刘转丽，张亚辉.音乐疗法对老年高血压患者血压的影响［J］.医学信息（中旬刊），2010，5（4）：851.	不清楚	不清楚	不清楚	低风险	不清楚	不清楚
	9	耿丽华.音乐疗法对老年冠心病患者介入治疗术后血流动力学及情绪的影响［J］.中国老年学杂志，2011，31（21）：4141-4142.	高风险	不清楚	低风险	低风险	不清楚	不清楚
	10	刘安梅.音乐疗法联合氨氯地平治疗老年高血压合并焦虑抑郁效果探讨［J］.中西医结合心脑血管病杂志，2017，15（12）：1534-1536.	低风险	不清楚	不清楚	不清楚	不清楚	不清楚
	11	苏小妹.音乐疗法对老年性高血压患者血压和精神状态的调节作用［J］.中国疗养医学，2016，25（3）：253-254.	低风险	不清楚	不清楚	高风险	不清楚	不清楚
	12	叶阳阳，陈新华.音乐疗法对老年肿瘤患者化疗期间焦虑的影响［J］.安徽医药，2015，19（11）：2233-2235.	不清楚	不清楚	不清楚	不清楚	低风险	不清楚
	13	王江宁，李小妹.音乐疗法对社区老年高血压病人焦虑、抑郁的影响［J］.护理研究，2013，27（29）：3314-3315.	低风险	不清楚	不清楚	不清楚	低风险	不清楚
	14	李琳，张申，卜淑芳，等.氟西汀联合体感振动音乐疗法治疗脑卒中后抑郁的临床观察［J］.中国实用神经疾病杂志，2014，17（20）：103-104.	低风险	不清楚	不清楚	低风险	低风险	不清楚
	15	朱月娥.音乐疗法对老年性白内障患者术前睡眠质量的影响［J］.当代护士（中旬刊），2012（9）：75-77.	低风险	不清楚	不清楚	高风险	不清楚	不清楚
	16	董志稳.音乐疗法对老年阑尾炎伴高血压手术患者的影响［J］.中国城乡企业卫生，2016，31（1）：86-87.	低风险	不清楚	高风险	高风险	不清楚	不清楚
	17	卢蓉，王俊，孟艳秋.音乐疗法对老年脑卒中后抑郁患者的康复作用［J］.西南国防医药，2012，22（4）：405-406.	不清楚	不清楚	不清楚	低风险	不清楚	不清楚
	18	赵皎皎，金海君，任爱玲，等.音乐疗法对经皮冠状动脉血管成形术老年病人的干预［J］.护理研究，2006（22）：2011-2013.	低风险	不清楚	高风险	不清楚	不清楚	不清楚

表4-4(续)

方法	序号	证据来源	随机分配	分配隐藏	受试者、实验人员盲法	结局评估员盲法	数据完整性	选择性报告
音乐疗法	19	来纯云, 吴柳, 冯丽芳. 音乐在长期机械通气老年患者康复训练中的应用 [J]. 现代护理, 2004 (5): 409-410.	不清楚	不清楚	不清楚	不清楚	高风险	不清楚
	20	兰英, 姜娜, 廖桂香, 等. 音乐照护对脑卒中恢复期患者抑郁症状改善的影响 [J]. 当代护士 (下旬刊), 2019, 26 (10): 44-46.	低风险	不清楚	不清楚	不清楚	低风险	不清楚
	21	赵皎皎, 解晨, 金海君, 等. 音乐疗法对老年不稳定心绞痛患者的影响 [J]. 护士进修杂志, 2007 (10): 942-944.	低风险	不清楚	高风险	高风险	不清楚	不清楚
	22	樊又嘉, 董榕. 音乐疗法对老年腹腔镜胃癌根治术患者麻醉后恢复的影响 [J]. 河北医学, 2017, 23 (4): 635-638.	低风险	不清楚	不清楚	不清楚	不清楚	不清楚
	23	谢俐, 谢薇, 李丹梅, 牟玥玲, 王红梅. 音乐治疗对老年高血压患者自主神经的影响 [J]. 中国康复, 2002 (2): 83-84.	高风险	不清楚	不清楚	不清楚	不清楚	不清楚
	24	范臻, 蒋雪妹, 王一尘. 音乐疗法对老年冠心病合并高血压病人血压的影响 [J]. 护理研究, 2005 (7): 605-606.	低风险	不清楚	不清楚	低风险	不清楚	不清楚
	25	宋永全, 李坤. 音乐疗法对老年高血压患者焦虑、血压及睡眠状况的影响 [J]. 中国老年学杂志, 2015, 35 (7): 1967-1968.	低风险	不清楚	不清楚	低风险	不清楚	不清楚
	26	刘吉红. 五行音乐疗法治疗对老年高血压患者血压的影响 [J]. 实用临床护理学电子杂志, 2018, 3 (50): 83-84.	高风险	不清楚	高风险	不清楚	不清楚	不清楚
	27	黄绍宽, 郑孟传. 音乐疗法对老年高血压病患者康复的作用 [J]. 心血管康复医学杂志, 2001 (1): 30-31.	高风险	不清楚	高风险	高风险	不清楚	不清楚
	28	孙穗花. 音乐疗法对急性心肌梗死PCI术后患者睡眠质量及情绪状况的影响 [J]. 现代诊断与治疗, 2020, 31 (3): 485-486.	低风险	不清楚	高风险	低风险	不清楚	不清楚
	29	李红艳, 辛红菊, 王娜, 宋艳艳, 刘晓玲. 音乐放松疗法对老年患者失眠状态的影响 [J]. 现代临床护理, 2008 (8): 41-42.	不清楚	不清楚	高风险	不清楚	不清楚	不清楚

表4-4(续)

方法	序号	证据来源	随机分配	分配隐藏	受试者、实验人员盲法	结局评估员盲法	数据完整性	选择性报告
音乐疗法	30	殷文, 耿慧. 人生回顾结合音乐疗法对机构失能老年人抑郁症状的影响 [J]. 中国老年学杂志, 2017, 37 (23): 5939-5940.	低风险	不清楚	不清楚	不清楚	低风险	不清楚
	31	冷海燕, 吴玉华. 50 例舒缓患者音乐疗法生活质量影响观察 [J]. 上海医药, 2014, 35 (8): 59-60, 62.	低风险	不清楚	高风险	不清楚	不清楚	不清楚
	32	闫美华, 叶辉. 音乐疗法在眼科老年患者围手术期中的应用 [J]. 中华现代护理杂志, 2019 (9): 1150-1152.	低风险	不清楚	高风险	不清楚	不清楚	不清楚
认知行为疗法(CBT)	1	乐凌. 认知行为疗法减轻老年全喉切除患者术前焦虑的效果分析 [J]. 实用临床护理学电子杂志, 2017, 2 (46): 3+7.	低风险	不清楚	高风险	不清楚	低风险	不清楚
	2	侯莉, 刘伟, 王颖琦, 等. 认知行为为主的综合护理干预对老年糖尿病患者生活质量的影响 [J]. 中华现代护理杂志, 2013, 19 (35): 4333-4336.	低风险	不清楚	不清楚	不清楚	不清楚	不清楚
	3	刘振东. 认知行为疗法对伴慢性疼痛的老年抑郁症患者生存质量的影响 [J]. 中华行为医学与脑科学杂志, 2011 (9): 830-832.	低风险	不清楚	不清楚	不清楚	低风险	不清楚
	4	贾春霞, 徐清照, 朱志红, 等. 理气活血解郁方合认知行为疗法治疗老年脑卒中后抑郁的临床研究 [J]. 中华中医药学刊, 2013, 31 (4): 733-736.	低风险	不清楚	不清楚	不清楚	低风险	不清楚
	5	冉珊. 早期认知行为疗法对老年脑卒中病人抑郁及神经功能的影响 [J]. 世界最新医学信息文摘, 2019, 19 (32): 106.	低风险	不清楚	不清楚	不清楚	低风险	不清楚
	6	万思, 王士烈, 刘泰. 早期认知行为疗法对老年脑卒中病人抑郁及神经功能的影响 [J]. 中西医结合心脑血管病杂志, 2017, 15 (20): 2629-2632.	低风险	不清楚	不清楚	不清楚	不清楚	不清楚
	7	陈永梅, 许媛, 尹子敬. 团体咨询联合认知行为疗法在老年冠心病冠脉搭桥术患者中的应用 [J]. 天津护理, 2020, 28 (3): 275-279.	低风险	不清楚	不清楚	不清楚	不清楚	不清楚
	8	弓巧巧, 吴红霞, 裴嘉宇. 团体认知行为疗法对老年慢性阻塞性肺疾病患者的干预效果研究 [J]. 中国医疗管理科学, 2020, 10 (2): 57-63.	低风险	不清楚	高风险	高风险	高风险	不清楚

表4-4（续）

方法	序号	证据来源	随机分配	分配隐藏	受试者、实验人员盲法	结局评估员盲法	数据完整性	选择性报告
认知行为疗法（CBT）	9	黄浩. 文拉法辛联合认知行为疗法治疗老年心脏神经官能症对照评估 [J]. 中国现代药物应用, 2013, 7 (15): 135-136.	低风险	不清楚	不清楚	高风险	不清楚	不清楚
	10	乔点点. 咨询与认知疗法在PCI术后患者中的应用价值 [J]. 临床心电学杂志, 2020, 29 (2): 120 - 122, 126.	低风险	不清楚	高风险	不清楚	低风险	不清楚
	11	郭翠英, 王宇, 赵秀丽. 认知行为疗法在住院老年慢性病合并抑郁症状中的应用 [J]. 中国误诊学杂志, 2011, 11 (31): 7639-7640.	高风险	不清楚	不清楚	低风险	低风险	不清楚
	12	陈烨, 朱晓燕, 刘洪珍, 等. 团体咨询联合认知行为疗法对老年冠心病患者PCI术后情绪与心脏不良事件发生率的影响 [J]. 中华现代护理杂志, 2018, 24 (1): 64-70.	高风险	不清楚	不清楚	不清楚	不清楚	不清楚
	13	瞿兴芹, 周维华. 认知行为疗法对肺源性心脏病患者心功能康复及焦虑、抑郁情绪的影响 [J]. 西部中医药, 2018, 31 (12): 134-137.	高风险	不清楚	不清楚	低风险	不清楚	不清楚
	14	胡雪丽, 刘仕杰, 刘洋, 等. 营养膳食联合认知行为疗法对老年糖尿病肾病患者的焦虑抑郁情绪、营养状况与认知功能的影响 [J]. 国际精神病学杂志, 2020, 47 (2): 373 - 375, 378.	低风险	不清楚	不清楚	低风险	低风险	不清楚
	15	范书华. 认知行为疗法联合西酞普兰治疗老年慢性心力衰竭合并抑郁障碍患者的临床疗效 [J]. 首都食品与医药, 2020, 27 (11): 50.	低风险	不清楚	不清楚	不清楚	低风险	不清楚
	16	宋杨. 认知行为疗法对老年慢性支气管炎患者生活质量的影响 [J]. 中国民康医学, 2014, 26 (19): 72-74.	低风险	不清楚	不清楚	不清楚	低风险	不清楚
	17	黄燕, 李程, 姜连英, 等. 认知行为疗法对老年颈椎骨折住院患者负性情绪的影响 [J]. 长春中医药大学学报, 2020, 36 (2): 350-352.	低风险	不清楚	不清楚	不清楚	不清楚	不清楚
	18	曹佳, 卢立立, 徐蕾, 等. 认知行为疗法对老年冠心病者睡眠质量的影响 [J]. 河北医学, 2014, 20 (11): 1916-1919.	低风险	不清楚	不清楚	低风险	不清楚	不清楚

表4-4(续)

方法	序号	证据来源	随机分配	分配隐藏	受试者、实验人员盲法	结局评估员盲法	数据完整性	选择性报告
认知行为疗法(CBT)	19	黄亚川, 朱秀梅, 吴小花, 等. 认知行为疗法对老年大面积烧伤患者焦虑抑郁情绪的影响 [J]. 国际精神病学杂志, 2016, 43 (4): 688-690, 697.	低风险	不清楚	不清楚	低风险	不清楚	不清楚
	20	陈娇, 周立虹. 认知行为疗法对老年COPD患者负性情绪的干预效果研究 [J]. 世界最新医学信息文摘, 2019, 19 (A0): 264-265.	低风险	不清楚	不清楚	不清楚	不清楚	不清楚
	21	侯莉, 刘伟, 王玉兰, 等. 认知行为干预对老年心血管疾病患者自尊感及睡眠质量的影响 [J]. 齐鲁护理杂志, 2013, 19 (17): 1-3.	低风险	不清楚	不清楚	不清楚	低风险	不清楚
	22	靳岩鹏, 邢凤梅, 景丽伟, 等. 认知行为疗法配合八段锦对老年housebound及日常生活能力量表的干预效果 [J]. 中国老年学杂志, 2017, 37 (3): 698-701.	低风险	不清楚	不清楚	不清楚	低风险	不清楚
	23	常国胜, 倪居, 张瑞星, 等. 暗示疗法与认知行为疗法在老年躯体形式疼痛障碍患者中的效果比较 [J]. 中国老年学杂志, 2016, 36 (20): 5110-5112.	低风险	不清楚	不清楚	不清楚	高风险	不清楚
正念疗法	1	曹海涛, 张婉. 短期正念行为训练对髋部骨折固定术后老年患者心境状态及生活质量的影响 [J]. 中国康复理论与实践, 2014, 20 (9): 881-884.	低风险	不清楚	不清楚	不清楚	不清楚	不清楚
	2	高军霞. 短期正念行为训练联合优质护理对老年肺癌患者心理状况的影响 [J]. 中国老年保健医学, 2019, 17 (6): 154-156.	低风险	不清楚	不清楚	不清楚	低风险	不清楚
	3	裴丽, 刘晓萱, 杜红娣, 等. 基于微信视频的正念减压疗法对老年前列腺增生病人焦虑、抑郁及生活质量的影响 [J]. 护理研究, 2019, 33 (19): 3436-3439.	低风险	不清楚	不清楚	不清楚	低风险	不清楚
	4	刘丹, 董素娟. 基于正念减压疗法的心理干预对冠心病支架植入患者负性情绪、服药依从性及生活质量的影响 [J]. 中国健康心理学杂志, 2019, 27 (9): 1342-1346.	低风险	不清楚	不清楚	不清楚	不清楚	不清楚
	5	张耕瑞, 杨丽, 段东奎, 等. 正念放松训练对经皮冠状动脉介入治疗患者心理应激反应及睡眠质量影响的研究 [J]. 中华护理杂志, 2018, 53 (12): 1463-1467.	低风险	不清楚	不清楚	不清楚	高风险	不清楚

表4-4(续)

方法	序号	证据来源	随机分配	分配隐藏	受试者、实验人员盲法	结局评估员盲法	数据完整性	选择性报告
正念疗法	6	缪苏, 邓小岚, 钱蕾. 正念干预对老年高血压病患者焦虑抑郁水平的影响 [J]. 护理实践与研究, 2017, 14 (10): 139-140.	低风险	不清楚	不清楚	不清楚	不清楚	不清楚
	7	张先庚, 李燕, 张夏梦, 等. 正念干预对社区老年Ⅱ型糖尿病合并抑郁状态患者生存质量的影响 [J]. 成都医学院学报, 2019, 14 (5): 654-657.	低风险	不清楚	不清楚	不清楚	不清楚	不清楚
	8	王平. 正念减压干预对老年脑梗死住院患者自我效能及睡眠质量的影响观察 [J]. 罕少疾病杂志, 2020, 27 (6): 94-95.	低风险	不清楚	不清楚	不清楚	不清楚	不清楚
	9	薛军. 正念减压护理对老年脑卒中合并阻塞型睡眠呼吸暂停低通气综合征患者负面情绪的影响 [J]. 中国当代医药, 2020, 27 (3): 238-240.	低风险	不清楚	不清楚	不清楚	高风险	不清楚
	10	王立英, 杜旸, 刘薇, 等. 正念减压疗法对癌症老年患者癌因性疲乏的影响 [J]. 护理学报, 2015, 22 (17): 68-69.	高风险	不清楚	高风险	高风险	不清楚	不清楚
	11	初紫晶, 王崇, 于立娜, 等. 正念减压疗法对老年肝硬化失代偿期患者负性情绪及自我效能的影响 [J]. 中国老年学杂志, 2019, 39 (13): 3162-3165.	高风险	不清楚	高风险	不清楚	不清楚	不清楚
	12	王静, 金璐. 正念减压疗法对老年冠心病合并心理障碍患者睡眠质量及主观幸福感的影响 [J]. 护士进修杂志, 2019, 34 (22): 2084-2087.	低风险	不清楚	不清楚	不清楚	高风险	不清楚
	13	吴桂香. 正念减压疗法对老年丧偶肺癌化疗患者癌因性疲乏和心理健康状况的影响 [J]. 临床与病理杂志, 2020, 40 (2): 430-436.	低风险	不清楚	不清楚	不清楚	不清楚	不清楚
	14	丁慧玲, 冯冬绪, 郭建飞, 等. 正念减压疗法结合支持性心灵关怀对社区高血压老年患者的干预效果分析 [J]. 护理与康复, 2018, 17 (2): 75-78.	低风险	不清楚	不清楚	不清楚	低风险	不清楚
	15	李雨昕, 杨茜, 刘世英, 等. 正念减压疗法用于社区老年慢性疼痛患者的效果 [J]. 护理学杂志, 2016, 31 (9): 97-100.	高风险	不清楚	不清楚	不清楚	高风险	不清楚

表4-4(续)

方法	序号	证据来源	随机分配	分配隐藏	受试者、实验人员盲法	结局评估员盲法	数据完整性	选择性报告
正念疗法	16	李香芙,钟梅艳.正念减压疗法在老年髋部骨折固定术患者早期康复护理中的应用研究[J].当代护士(下旬刊),2019,26(8):141-144.	低风险	不清楚	不清楚	不清楚	低风险	不清楚
	17	吴先群,林芯,陈增娇,等.正念减压训练联合远程支持锻炼对老年肺癌患者术后康复的影响[J].中华肺部疾病杂志(电子版),2020,13(3):394-396.	低风险	不清楚	不清楚	不清楚	高风险	不清楚
	18	王媛媛.正念认知疗法对老年髋部骨折固定术后患者认知功能及疼痛程度的影响[J].中国疗养医学,2020,29(11):1150-1152.	低风险	不清楚	不清楚	不清楚	低风险	不清楚
	19	熊鸣琴,张燕,廖梅,等.正念认知治疗对老年术后胃瘫综合征患者焦虑抑郁的影响[J].中国老年学杂志,2020,40(22):4892-4895.	低风险	不清楚	不清楚	不清楚	不清楚	不清楚
	20	张基伟,高珊珊,郝娜.正念训练在老年高血压失眠患者中的应用[J].中国疗养医学,2016,25(3):257-258.	低风险	不清楚	不清楚	不清楚	低风险	不清楚
	21	白波.自我效能干预联合正念减压疗法在老年冠心病伴高血脂患者护理中的应用[J].中外医疗,2018,37(29):164-166.	低风险	不清楚	不清楚	不清楚	低风险	不清楚
动机式访谈	1	许少英,余田桂,钱冬霞,等.动机访谈及心理行为干预对老年COPD病人自我感受负担的影响[J].全科护理,2015,13(6):502-504.	低风险	不清楚	不清楚	不清楚	低风险	不清楚
	2	王侠.动机性访谈式延伸护理对老年脑卒中康复的影响[J].河南医学高等专科学校学报,2017,29(5):466-468.	低风险	不清楚	不清楚	不清楚	不清楚	不清楚
	3	张莹.动机性访谈对高龄高血压患者自护能力及血压控制的影响[J].检验医学与临床,2017,14(19):2921-2923.	低风险	不清楚	不清楚	不清楚	低风险	不清楚
	4	何志坚,陈俊锋,陈金培,等.基于跨理论模型动机访谈改善老年高血压患者自我效能及疗效的研究[J].中国初级卫生保健,2018,32(10):47-49,65.	低风险	不清楚	不清楚	不清楚	不清楚	不清楚

表4-4(续)

方法	序号	证据来源	随机分配	分配隐藏	受试者、实验人员盲法	结局评估员盲法	数据完整性	选择性报告
动机式访谈	5	李坤颖. 动机访谈式健康教育对老年晚期肺癌患者治疗依从性的影响 [J]. 中西医结合心血管病电子杂志, 2019, 7 (10): 185, 188.	低风险	不清楚	不清楚	不清楚	低风险	不清楚
	6	高艳华. 动机性访谈心理干预对老年慢性阻塞性肺疾病患者呼吸锻炼依从性、希望水平及心理健康的影响 [J]. 中国健康心理学杂志, 2019, 27 (1): 83-86.	低风险	不清楚	不清楚	不清楚	低风险	不清楚
	7	徐雯娟. 动机性访谈对老年高血压患者血压控制及自护能力的影响 [J]. 临床医药文献电子杂志, 2019, 6 (86): 107-108.	低风险	不清楚	不清楚	不清楚	不清楚	不清楚
	8	党建辉, 黄琴, 林小玲, 等. 动机性访谈对高龄高血压患者自我管理能力及血压控制效果的影响 [J]. 广东医学, 2018, 39 (14): 2240-2244.	低风险	不清楚	不清楚	不清楚	高风险	不清楚
游戏疗法	1	曾杜纯, 叶祥明, 谭同才, 等. 虚拟运动游戏对老年Ⅱ型糖尿病变患者平衡功能和跌倒风险影响 [J]. 浙江中西医结合杂志, 2020, 30 (3): 212-215.	低风险	不清楚	不清楚	不清楚	低风险	不清楚
	2	赵莉, 陈红娜, 王群丽. 沙盘游戏为主导的心理干预对老年肿瘤晚期患者护理效果分析 [J]. 中国老年保健医学, 2018, 16 (2): 98-100.	高风险	不清楚	不清楚	低风险	不清楚	不清楚
	3	陈梅, 付丛会, 崔燕萍, 等. 游戏疗法对老年脑卒中认知功能及情绪障碍的影响 [J]. 中国康复, 2017, 32 (5): 394-396.	高风险	不清楚	不清楚	不清楚	不清楚	不清楚
艺术疗法	1	金环, 熊莉娟, 胡莉萍. 积极艺术治疗对老年癌症患者生活质量的影响 [J]. 护理学杂志, 2011, 26 (15): 67-69.	高风险	不清楚	不清楚	不清楚	低风险	不清楚

三、讨论

总体而言，尽管本文纳入的研究普遍为 RCT 级别的证据，但在使用 Cochrane 偏倚风险工具进行风险评估时可以发现，一些研究的偏倚风险是较高的，同时由于临床社会工作方法的特殊性，针对人的直接干预实际很难像医学那样在提供药剂的过程中进行分配隐藏，因此偏倚工具中所提到的分配隐藏实际上是很难实现的，这也导致几乎所有研究都没有报告分配隐藏的情况。同样由于国内尚未形成相对统一的、成规模的循证研究平台，几乎所有研究都无法对自己的研究计划进行提交，因此也无法对照其研究计划评估研究者是否存在选择性报告的偏倚风险，这也导致在进行风险评估过程中仅有少数有说明的文献对这一问题进行报告，直接造成大量证据中这一部分的评估为"不清楚"。而在盲法的使用中，多数研究者未报告盲法的使用情况，仅有少量研究者报告了盲法的具体情况，且报告双盲的研究较为稀有，多数报告盲法的研究仅报告了结局评估员盲法的情况。数据完整性方面，多数研究并没有报告研究的数据完整情况，只有出现了数据缺失的研究报告了其数据缺失的情况。而对于随机分配方面的评估，尽管一些研究报告了采用随机分配的方式，但实际上其采用的随机方法并不是科学随机，而是根据被试的接受治疗时间、被试意愿等非随机分配方式进行分配，也存在一些研究者仅报告随机分配却不报告具体采用何种分配方式，其随机分配是否科学尚不清楚。

结合证据的偏倚风险和失能老人长期照护的干预方法的证据的说明，可以先将系统评价级别的证据进行分析。同时，由于只有太极拳疗法存在系统评价级别的证据，那么可以得到太极拳疗法目前在预防老年人跌倒方面有明显的作用，先后有 3 篇文章运用系统评价的方式证明了太极拳可以有效降低老年人跌倒的频率；另外，有一篇系统评价可以证明太极拳疗法可以有效改善老年人腰椎问题 [MD = 0.09, 95% CI (0.06, 0.12), P < 0.000 01]，以及有效提升老年人骨密度。而音乐疗法作为拥有文献数量最多的干预，首先可以证明能够有效帮助老年人包括高血压患者、冠心病患者降低血压；其次可以对失能老人的抑郁以及焦虑情况进行缓解；再次对失能老人的生活质量提升有一定的正向影响；最后还可以帮助改善失能老人的精神状况。认知行为疗法作为证据数量其次的干预方法，最多的干预问题集中在失能老人抑郁及焦虑情况的改善上，并且可以从这些证据中发现 CBT 疗法对于抑郁和焦虑的改善十分有效，除此之外对于失能老人睡眠的改善也被证实有效，而对于失能老人生活质量的改善情况也被 5 篇 RCT 研究证明有效，其他还包括改善失能老人负性情绪、降低疼痛感、减少心脏及血液的不良事件发生等，都被少量的证据证明有效。正念疗法作为对心理干预较为重视的一种方法，对于心理问题的介入效果明显，对于失能伴各种慢性疾病的老人可以有效改善其抑郁、焦虑、负性情绪、心理应激反应以及病因性疲乏的情况，同时也有证据证明其对于老人生活质量的改善、睡眠质量的改善以及疾病的康复具有一定的效果。回忆疗法仅有 12 篇文献被纳入证据，却共有 7 篇，即超过半数文献的证据证明其对失能老人的抑郁情况可以得到改善，帮助抑郁症状的降低，另外有 3 篇证据表明回忆疗法对于生活质量的提升有显著的改善，还有少量 RCT 研究证明回忆疗法对失能老人疾病的康复、认知功能障碍的改善有一定的帮助。理性情绪疗法尽管常被视为是心理问题的干预方法，但从纳入证据来看，其针对失能老人的作用是多维的，一方面有少量的证据证明该种干预措施对睡眠障碍、焦虑、抑郁、负性情绪、希望水平等方面的改变呈现出显著的统计学差异，另一方面在心理护理、疼痛感降低、自我行为管理等方面被证实有效。动机式访谈（MI）属于较为综合的干预方法，尽管其实施难度较大，但仍有多个 RCT 研究证明其对高血压患者的康复及血压状况改善、中风患者康复、慢性病心理情况的改善以及自我感受负担的影响产生了统计学差异，表现出一定的效果。心理疏导疗法仅有 3 篇 RCT 研究被纳入证据，可

以证明其对老年抑郁症预防、失能老人心理状况改善以及高血压病的康复起到了作用。另外，游戏疗法和艺术疗法的 RCT 研究数量较少，分别可以证明该种干预对失能老人的认知功能和情绪障碍、心理调节和生活质量、平衡功能和跌倒风险等方面的影响呈现出一定的正向效果。但值得注意的是游戏疗法和艺术疗法目前的干预研究的风险评估得分并不高，其偏倚风险较高，由于暂时没有其他研究证明其有效性，目前仍采用这些证据作为当前值得信任的证据。

第五章

证据的合成

本章对社会工作介入长期照护老人的证据进行合成，共分为两个部分，分别从长期照护老人心理问题和长期照护老人社会问题进行证据合成。

一、心理层面主要问题的系统评价

（一）研究背景

随着人口老龄化发展，预计到 2050 年，世界上老年人的数量将历史性地首次超过年轻人的数量[①]。老龄人口与其他年龄组不相称的增长，使老人精神健康问题日益显现，不仅威胁到老人的生命健康，还影响其家庭子女的生活质量和社会公共服务的发展。早先的心理健康服务兴起于美国，各种心理治疗理论的发展，为心理健康服务提供了必要的理论基础，并形成初级、次级和三级三个维度预防体系，而社会工作是初级也是最基层的预防体系[②]。

抑郁症状也称抑郁情绪，是一种复合的情绪体验，通常会产生沮丧感、不适感、悲观焦虑等情绪症状。老年抑郁症状属于一种精神情绪，指老年时期老人对内外部环境刺激的消极情绪反应，并伴随精神能量降低、情绪低落、难过痛苦等表现，阻碍其日常生活正常进行。当人在遭遇困境时产生抑郁是正常的情绪反应，但抑郁症状长时间得不到调节，达到一定

---

① 何凤婷. 怀旧疗法改善老年抑郁症及抑郁情绪效果研究文献综述 [J]. 青春岁月，2018（13）：1.

② 郭梅华，张灵聪. 国外社区心理健康服务及其对我国社区心理健康服务的借鉴 [J]. 社会工作，2009（2）：4.

程度时，就会发展为抑郁症，严重者可能出现自残、自杀行为①。抑郁症状是老年抑郁的潜在风险，可能诱发老人出现其他严重疾病甚至引起自杀②。Onder 等对欧洲 11 个国家 3 976 位居家老人的横断面调查结果显示30.8%的老人有抑郁症状③。

目前，药物和非药物治疗是老人抑郁症的主要治疗方式。但大量的研究表明，药物治疗存在诸多副作用。社会工作作为预防和缓解心理疾患的基层防线，可以提供多种干预方法以缓解老年抑郁症状的进一步恶化。其中，回忆疗法由于其操作程序标准、回忆内容熟悉、伤害性小、经济效益高等优势条件常常被社会工作者采用。源自老年精神医学的回忆疗法，是1963 年 Butler 根据心理社会发展理论和持续理论提出的，指通过引导老人回顾以往的生活，重新体验过去生活的片段，给予新的诠释，协助老人了解自我、增加自尊及增进社会化的治疗过程④。回忆疗法按照参与人数可以分为个体回忆疗法和团体回忆疗法两种形式。按照回忆内容的深入程度不同，Westerhof⑤ 和 Webster⑥ 将回忆疗法分为 3 种形式：简单回忆、生命回顾和生命回顾疗法。简单回忆适用于无药物治疗的精神症状的老人。生命回顾需要实施者根据老人情况，通过标准化流程制订干预计划和实施干

---

① Mcgirr A, Renaud J, Seguin M, et al. An examination of DSM-Ⅳ depressive symptoms and risk for suicide completion in major depressive disorder：A psychological autopsy study [J]. Journal of Affective Disorders, 2007, 97 (1)：203-209.

② 王秀蓉，张伟宏. 农村老年抑郁情绪现状及相关因素 [J]. 智慧健康, 2019, 5 (28)：3.

③ Onder G, Landi F, Gambassi G, et al. Association between pain and depression among older adults in Europe：results from the Aged in Home Care (AdHOC) project：a cross-sectional study. [J]. J Clin Psychiatry, 2005, 66 (8)：982-988.

④ John A . Effect of reminiscence therapy on depression in older adults：a systematic review [J]. Nursing Older People, 2003, 15 (4)：8.

⑤ Westerhof G J, Bohlmeijer E, Webster J D . Reminiscence and mental health：a review of recent progress in theory, research and interventions [J]. Ageing and Society, 2010, 30 (4)：697-721.

⑥ Webster J D, Bohlmeijer E T, Westerhof G J . Mapping the Future of Reminiscence：A Conceptual Guide for Research and Practice [J]. Research on Aging, 2010, 32 (4)：527-564.

预。生命回顾疗法是高度结构化的一种心理治疗方法，适用于患有抑郁等精神疾病的老年人①。

作为一种心理干预手段，国外大量的研究已证实其可以真实有效地缓解老人抑郁等心理问题，但在中国回忆疗法的效用却备受争议，也鲜有高质量的中国证据。有学者在该领域的文献综述中发现，有 8 篇显示回忆治疗并无显著效果②。还有学者提出，我国经历过多次民族大融合，回忆疗法在老人的适用性上可能有所不同，同时国内干预方案中的理论、本土化等问题也有待解决③。

因此，本书以近十年在中国针对老人抑郁症状的回忆疗法为原始证据，通过系统评价方法探讨其对老年抑郁症状的总体疗效，为缓解老年抑郁症状提供中国证据支持。

（二）资料与方法

1. 文献检索

检索数据库包括：MEDLINE、EBSCO、PsycINFO、PubMed、Science Direct、Cochrane Library、Google Scholar、中国生物医学文献数据库（CBM）、中国知网数据库（CNKI）、中国科技期刊数据库（VIP）等。检索关键词包括："China"（中国）AND "reminiscence therapy"（回忆/怀旧/缅怀疗法、人生回顾）AND "elderly depression emotion/senile depression symptoms"（老年抑郁情绪/症状）等相关同义词。检索时间为建库至 2019 年 12 月 31 日，检索对象为以中英文发表的研究报告和全文文章。

---

① 樊惠颖，李峥. 怀旧疗法在老年痴呆患者中的应用进展 [J]. 中华护理杂志，2014，49（6）：716-720.

② 陈庭继，李会杰，李娟. 回忆治疗对老年抑郁影响的研究进展 [J]. 中国老年学，2012，32（8）：1750-1754.

③ 吴冬梅，胡秀英. 缅怀疗法在中国的应用现状及展望 [J]. 中国老年学杂志，2017，37（15）：3.

2. 文献纳入/排除标准

按照 Cochrane 系统评价手册"PICOSS"原则纳入本研究标准①。

P 研究对象（Participants）：①60 岁及以上老人；②中国大陆地区进行的试验；③干预目的为缓解老人抑郁症状；④有规范且可信的研究目标，并有报告抑郁症状干预效果结论数据；⑤文章语言为中文或英文。

I 干预（Interventions）：回忆疗法（包含个体和团体回忆）。

C 比较／对照（Comparator/Control）：其他干预措施（无任何干预的对照组；常规护理）。

O 结果（Outcome）：老年抑郁相关量表。

S 研究设计（Study design）：随机对照研究（RCT），准试验。

S 干预环境（Setting）：基础社区、医院、养老院、疗养院、居家场所等。

排除标准：未报告抑郁症状变化的试验研究；研究对象少于 30 例的样本量（以保证干预结果的精确度和可靠性）；精神类和神经类疾病患者和具有认知障碍的老人。

3. 文献质量评价方法

两名研究员分别按照纳入排除标准，背对背独立筛选文献。阅读检索的文献题目、摘要和全文，筛选符合纳入标准的研究，若遇分歧则两人讨论解决。对纳入文献进行资料提取，内容包括基本信息、研究设计、研究对象、干预措施、对照措施、结局指标所用工具等。根据 Cochrane 偏倚风险工具甄别实验质量并判定偏倚风险等级，Cochrane 偏倚风险工具评测原则涉及 6 个方面：选择偏倚、实施偏倚、测量偏倚、数据偏倚、发表偏倚、其他偏倚②。由此，从是否按随机序列和分配隐藏进行选择、是否按盲法实施和测量、数据是否完整、分析是否全面、是否有其他偏倚，这 5 个方

① Higgins J, Thompson S G, Deeks J J, et al. cochrane handbook for systematic reviews of interventions version 5. 1. 0. the cochrane collaboration [J]. Naunyn-Schmiedebergs Archiv für experimentelle Pathologie und Pharmakologie, 2008, 5（2）：S38.

② Higgins J, Altman D G, Gtzsche P C, et al. The Cochrane Collaboration's tool for assessing risk of bias in randomised trials [J]. BMJ, 2011, 343.

面对纳入文章进行评判，以确保证据整体质量。采用 Cochrane 协作网提供的 RevMan5.3 软件（Review Manager）进行 Meta 分析，且仅进行分析。本系统评价报告依照依据 PRISMA 声明标准。

（三）数据提取

1. 文献检索结果

根据文献检索方法搜索相关文章 71 篇（见图 5-1）。将 30 篇英文研究（作者、研究对象均不属于国内）和 5 篇重复研究排除在外，筛选出 36 篇文章列入本审查；再根据标题和摘要删除了 5 篇文献研究，对其余 31 篇文章进行深入评估审查。评估审查后，排除 23 篇文章，排除标准如下：适用于痴呆的老年人；社区和医院/诊所设计；60 岁以下的参与者；未分干预组与对照组的对照试验；研究对象的样本量少于 30 例；精神类和神经类疾病患者和具有认知障碍的老人。最终 8 篇文章符合本次审查的纳入标准，对这 8 篇文章的方法质量以及进一步的数据提取进行了综合评估。

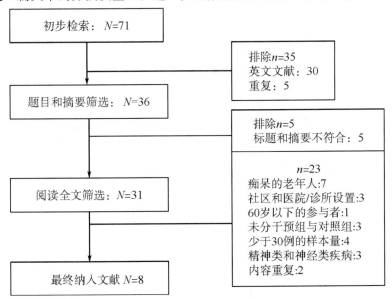

图 5-1　老年人抑郁回忆疗法干预的文献筛选流程图

2. 纳入文献的一般情况

初步检索到 71 篇文献在中国大陆进行的随机对照研究。经过逐层筛选后，最终纳入文献 8 篇（见表 5-1）。共有 722 例研究对象，年龄≥60 岁。7 项研究列明回忆疗法主题；2 项①②样本量大于 100 个研究对象。

表 5-1　基于 PICOSS 的纳入研究特征分类情况

作者，时间	参与者（不含失访人数）	干预措施	对照措施	结果	证据环境	指导者	干预方法	干预形式
乐燕，陈远国，2013	杭州市，医院治疗的老年轻中度抑郁症状患者 80 例；年龄≥60 岁；干预组 40 人，女性比例 50%；对照组 40 人，女性比例 55%	在对照措施基础上进行回忆疗法，40~50 分钟/次，1 次/周，共 6 周，有回忆主题	常规护理和随机的健康教育	GDS 老年抑郁筛查量表，LSIA 生活满意度指数	医院	经培训的护理人员	团体干预活动提供，简单回忆	结构式团体回忆疗法
蔡木，2018	长沙市，老年慢性病患者 61 例，年龄≥60 岁；干预组 31 人，对照组 30 人	在常规护理基础上进行回忆疗法，30~45 分钟/次，1 次/周，共 6 周，有回忆主题	常规护理，遵医嘱服用药物、生活饮食心理护理、健康宣教	GDS 老年抑郁筛查量表，UCLA 孤独量表，	医院病区的患者访谈室	经培训的 1 名护士长和 5 名责任护士；明确注意事项	参考相关文献病咨询患者和家属的基础上设立回忆主题，生命回顾	个体回忆疗法
白治繁，沈军，2018	重庆市，患有轻中度抑郁情绪老人 98 例；年龄>60 岁；个体回忆干预组 49 人，女性比例 71.4%；团体回忆干预组 49 人，女性比例 65.3%	一般护理基础上进行回忆疗法，60~90 分钟/次，1 次/1 周，共 8 周，有回忆主题	一般护理基础上，4 个个体回忆主题，60~90 分钟/次，1 次/1 周，共 8 周	GDS 老年抑郁筛查量表，LSIA 生活满意度指数	护养中心	心理治疗师，经培训的研究生、护师；明确质量控制	查阅相关文献，构建宜活动主题，生命回顾	个体和团体回忆疗法
汪星 等，2011	合肥市，社区空巢老人 82 例，年龄≥60 岁；干预组 42 人，女性比例 59.5%；对照组 40 人，女性比例 55%	常规社区护理基础上一对一回忆疗法，45~60 分钟/次，1 次/周，共 8 周，有回忆主题	常规社区护理，社区护士每月 1 次家访，解决存在的健康问题	GDS 老年抑郁筛查量表，MUNSH 幸福度量表	社区老人家中	经培训的护师以上职称的社区护士	干预人员每 2 周召开 1 次例会，确保干预措施的标准化，生命回顾	个体回忆疗法

---

① 赵春善，许敏.人生回忆疗法对朝鲜族独居老人抑郁情绪的连续效果评价 [J].中国老年学杂志，2016，36（8）：3.

② Zhou W, He G, Jing G, et al. The effects of group reminiscence therapy on depression, self-esteem, and affect balance of Chinese community-dwelling elderly [J]. Archives of Gerontology & Geriatrics, 2012, 54 (3): e440-e447.

表5-1(续)

作者,时间	参与者(不含失访人数)	干预措施	对照措施	结果	证据环境	指导者	干预方法	干预形式
史蕾 等,2007	广州市,养老院老人74例;年龄>65岁;干预组36人,女性比例63.9%;对照组38人,女性比例65.8%	进行回忆疗法;前2周:30~45分钟/次,2次/周之后:30~45分钟/次,1次/1周,共6周,有回忆主题	正常生活	GDS老年抑郁筛查量表	养老院	经培训的干预人员	团体干预活动提供,简单回忆	团体回忆疗法
赵春善,2016	延吉市,社区卫生服务中心独居老人113例;年龄≥60岁;干预组53人,女性比例58.4%;对照组60人,女性比例55%	在常规社区服务基础上进行回忆疗法;1次/周,共6周,有回忆主题	常规社区服务	GDS老年抑郁筛查量表,分别在干预前、干预治疗6周后、干预3个月后、连续干预3周后、干预6个月后测评	社区	2名心理教研室老师,2名医生,经培训的4名硕士研究生	团体干预活动提供,生命回顾	团体回忆疗法
高婧,2011	长沙市,行政区划内的社区老人89例;年龄≥60岁;干预组42人,女性比例59.5%;对照组47人,女性比例66%	在对照措施基础上进行回忆疗法;40~50分钟/次,1次/周,共6周,有回忆主题	在干预第1周进行3场老年心理卫生健康讲座,发放印刷品,并根据参与者意愿电话咨询或家庭访视	GDS老年抑郁筛查量表,LSIA生活满意度指数	社区卫生服务中心健康教育室	经培训的3名社区护理研究生,3名社区护士;明确质量控制	经过专家及相关人士访谈讨论,修订回忆主题,生命回顾	结构式团体回忆疗法
Wenjuan Zhou,2012	长沙市,社区卫生服务中心独居老人125例;年龄≥60岁;干预组59人,女性比例62.1%;对照组66人,女性比例57.6%	在对照措施基础上进行回忆疗法,90~120分钟/次,1次/周,共6周,有回忆主题	接受健康教育3次,30~45分钟/次,1次/2周,共6周	GDS老年抑郁筛查量表,自我感觉量表SES,影响平衡量表ABS	社区	经培训的社区护士	团体干预活动提供,并采用团体心理治疗技术,生命回顾	团体回忆疗法

注：GDS为老年抑郁量表；LISA为生活满意度指数A量表；MUNSH为纽芬兰纪念大学幸福度量表；SES为自我感觉量表；ABS为影响平衡量表；UCLA为孤独量表。

从研究地区来看，8篇中文文章1篇英文文章①，均为国内作者在国内

---

① Zhou W, He G, Jing G, et al. The effects of group reminiscence therapy on depression, self-esteem, and affect balance of Chinese community-dwelling elderly [J]. Archives of Gerontology & Geriatrics, 2012, 54 (3)：e440-e447.

进行的实验研究成果。研究地区分布均为中国境内：湖南省 3 项研究①②③，安徽省 1 项研究④，重庆市 1 项研究⑤，吉林省 1 项研究⑥，广东省 1 项研究⑦，浙江省 1 项研究⑧。

从研究场所看，2 项医院院内研究⑨⑩，2 项养老机构⑪⑫和 4 项社区研究。在干预形式上，主要分为团体干预、个体干预和混合干预 3 大类。其中，5 项研究采用团体回忆干预，2 项研究采用一对一个体回忆干预⑬⑭，1

---

① 蔡木. 个体怀旧疗法对老年慢病患者抑郁情绪及孤独感的影响 [J]. 当代护士（中旬刊），2018，25（3）：89-91.

② 乐燕，陈远园. 结构式团体怀旧对老年人抑郁症状与生活满意度的影响 [J]. 中国现代医生，2013，51（5）：3.

③ Zhou W, He G, Jing G, et al. The effects of group reminiscence therapy on depression, self-esteem, and affect balance of Chinese community-dwelling elderly [J]. Archives of Gerontology & Geriatrics, 2012, 54（3）：e440-e447.

④ 汪星，张建凤，李志菊，等. 怀旧治疗对社区空巢老人抑郁情绪及幸福度的影响 [J]. 护理研究，2011，025（034）：3192-3194.

⑤ 白治繁，沈军. 个体怀旧治疗与团体怀旧治疗对养老机构老年人抑郁情绪的影响 [J]. 重庆医科大学学报，2018，43（8）：7.

⑥ 赵春善，许敏. 人生回忆疗法对朝鲜族独居老人抑郁情绪的连续效果评价 [J]. 中国老年学杂志，2016，36（8）：3.

⑦ 史蕾，王惠珍，赵久波. 回忆疗法对养老机构老年人抑郁情绪的影响 [J]. 护理学杂志：综合版，2007，22（5）：2.

⑧ 乐燕，陈远园. 结构式团体怀旧对老年人抑郁症状与生活满意度的影响 [J]. 中国现代医生，2013，51（5）：3.

⑨ 蔡木. 个体怀旧疗法对老年慢病患者抑郁情绪及孤独感的影响 [J]. 当代护士（中旬刊），2018，25（3）：89-91.

⑩ 乐燕，陈远园. 结构式团体怀旧对老年人抑郁症状与生活满意度的影响 [J]. 中国现代医生，2013，51（5）：3.

⑪ 白治繁，沈军. 个体怀旧治疗与团体怀旧治疗对养老机构老年人抑郁情绪的影响 [J]. 重庆医科大学学报，2018，43（8）：7.

⑫ 史蕾，王惠珍，赵久波. 回忆疗法对养老机构老年人抑郁情绪的影响 [J]. 护理学杂志：综合版，2007，22（5）：2.

⑬ 蔡木. 个体怀旧疗法对老年慢病患者抑郁情绪及孤独感的影响 [J]. 当代护士：中旬刊，2018，25（3）：3.

⑭ 汪星，张建凤，李志菊，等. 怀旧治疗对社区空巢老人抑郁情绪及幸福度的影响 [J]. 护理研究，2011，25（34）：3192-3194.

项研究综合采用了两种以上干预方式①。干预对象包括医院住院老人、居家独居老人、养老机构老人、社区空巢老人及社区其他老人。

干预变量中，均以抑郁症状作为干预测评主变量，测评结局指标均采用老年抑郁量表（GDS），次测评为辅。其中有3篇在进行抑郁症状干预研究时，采用生活满意度指数A量表（LSIA）对老人生活满意度进行次测评②③④；1篇采用纽芬兰纪念大学幸福度量表（MUNSH）⑤，1篇采用自我感觉量表（SES）和影响平衡量表（ABS）⑥，1篇采用孤独量表（UCLA）⑦。8项研究皆列明实施者信息，包括护士、护理人员、心理咨询师或专业社工、学生、专家。

干预时间上，仅有1篇在干预3个月后进行再测评⑧，8篇均以干预组和对照组实验时间为前后测评时间；多数研究显示干预频率较为规律，持续4~8周，每周1次或每2周1次。在回忆方法上，2篇简单回忆⑨⑩，6

---

① 白治繁，沈军. 个体怀旧治疗与团体怀旧治疗对养老机构老年人抑郁情绪的影响［J］. 重庆医科大学学报，2018，43（8）：7.
② 白治繁，沈军. 个体怀旧治疗与团体怀旧治疗对养老机构老年人抑郁情绪的影响［J］. 重庆医科大学学报，2018，43（8）：7.
③ 乐燕，陈远园. 结构式团体怀旧对老年人抑郁症状与生活满意度的影响［J］. 中国现代医生，2013，51（5）：3.
④ 高婧. 结构式团体怀旧对社区老年人抑郁症状与生活满意度的研究［D］. 中南大学.
⑤ 汪星，张建凤，李志菊，等. 怀旧治疗对社区空巢老人抑郁情绪及幸福度的影响［J］. 护理研究，2011，25（34）：3192-3194.
⑥ Zhou W，He G，Jing G，et al. The effects of group reminiscence therapy on depression, self-esteem, and affect balance of Chinese community-dwelling elderly［J］. Archives of Gerontology & Geriatrics，2012，54（3）：e440-e447.
⑦ 蔡木. 个体怀旧疗法对老年慢病患者抑郁情绪及孤独感的影响［J］. 当代护士：中旬刊，2018，25（3）：3.
⑧ 赵春善，许敏. 人生回忆疗法对朝鲜族独居老人抑郁情绪的连续效果评价［J］. 中国老年学杂志，2016，36（8）：3.
⑨ 史蕾，王惠珍，赵久波. 回忆疗法对养老机构老年人抑郁情绪的影响［J］. 护理学杂志：综合版，2007，22（5）：2.
⑩ 乐燕，陈远园. 结构式团体怀旧对老年人抑郁症状与生活满意度的影响［J］. 中国现代医生，2013，51（5）：3.

篇生命回顾。1篇有明确注意事项①，2篇有明确质量控制②③。

3. 纳入文献的质量评价

研究质量评估见表5-2。7项研究告知随机序列，1项未告知；7项实验进行分配隐藏，1项未告知；6项研究告知未采用盲法，2项未告知；6项研究均告知数据完整性，2项失访率较高，分别为8.97%④和9.27%⑤；分析全面性未发现；其他偏移中等。

表5-2　研究质量评估

作者，时间	随机序列	分配隐藏	盲法	数据完整性	分析全面性	无其他偏移
乐燕，陈远国，2013	是	不清楚	否	是	是	是
蔡木，2018	是	是	否	否	是	是
白治繁，沈军，2018	不清楚	是	是	是	是	否
汪星 等，2011	是	是	不清楚	是	是	是
史蕾 等，2007	是	是	否	是	是	是
赵春善，2016	是	是	否	是	是	否
高婧，2011	是	是	否	否	是	否
Wenjuan Zhou，2012	是	是	不清楚	是	是	是

4. Meta 分析

（1）老年抑郁症状测评比较

通过森林图（见图5-2、图5-3），回忆疗法缓解老人抑郁症状的Meta

---

① 蔡木. 个体怀旧疗法对老年慢病患者抑郁情绪及孤独感的影响［J］. 当代护士：中旬刊，2018，25（3）：3.

② 白治繁，沈军. 个体怀旧治疗与团体怀旧治疗对养老机构老年人抑郁情绪的影响［J］. 重庆医科大学学报，2018，43（8）：7.

③ 高婧. 结构式团体怀旧对社区老年人抑郁症状与生活满意度的研究［D］. 长沙：中南大学，2011.

④ 蔡木. 个体怀旧疗法对老年慢病患者抑郁情绪及孤独感的影响［J］. 当代护士：中旬刊，2018，25（3）：3.

⑤ 高婧. 结构式团体怀旧对社区老年人抑郁症状与生活满意度的研究［D］. 长沙：中南大学，2011.

分析结果显示，两图 P<0.1，$I^2 \geqslant 50\%$，经判断无临床异质性。团体回忆和个体回忆疗法干预组在常规护理的基础上，回忆疗法干预有效降低抑郁症状的评分分别为［MD = - 5.63，95% CI（- 7.12，- 4.15）］和［MD=-3.74，95%CI（-5.84，-1.64）］。从 RR（95%CI）来看，通过回忆疗法干预老人抑郁症状缓解效果明显，团体回忆疗法效果优于个体回忆疗法。

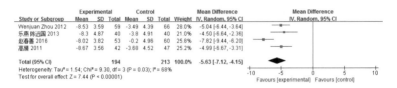

图 5-2　团体回忆疗法抑郁症状缓解

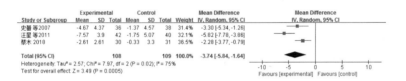

图 5-3　个体回忆疗法抑郁症状缓解

（2）生活满意度指数测评比较

回忆疗法改善老人生活满意度的 Meta 分析表示（见图 5-4），干预组生活满意度量表评分显著升高，显示为［MD = 9.97，95% CI（6.53，13.41）］，干预效果呈明显正相关。结合上图回忆疗法抑郁症状缓解情况可看出，老人的抑郁症状与其生活满意度存在负相关，表明老人抑郁症状减轻，其生活满意度提高。

图 5-4　回忆疗法改善生活满意度干预组与控制组测评比较

（四）结果与讨论

本文系统评价了 8 篇文献研究，并进行了陈述评价。结果表明回忆疗法干预老人抑郁症状影响显著，老人生活满意度在抑郁症状缓解的情况下明显提高，皆具有统计学意义。

1. 回忆疗法老人抑郁症状干预有效性讨论

从图 5-2 和图 5-3 可看出，团体回忆疗法与个体回忆疗法皆对缓解老年人抑郁症状有效。但在一定程度上，团体回忆疗法效果优于个体回忆疗法。白治繁和沈军在已有研究证明对于老年人抑郁回忆治疗效果高于不干预效果的基础上，设计了个体回忆疗法组和团体回忆疗法组，以比较两者干预效果。通过便利抽样法将服务对象随机分为个体回忆治疗组（$n = 49$）和团体回忆治疗组（$n = 49$），配对 t 检验结果显示，个体回忆疗法对轻度抑郁症状效果中度显著，但团体回忆疗法对轻中度抑郁症状老人效果显著且优于个体回忆疗法[1]。此外，国外研究中针对抑郁症状回忆疗法干预的系统评价，确定了团体回忆疗法的社会角色功能比个体回忆疗法更具有决定性因素[2]。本书分析原因可能在于：①团体回忆更注重老人与身边环境的互动，同质性圈子具有共同语言；②团体回忆能够建立起人际支持网络，有效补充了老人对社交需求社会支持的空缺；③老人在团体中的互动利于缓解消极情绪，从团体中获得自我认同感及归属感。因此，个体回忆虽相比团体回忆更具有针对性，但更加耗时耗力，也缺少为老人提供的互动的平台。另外，从财务评估来看，团体回忆疗法比个体回忆疗法成本

---

[1] 白治繁，沈军. 个体怀旧治疗与团体怀旧治疗对养老机构老年人抑郁情绪的影响 [J]. 重庆医科大学学报，2018，43（8）：7.

[2] Housden S. The use of reminiscence in the prevention and treatment of depression in older people living in care homes：a literature review [R]. Groupwork，2009，19（2）：28-45.

效益高①,财务支出较少。

另外,本次研究中,高婧②和乐燕等③采用了结构式团体回忆疗法。不仅丰富了纵横向研究的内容,还在回忆疗法领域中创新,拓展了多样化研究的思路。结构式团体回忆疗法是实施者为了帮助老人在团体中接受干预和成长,事前做好充分的计划和准备的一种疗法,其在干预实施过程中有明确的程序步骤和标准化流程④。非结构式团体回忆疗法是实施者不刻意安排有程序的固定活动的一种疗法,其强调老年服务对象的自主性。对比非结构式团体回忆疗法,结构式团体目标更明确,干预安排具有程序性和系统性,在干预过程中更重视老人互动的氛围。同时,结构式团体回忆疗法更适用于低龄、自理的抑郁症状老人群体。

本次系统评价,仅有 1 篇在干预 3 个月后进行再测评,而大多数干预虽然效果明显,但干预时间较短。赵春善和许敏运用回忆疗法进行干预治疗,分别在干预前、干预 6 周后、干预 3 个月后、连续干预 3 周后及干预 6 个月后对独居老人进行抑郁情绪测评⑤。结果显示,观察组在干预 6 个月后测评的抑郁得分与干预组干预前无显著差异($P > 0.05$),并指出,短期回忆疗法只能缓解老人一时的抑郁症状,停止介入后抑郁症状会产生反弹,而连续干预治疗能避免这一现象发生⑥。抑郁症状的介入应是一个长期且连续的过程。对此,回忆疗法长期干预效果还有待进一步的研究,明确干预的时效性,延长回忆疗法介入后的有效性。

---

① Burnside I, Haight B. Reminiscence and life review: therapeutic interventions for older people [J]. The Nurse Practitioner, 1994, 19 (4): 55-61.

② 高婧. 结构式团体怀旧对社区老年人抑郁症状与生活满意度的研究 [D]. 长沙: 中南大学, 2011.

③ 乐燕, 陈远园. 结构式团体怀旧对老年人抑郁症状与生活满意度的影响 [J]. 中国现代医生, 2013, 51 (5): 3.

④ 乐燕, 陈远园. 结构式团体怀旧对老年人抑郁症状与生活满意度的影响 [J]. 中国现代医生, 2013, 51 (5): 3.

⑤ 赵春善, 许敏. 人生回忆疗法对朝鲜族独居老人抑郁情绪的连续效果评价 [J]. 中国老年学杂志, 2016, 36 (8): 3.

⑥ 赵春善, 许敏. 人生回忆疗法对朝鲜族独居老人抑郁情绪的连续效果评价 [J]. 中国老年学杂志, 2016, 36 (8): 3.

研究的干预内容以简单回忆和生命回顾为主。简单回忆适用于无药物治疗的精神症状的老人,多以引导和倾听为主,便于实施,实施者经过短时间培训可以开展服务。生命回顾相较简单回忆而言,体现出流程化、复杂化和精准化的特点。生命回顾已有一套完整的标准规范,实施者需要根据老人实际情况设计个性化、针对性的干预计划,不断推动老人更完整地回忆整个生命周期,对其生活中的事件进行整合,帮助老人减轻抑郁症状。通常,老年社会工作者、老年专科治疗师、专科医护人员等经过严格的培训可以对抑郁症状老人进行简单回忆和生命回顾。而生命回顾疗法是高度结构化的一种心理治疗方法,它需要更高水平的相关心理专业技能。实施者一般为专业的心理咨询师,且该疗法的干预对象多为已确认患有抑郁、孤独等精神疾病的老人。因此,现阶段回忆疗法对老人抑郁症状的干预多以简单回忆和生命回顾为主,两者皆具有标准的操作程序,对老人伤害性小,干预技术的实施较生命回顾疗法更简单易控。

在纳入的研究中,抑郁测量工具最常用的是老年抑郁量表(GDS)。一方面,这表明适用于老年心理健康的测量工具已经成熟,并已大量在老年群体中应用;另一方面,胡泊系统评价了我国 11 个省(区、市)的老年护理健康评估项目实施情况,结论表示,目前对老年护理健康评估的工作开展尚不理想,已有的健康评估中评估内容缺乏系统全面性,评估的结果缺乏代表性[①]。这阻碍了已经进入老龄化时代的老年人群的健康保障发展。抑郁产生的原因、症状等因人而异,个体差异性大,单一普遍的测量工具未能详细深入地分析老人心理健康状态,测量工具的针对性和个体性还需要进一步开发。8 篇研究中的生活满意度测量工具相比抑郁测量工具更丰富。对此,在抑郁测量工具单一的现阶段,通过对干预效果进行多维度衡量,不仅增加回忆疗法缓解老人抑郁症状效果的说服力,还进一步体现研究的严谨性和科学性。

近几年已有学者在医院、养老机构,或社区基层卫生场所逐步开展涉及老人抑郁干预的研究,但研究对象的样本量和样本的分布还远远不够。

---

① 胡泊.老年护理健康评估项目实施的系统评价 [J].科学中国人,2017(4X):1.

随着生活节奏加快，老人的精神健康被家庭和社会忽视，但老人的心理健康是需要重视的。伍小兰表示，至 2020 年，抑郁症将成为仅次于癌症的人类第二大杀手[①]；抑郁症状如不及时发现、干预，将进一步发展为抑郁症，将严重影响老年人的生活质量，给家庭和社会带来极大的负担。老年群体是社会中重要的组成部分，老人的心理健康需求需要更多关注。回忆疗法虽在西方国家已成熟运用，但在国内的研究仍然偏少。目前国内对老人抑郁症状干预采用的物理治疗方法以支持性心理干预或认知行为治疗为主，有关回忆疗法的运用干预研究太少。查阅相关文献，鲜有回忆疗法的具体介绍，且从年限来看，近几年发表的居多，发表领域多集中在医学护理领域。因此，要涉及老人各类群体，延伸心理精神干预内容，扩大地区分布，如失独、失能老人群体，焦虑、孤独测评，沿海、内地地区等。要加大老人照护领域人才队伍投入，回忆疗法的实施者不仅包括老年专科治疗师、专科医护人员、心理医生等，还包括社会工作者，特别是医务、老年、社区社会工作者。

本次系统评价有 2 篇文献在回忆疗法实施中每节次时间超过 90 分钟，有 2 篇文献显示有专业心理学人士参与治疗引导。老年人随着年龄增长，不能较好地进行长时间的活动参与或者治疗，而且本次纳入的老人服务对象中，高龄老人占有一定比例。因此，在回忆疗法实施中，要选择具有老年服务能力和沟通能力，具备共情、接纳、真诚等老年工作技巧的实施者。从前文的表 5-1 可看出，回忆疗法实施者以护士和护理人员居多。在具体实施前，虽然都经过专业心理咨询师咨询或经过回忆疗法相关培训，但专业技能和综合能力仍需不断加强。回忆疗法需要在特定的场所进行，一般而言，回忆治疗每次时间通常约为 45~90 分钟。实施者要熟练掌握回忆治疗的专业知识和技巧，同时也需要具备心理学或心理咨询资格，对老人在回忆过程中所暴露的问题及时进行心理疏导。在回忆疗法中实施者需要根据老人自身实际情况或高同质性，来科学、严密地制定回忆主题和内

---

① 伍小兰，李晶，王莉莉. 中国老年人口抑郁症状分析 [J]. 人口学刊，2010（5）：5.

容。在干预初期需要在较短时间内与老年服务对象建立起良好的治疗性人际关系,使得整个治疗实施顺利进展。由此,整个回忆疗法的开展过程需要由经过培训的专业人员主持引导,回忆疗法实施者的培训很重要,其在筛选上应较为严格。

质量控制和注意事项是研究中重要的一环,质量控制最大限度地确保在试验中各个环节的有效性和科学性,使回忆干预过程严谨、科学,同时使干预结果更具说服力和严谨性。注意事项是回忆干预前应尽可能考虑到干预过程突发的情况,以保证回忆干预整个过程的安全性。尽管回忆疗法的具体实施过程中会根据不同诊断程度及老人具体需求和特征,而采取不同的治疗模式和内容,但在治疗实施过程中,实施者仍要遵循基本注意事项:①实施者遵循非批判原则,接纳参与老人的言行及价值观;②不随意中断参与老人的叙述,适时给予正向肯定及反馈;③给予老人充分的情感沉浸时间,耐心等待老人再次开口;④治疗过程中实施者要观察老人是否面临情绪压力而影响回忆实施;⑤接受老人参与治疗后的改变,无论好坏①。

本次研究仅有1篇对照组在常规护理中服用抗抑郁药物,干预组在对照组措施基础上仅采用回忆疗法进行干预,对照组分别进行常规照护、健康教育、一般活动、社区服务等。目前,药物治疗仍是老年抑郁等心理疾病的主要治疗方法,但随着老年人身体机能减退,多种慢性疾病并存,导致其对药物不良反应的抵抗力降低,药物治疗副作用较大。过量使用精神药物会导致失眠、跌倒骨折、低钠血症等不良情况发生。药物治疗在缓解老人心理痛苦的同时,也为老人带来不同程度的损伤。我国老人的抑郁等心理问题未得到较好的治疗,并因常与老人身体问题共存而被忽视,甚至难以诊断。而未及时发现治疗会导致老人生活质量低,引发其他严重疾病,减短寿命等后果。特别是抑郁症状严重的老人,更有自杀的风险。王丽研究认为,轻症患者一般不需要常规抗抑郁药物,只需要心理咨询和心

---

① Chao S Y, Chen C R, Liu H Y, et al. Meet the real elders: reminiscence links past and present [J]. Journal of Clinical Nursing, 2010, 17 (19): 2647-2653.

理治疗①。本书的结果显示，在不使用药物治疗的情况下，通过回忆疗法干预也能有效降低抑郁测量评分。此外，回忆疗法的干预介入，可以缓解药物治疗给老年人带来的身心损伤。

2. 回忆疗法老人生活满意度干预有效性讨论

纳入研究中，4 篇文献在采用 GDS 量表测评回忆疗法干预后老人抑郁症状效果外，还采用 LISA 量表、UCLA 量表、幸福度量表、自我感觉量表（SES）及影响平衡量表（ABS）测评回忆疗法干预后老人生活满意度。本研究干预组的生活满意度评分均显著升高，与 GDS 评定的抑郁症状呈负相关，此差异有统计学意义。且各次测评中随着老人抑郁症状的减缓，老人心理健康都得到较大的改善。由此可见，回忆疗法让老人对自己一生经历的回忆影响老人当下的生活满意度。通过回忆、分享、诉说等让老人对过往经历产生正向情绪，感受生活的意义，不仅缓解老人抑郁症状，使其生活满意度、主观幸福感、环境适应力提升，还有助于我国进入积极健康的老龄化社会。对此，要联合社会机构、医疗行业以及个体家庭等多方面力量，从多主体多维度出发，建立多元化、多支柱的心理健康体系，提高老人主观幸福感②。

抑郁症状的产生具有复杂性，老人面对社会角色的转变，生理疾病的高发，更容易受抑郁困扰。李成志等研究显示，患有慢性病的老人抑郁情绪的发生率是无慢性病老人的 2 倍，且抑郁情绪老年人在社会总支持、主客观支持、生活满意度等的总分低于无抑郁情绪者③。郭之瑜和张李萍调查发现，"老年患者抑郁情绪的发生与其性别、家庭、睡眠情况、娱乐活

---

① 王丽.老年抑郁症患者家庭与心理的相关性分析［J］.中外医疗，2012，31（3）：1.

② 刘婷，王青丽，邱源，等.宜昌城区老年人群焦虑抑郁调查及影响因素分析［J］.长江大学学报：自然科学版，2019，16（3）：4.

③ 李成志，谭莉娜，韦秋玲，等.社区老年人抑郁情绪及其影响因素分析［J］.中国现代医学杂志，2020，30（2）：5.

动有关"①。孔宪焜等的研究表明"城市老人抑郁情绪的影响因素较复杂，农村老人的抑郁症状发生率更高，其干预要注重城乡间差异"②。而作为一种非药物治疗的心理干预方法，回忆疗法不仅适用于各种因素导致老人产生的抑郁症状，而且在几乎无副作用的情况下，增进老人积极的情绪体验。对于丧偶、独居等特殊老人群体，特别是女性老人，应尽可能早地进行心理辅导和社会支持。在回忆疗法期间，同时要注重加强老人安全意识，开展预防性教育、心理卫生健康教育等，及时降低抑郁症状给老人带来的身心伤害。

3. 回忆疗法介入老年人抑郁症状的领域性讨论

在文献检索中发现，现阶段回忆疗法主要集中在医学护理、疾病康复等领域以及社区卫生中心、养老机构等场所，且研究表明效果显著。例如，李惠采用随机试验表明回忆疗法能改善老年脑卒中患者抑郁情绪，提升其生活质量③。郭赫等通过 Meta 分析团体回忆疗法对养老机构老人抑郁症状干预效果也显示，回忆疗法能减轻老人抑郁症状④。张铮在医院的干预研究显示，回忆疗法对老年肾病综合征患者抑郁情绪有良好的干预效应⑤。老年范畴本身带有明显的老年特征，如反应迟钝、记忆力衰退等，加上各种疾病困扰，老年人常常处于医疗行为和康复护理过程之中。因此，回忆疗法较早在医学领域开始进行尝试，特别针对老年人卒中、中风等疾病的术后康复期间的抑郁情绪干预，大量干预试验研究证明其有显著的临床意义。同时，在众多的心理干预治疗方法中，相比认知行为疗法、

---

① 郭之瑜，张李萍.基于家庭医生签约制度下社区老年患者抑郁情绪的调查研究[J].中国卫生标准管理，2017，8（24）：6.

② 孔宪焜，肖巧玲，李娟.老年抑郁症状相关因素的城乡比较[J].中国心理卫生杂志，2018，32（8）：8.

③ 李惠.怀旧疗法对老年脑卒中患者抑郁症状及生活质量的影响[J].吉林医学，2018，39（7）：3.

④ 郭赫，沈军.团体怀旧治疗对养老机构老年人抑郁症状干预效果的 Meta 分析[J].中国实用护理杂志，2017，33（20）：7.

⑤ 张铮，等.怀旧疗法对老年肾病综合征患者抑郁情绪的干预效应[J].世界最新医学信息文摘，2016.

元认知疗法等，回忆疗法是一种简便易行、经济实用、符合跨界领域工作者操作的非药物治疗方法[①]。在有效性研究基础之上，Lin 发展出规范化的回忆干预框架，包括事前了解、评估、建立治疗目的、选择回忆形式、结果测量[②]。这些研究在证明回忆疗法在缓解老年人抑郁症状有效性的同时，也不断扩展回忆疗法在老年人抑郁症状各方面的应用。在应用领域上涵盖医学护理、康复照护，在实施人员上涉及医务社会工作者、老年社会工作者，在实践场所上延展到养老机构、护养中心、社区居家，使得回忆疗法在老年人抑郁症状应用上，形成跨学科、跨专业和跨团队交叉合作式发展。

4. 系统研究结果在社会工作中的应用

本研究的系统分析结果提供了有效"证据"，证明了回忆疗法能有效缓解老人抑郁症状。因此，本研究通过循证理念将"证据"结果转化为实践。我国老人心理问题领域特别是抑郁症状的非药物干预处于起步阶段，亟须社会工作者将循证社会工作的科学性、严谨性及专业性发挥作用。通过严谨的科学过程、严密的哲学逻辑，以及遵循最佳证据，将精准、专业、科学融为一体。循证实践为政府部门在老人心理健康政策制定、资源配置等方面，提供科学依据，在科学专业中将社会工作者与老人服务对象进行有效匹配。一方面使政策体系与实践服务紧密有效对接，使政策"循证"支撑与实践"求证"反馈同步；另一方面大大减少资源浪费，有效投用人力、财力、物力等。在回忆疗法干预老人抑郁症状缓解研究中，循证实践体现了聚焦精准实践、具有循证依据、决策匹配服务的优势。

循证实践的主体包括：①研究者的证据，即领域研究者为实践所提供的研究证据。②实践者的实践，指实践者针对服务对象的具体问题，结合实际情况、最佳证据和工作经验采取实践决策并完成实践过程。③服务对

---

① 冯辉. 团体怀旧治疗对社区老年抑郁症状的干预效果研究 [D]. 长沙：中南大学，2010.

② Lin Y C，Dai Y T，Hwang S L．The effect of reminiscence on elderly population：A systematic review [J]．2003.

象的主动参与，指根据研究证据与实践者的建议，服务对象参与到实践服务的过程中，与实践者共同完成实践过程。④管理者的协调，管理者协调研究者、实践者、服务对象三者之间的关系，调控研究方向，规范研究证据，建立相应的证据数据库，制定实践指南或标准，并与第三方机构进行沟通①。在本研究的社会工作应用中体现为：实践者是实务社会工作者，服务对象为60岁以上患有抑郁症状的老人，研究者是社会工作领域专家学者，管理者为政府相关部门或行业协会。

老人的心理健康是影响其生活质量的重要方面，目前"我国老年疾病患者中约70%的心理疾病是因其缺少精神关怀所引起的"②。老年人身体各器官系统功能的退化和慢性病患病率的急剧增高，伴随而来的孤独、焦虑、抑郁等心理上的虚弱感问题也日渐突出。因此，社会工作者应以专业方法来回应老人心理健康需求，用回忆疗法来缓解老人抑郁症状。具体从以下五个方面进行展开。

第一，提高社会对老人心理健康的关注和重视。现阶段，社会公众对老人心理健康的认知度仍比较低，尽管养老服务已有多种形式内容存在，但大多仍包含基础的日常生活照护和医疗保健等物质提供，养老服务缺乏精神文化的满足和内心世界的丰富。与此同时，养老产业的服务提供和养老机构的服务内容，大多针对健康乐活且自理能力较强的低龄老人，更多还停留在康娱、物质满足的初级层面。因此，社会工作者需要运用各种有效的宣传方法，如社区宣传、举办讲座等，来促进良好的"尊老、助老、爱老"的社会养老氛围。关注老人的心理健康不仅要发挥家庭和政府在老人服务中的作用，还要动员全社会的力量参与到助老养老服务中。社会工作者在宣传的同时，可以组织志愿者为心理不适老人提供日常生活照顾、情绪安抚、心理支持等服务，动员低龄、健康老人为高龄老人服务，动员企事业单位、社会团体参与助老活动，为社会养老服务提供多方支持。通

---

① 杨文登. 循证实践：一种新的实践形态？[J]. 自然辩证法研究，2010（4）：5.
② 邱鹏. 长期护理保险：我国健康险市场未来的发展点 [J]. 上海保险，2004（3）：2.

过教育与倡导社会公众对老人心理健康的关注和重视，培养老人心理健康的认知意识，合理运用医疗资源等观念至关重要。

第二，通过个案—小组—社区循环模式介入具体的老人心理服务。社会工作介入老人心理健康服务，协助老人解决身体机能、心理精神、日常生活、经济社会等问题。将社会工作助人理念、技术方法和价值观融入老人心理健康服务过程，不断提高自身的专业助人服务能力。例如，个案工作可以采取一对一的方式为老年人提供心理辅导、情绪安抚等。小组活动搭建交流、互动、支持平台，让老人获得归属感和意义感。动员社区资源，介入社区老人服务减少老人孤独焦虑和抑郁情绪，建立社会支持网络。将个案—小组—社区三大社会工作方法串联应用到老人服务领域。在个案服务中挖掘老人群体的需要，并以点到面扩展，服务更多同质老人群体。在社区活动中捕捉老年人个性化需求，聚焦老人个体发展，提供一对一介入服务。通过改善老人的卫生护理健康、心理健康和社会互动支持现状等使其晚年生活"老有所依、老有所乐、老有所期"，实现有尊严、价值、快乐的晚年生活，提高生命质量。从社会工作生态系统理论来看，老人服务是由老人、老人家庭、社区养老、社会老年产业等多个子系统构成的一个社会生态系统。社会工作者在介入服务中，可形成循环互动的养老生态模式，通过综合多元化的工作方法，协调平衡子系统间的运作，充分调动系统间的资源，以促进整个养老服务生态系统的循环。

第三，将回忆疗法应用到预防干预，并在实践中反馈证据。目前，回忆疗法仍主要集中在医院及养老机构，以药物治疗作为治疗手段。而且多数是在老人生活照护中已经出现心理或精神疾病时，甚至抑郁症状严重情况下，直接进入药物治疗环节，忽略了其心理精神的预防干预。当然，社会工作者不仅要关注高龄、失能、独居等特殊老人群体，还要关注低龄老人群体。成年子女长期工作繁忙无暇顾及，往往是低龄老人承担了家务劳动、抚养孙辈甚至零散打工以补贴家用等责任。长时间琐碎而繁重的家务、照顾、劳动导致躯体功能日益下降，慢性的心理压力促使抑郁情绪的出现。而且，我国大量的医疗卫生资源仍然集中在发达地区的综合医院，中西部地区医疗资源匮乏，城乡老人心理健康需求及关注重视程度差异明显，社区卫生服务中心的医疗技术和人力资源仍然十分有限。建议将回忆疗法延伸到社区基层卫生中心，普及回忆疗法的应用，通过医务、老年社会工作者提前对社区、居家老人进行预防干预。一方面减少心理疾病发生时带来的系列伤害，另一方面提高老人晚年的生命质量，推动我国积极老龄化。此外，社会工作者是在国家的社会政策框架内进行服务提供，是社会政策的实施者和反馈者，在实践中一边落实老人心理健康服务，一边通过过程、结果评估，反馈服务成效，协助政府部门不断改进和完善老人心理健康政策。例如，在回忆疗法干预老人抑郁症状实践过程中，社会工作者运用前期调研、方案设计、开展活动、服务评估等一系列专业方法介入老人服务，收集整理老人心理健康现状、抑郁症状实际需求、服务效果和困境。

第四，建立老人心理健康档案，共享回忆疗法干预经验。如今，大数据时代来临。我国基层公共卫生服务人群基数庞大，公共卫生服务需求众多，老人心理健康服务在其中占有不可忽视的比例。社会工作者的工作记录，是作为和每位接触的服务对象保持联系的证据和需求评估的依据，是为服务对象制定个性化方案设计的基础。将这些服务档案进行分类整理，建档建册，加强数据信息化的建设，搭建网络心理健康服务平台，整合各地区社区信息，建立老人心理健康信息系统。充分利用"互联网+"，通过电子心理健康档案、资源信息共享系统等，加强老人心理健康服务的智能化管理。通过网络技术将老人心理服务现状、健康需求等资料进行整合，为政策制定、实施和反馈提供科学依据，促使我国医疗资源、人文服务、公共卫生等在养老领域具体落实和推进。现阶段，回忆疗法在国内外已有实践研究，但对回忆疗法介入老人抑郁症状干预效果，我国尚未确定整合有效的原始研究证据，需要社会工作者通过系统评价提取出有效一致的结论，从而将有效科学的结论进行推广和应用。同时，社会工作者还可以通过循证实践模式在我国开展回忆疗法干预老人抑郁症状项目实践，不仅使回忆疗法干预在老人心理健康服务项目中严谨科学，而且能总结抑郁症状在我国的原始研究证据，促进老人心理健康领域构建科学合理的标准体系。

第五，鼓励高质量系统评价文章发表，提高老人领域服务水平。系统评价是一种研究证据合成的研究方法，被认为是当前最高级别的证据而被广泛应用于临床实践①。社会工作者在实践过程中：①通过实践收集原始证据，形成科学的生产证据；②通过系统评价标准流程得到科学的评判证据；③通过循证决策模型产生有效的证据决策；④通过试验方法检验证据的有效性。具体而言，在回忆疗法的应用中，社会工作者不断实践，将实践经验整理，提供最新发现和成果，以不断优化和充实理论。同时，社会工作者在循证实践中，其实践过程经过严格把控，实践结果也经严谨评估，其实践服务的过程和结果可录入证据库，为领域提供证据，这具有较高的参考价值。但目前我国大部分系统评价以定量研究为主，只有少量采用定性和混合型研究。高质量的系统评价才能产生更加科学、客观、有效的证据，最大程度保障循证决策的科学性，从而避免因社会工作者实践经验不足、领域实践者专业知识欠缺导致的老人心理干预效果不明显或决策导向有差异等问题。通过系统评价"证据"的分析和结论呈现，为政府提供循证决策依据，提供相关法律、法规政策建议，有利于作为管理者的政府部门联通养老企业、医疗机构、社区居委、家庭，打破各个"孤岛"的瓶颈。整合资源，形成良性循环的老人健康服务。

5. 局限性和进一步建议

（1）不足之处

一是本研究仅检索了公开发表的在中国大陆地区进行的临床随机对照试验的文献，可能存在文献收录不全导致的发表偏倚。二是纳入的文献样本存在异质性，实验设计和质量方面的方法学存在异质性。同时，回忆疗法及其介入老人抑郁症状干预研究在我国尚处于起步阶段，纳入文献可能存在质量偏差。三是纳入的部分研究样本量较小，仅有2篇文献超过100例。

---

① 卞薇，陈耀龙，廖建梅，等.混合方法研究系统评价简介［J］.中国循证医学杂志，2019，19（4）：6.

（2）进一步的建议

增加样本量：实验研究的样本量需要扩大，研究场所可以根据服务对象灵活处理，研究范围也可以进一步扩展。虽然团体回忆疗法以 8～12 人为宜，个体回忆疗法只能一对一进行，但研究者可以选择不同服务对象，如空巢老人、失能老人重复实验，以获取研究的代表性和准确性。

远期效果追踪：研究者通过回忆疗法针对老人孤独和抑郁的短期干预效果显著，但未进行远期效果的追踪调查，这可能对干预效果的动态评估产生一定的影响。短期干预效果虽然显著，但也只是对老人心理问题的一时缓解，因此，回忆疗法对缓解孤独和抑郁情绪的长期效果还需进行调查和研究，还有待进一步研究证实和连续长期的跟进。

加强定性研究：本次纳入文献研究均为定量研究，为了更清楚地了解回忆疗法的应用效果，需要多样化的研究设计，引入定性研究及其他混合方法，可能会为回忆疗法的有效性提供不同的观点。同时，不同的回忆类型，如综合回忆、传播回忆、叙事回忆等也会产生不同的效果，建议可进一步探索不同类型的回忆疗法的效果。

推广到养老产业：已有的实验研究反馈，回忆疗法在缓解老人心理精神方面相比药物治疗，具有成本低、便于实施、可持续等优势。我国的养老产业正需要引入大量优质资源和治疗方式，将回忆疗法引入养老市场，物理治疗和药物治疗相结合，才能提供有效优质的服务。

纳入教学内容：养老作为一项朝阳产业，养老市场需要大量的老年护理团队。国外已有学者发现参与回忆疗法的过程可以使从事老年工作者更好地接受老人的生命历程，收集有关健康信念、应对技巧和文化背景信息[1]。护理生、护工人员、老年社会工作者等，通过教学掌握一定的回忆疗法专业技能，有利于提高其人文关怀能力，推进老年人心理健康工作。

---

① Soltys F G, Coats L. The SolCos model：facilitating reminiscence therapy ［J］. Journal of psychosocial nursing and mental health services，1995，33（11）：21-26.

（五）总结与展望

回忆疗法短期内能够有效改善老人抑郁症状，老人生活满意度在抑郁症状缓解的情况下明显提高。短中期治疗老年心理疾病，特别是促进老人抑郁症状缓解可采用团体回忆疗法，个体回忆疗法更适用于长期治疗。还应更多地采用大样本随机对照实验，将有效的方法进一步推广运用，缓解我国人口老龄化过程中的老年心理问题。同时，鼓励支持相关领域学者多发表文章，用高质量研究更新循证智库，提高科学效益。此外，回忆疗法在我国效用产生的争议及其本土化发展还需进一步探讨。但不可否认回忆疗法在缓解老年，特别是长期照护老人抑郁症状进一步加重过程中发挥着实际、有效的作用。

二、社会层面主要问题的系统评价

目前，社会孤立是老年人健康的主要威胁。老年社会孤立的危险因素有很多，包括家庭成员的缺乏，很少或没有与朋友的日常交流，孤独的生活方式等[①]。1973 年，Weiss 指出社会孤立和孤独是老年人常见的负面情绪和社会状态，如不及时干预，可能导致更严重的情况[②]。Gierveld 发现，

---

① Iliffe S, Kharicha K, Harari D, et al. Health risk appraisal in older people 2：the implications for clinicians and commissioners of social isolation risk in older people ［J］. British Journal of General Practice，2007，57（537）：277-282.

② Weiss R. Loneliness：The experience of emotional and social isolation ［M］. MIT press，1975.

55 岁以上的老年人的孤独率高达 32%①。"孤独感"虽然常与"社会孤立"共同出现，相互影响，但它们是两个不同的概念②。孤独感强调个人主观的消极感觉，反映老年人的社会孤立，或因期望与现实之间的差距过大而产生的抛弃感，并随着年龄的增长而增加③。而社会孤立是一个多维度概念，形成原因主要是老年人缺乏质量和数量上的社会支持，包括结构性和功能性的社会支持④。所谓结构性社会支持是对社会支持参与规模或频率的客观评价⑤⑥，功能性社会支持是对社会支持质量的主观判断，即对他人感知反应所提供的情感、工具和信息等⑦。由于学界对社会孤立的定义尚未统一，其干预措施的针对性也不尽相同。在此，本书以社会孤立的"结构性社会支持"和"功能性社会支持"两个维度作为研究基础。

社会孤立严重威胁到老年人健康，许多学者为缓解这一问题提供了大量证据。2010 年，Juliann 通过 Meta 分析（$n = 308$，平均年龄＝64 岁）指

① De Jong Gierveld J, Van Tilburg T. Living arrangements of older adults in the Netherlands and Italy: Coresidence values and behaviour and their consequences for loneliness [J]. Journal of Cross-Cultural Gerontology, 1999, 14 (1): 1-24.

② Grenade L, Boldy D. Social isolation and loneliness among older people: issues and future challenges in community and residential settings [J]. Australian Health Review, 2008, 32 (3): 468-478.

③ Li Z, Zhou L. Epidemiological study on the loneliness of old age. Chinese journal of mental health, 26, 658-662. doi: 10.3969/j. issn. 1000-6729. 2012.09.004.

④ Lv R M, Lin M X, Liu Y C. Social isolation and loneliness of elderly people in urban communities. Take Shandong City, Yantai province for example. Journal of Beihua University (SOCIAL SCIENCE EDITION), 14, 132 – 136. doi: 10.3969/j. issn. 1009 – 5101. 2013.02.029.

⑤ Victor C, Scambler S, Bond J. The social world of older people: Understanding loneliness and social isolation in later life: Understanding loneliness and social isolation in later life [M]. McGraw-Hill Education (UK), 2008.

⑥ Lubben J, Gironda M. Centrality of social ties to the health and well-being of older adults [J]. Social work and health care in an aging world, 2003: 319-350.

⑦ Broadhead W E, Gehlbach S H, Degruy F V, et al. Functional versus structural social support and health care utilization in a family medicine outpatient practice. [J]. Medical Care, 1989, 27 (3): 221-233.

出具有较强社会关系的人其社会孤立可能会减少 50%①，其中用于计算"较强社会关系"的复合变量包括孤独感和社会孤立。同时，一些测量社会孤立与健康关系的研究也得出了不同的结论。例如，社会孤立可导致死亡率上升②，自我评估的健康状况更差③，更易患阿尔茨海默病④，老年人残疾率增加⑤。而在最近的一项研究中发现，社会孤立与老年人健康生活质量和健康状况呈负相关⑥。大量证据表明，社会孤立会影响个人的健康。因此，社会孤立是一个重要的公共健康问题，有必要科学评价其干预效果，实施有效干预措施，以减少其负面影响。

社会孤独研究虽然已有类似的系统评价，如一项研究总结了孤独的干预，但它们没有充分解决社会孤立问题的干预措施的有效性⑦。在本书中，数据来源于异质样本中的整合，干预对象包括失学儿童、无家可归的青少年及老年人，干预措施包括在线聊天室、锻炼、社交活动和培训支持。尽管对这样有异质性的数据使用 Meta 分析是否恰当尚存争议，但这类系统评

① Holt-Lunstad J, Smith T B, Layton J B . Social Relationships and Mortality Risk: A Meta-analytic Review ［J］. PLoS Medicine, 2010, 7（7）: e1000316.

② Seeman T E. Social ties and health: the benefits of social integration ［J］. Annals of epidemiology, 1996, 6（5）: 442-451.

③ Cornwell E Y, Waite L J. Social disconnectedness, perceived isolation, and health among older adults ［J］. Journal of health and social behavior, 2009, 50（1）: 31-48.

④ Fratiglioni L, Wang H X, Ericsson K, et al. Influence of social network on occurrence of dementia: a community-based longitudinal study ［J］. Lancet, 2000, 355（9212）: 1315-1319.

⑤ Lund R, Nilsson C J, Avlund K. Can the higher risk of disability onset among older people who live alone be alleviated by strong social relations? A longitudinal study of non-disabled men and women ［J］. Age and Ageing, 2010, 39（3）: 319-326.

⑥ Hawton A, Green C, Dickens A P, et al. The impact of social isolation on the health status and health-related quality of life of older people ［J］. Quality of Life Research, 2011, 20（1）: 57-67.

⑦ Masi C M, Chen H Y, Hawkley L C, et al. A Meta-Analysis of Interventions to Reduce Loneliness ［J］. Personality and Social Psychology Review, 2011, 15（3）: 219-266.

价研究鲜有出现。近年进行的两项系统评价①②，其中包括 2016 年之前的试验，都没有质量评估过程，没有包括 RCT，也没有检索 PsycInfo、PubMed 和 Proquest 三个主要数据库。但随着社会环境发生的巨大变化，特别是随着信息技术的飞速发展，远程服务得到了广泛的应用。2017 年，针对老年人的社会孤立远程干预的两个 RCT 研究③④，在 *The Gerontologist* 和其他期刊上发表。因此，本系统评价旨在总结和更新现有对缓解老年人社会孤立和孤独的有效的及高质量的干预措施。

（一）对象和方法

1. 检索策略

使用 ENDNOTEX6 管理文献，系统检索 1979—2021 年发表的文献。电子数据库检索：PsycInfo，PubMed，Proquest，Cochrane Library，应用社会科学指数和摘要（ASSIA），CINAHL 数据库，SCOPUS，ISI 科学网，中国国家知识基础设施（CNKI）和万方数据知识服务平台（WANGFANG）。其他检索：检索社会孤立和（或）孤独感文献，以及已纳入参考文献的研究。检索美国南加州大学社会工作学院数据库，Hamovitch Center for Science in the Human Services 数据库，兰州大学循证医学研究中心以及西南财经大学大学人口研究所的数据。同时，联系领域相关作者，以获取正

---

① Stojanovic J, Collamati A, Milia D L, et al. Targeting loneliness and social isolation among the elderly: an update systematic review [J]. European Journal of Public Health, 2016, 26 (suppl_ 1).

② Poscia A, Stojanovic J, La Milia D I, et al. Interventions targeting loneliness and social isolation among the older people: An update systematic review [J]. Experimental Gerontology, 2018, 102: 133-144. P

③ Czaja S J, Boot W R, Charness N, et al. Improving social support for older adults through technology: Findings from the PRISM randomized controlled trial [J]. The Gerontologist, 2018, 58 (3): 467-477.

④ Chan A W K, Doris S F, Choi K C. Effects of tai chi qigong on psychosocial well-being among hidden elderly, using elderly neighborhood volunteer approach: a pilot randomized controlled trial [J]. Clinical Interventions in Aging, 2017, 12: 85.

在进行的研究和未发表研究的信息。

检索词：老人（老年人/older＊/elder＊/senior＊/aged/geriatric）、社会孤立（隔绝/social isolation/isolation）、孤独（loneliness/lone）、随机对照试验（explanatory trial/pragmatic trial/randomized controlled trial/RCT）、干预（intervention）。检索式：（older＊or elder＊or senior＊or aged or geriatric）AND（social isolation OR isolation OR loneliness）AND（explanatory trial OR pragmatic trial OR randomized controlled trial OR RCT）。

2. 纳入与排除标准

纳入标准：①老年人年龄在 50 岁以上（不包括 50 岁），无精神疾病或认知障碍；②干预目的是缓解老年人社会孤立或孤独感；③有规范且可信的研究目标，并有报告社会孤立干预效果的结论和数据；④采用随机对照试验；⑤文章语言为中文或英文。

排除标准：①未报告社会孤立变化的孤独干预试验；②药物试验。

3. 质量评价方法

两位研究者（FT 和 ZC）根据文献题目、摘要和全文，筛选出符合纳入标准的研究。对于不确定的文献，由第三位研究者（FF）阅读摘要进而确定，如产生观点分歧，纳入具体讨论后再确定。

本文由于纳入的干预措施和结论数据存在异质性，不能使用 Meta 分析进行定量数据分析，故采用定性系统评价的方法分析干预措施的效果。在开放式随机对照试验的质量评价中，JADAD 标准过于注重盲法和随机序列，Cochrane 偏倚风险工具更加适宜[①]。因此，本文根据 Cochrane 偏倚风险，对随机对照试验的质量和偏倚风险等级进行甄别，再采用 JADAD 的评分原则对整体研究质量进行评分。Cochrane 偏倚风险工具评估原则涉及 6 个方面：选择偏倚，实施偏倚，测量偏倚，数据偏倚，发表偏倚和其他偏

---

① Jie M, Ying L, Laiping Z, et al. Application and comparison of Jadad scale and Cochrane bias risk assessment tool in quality evaluation of randomized controlled trials [J]. China Journal of Oral and Maxillofacial Surgery, 2012, 10: 417-22.

倚①。从是否按随机序列进行选择，是否按分配隐藏进行选择，是否按盲法进行实施和测量，数据是否完整，分析是否全面，是否有其他偏倚，这6个方面对纳入文章进行评判，以确保证据整体质量。对每一篇纳入文献的三种评价（是/否/不清楚）进行计分，"是"为2分，"不清楚"为1分，"否"不得分。总计得分分成三段，0~4分，5~8分，9~12分，分别表示整体偏倚风险"高""中""低"。研究的整体偏倚风险评分将据此原则分为"高""中""低"三个水平。本系统评价报告依据PRISMA声明标准②。

（二）结果

1. 检索结果

根据文献检索方法搜索相关文章489篇，排除题目或摘要不符合选择标准的381篇，再通过对余下108篇文献进行全文阅读筛选，最终纳入24篇文献进行研究（见图5-5）。

---

① Higgins J P T, Altman D G, Gøtzsche P C, et al. The Cochrane Collaboration's tool for assessing risk of bias in randomised trials ［J］. Bmj, 2011, 343.

② Moher D, Liberati A, Tetzlaff J, et al. Preferred Reporting Items for Systematic Reviews and Meta-Analyses：The PRISMA Statement ［J］. Annals of Internal Medicine, 2009, 151（4）：264-269.

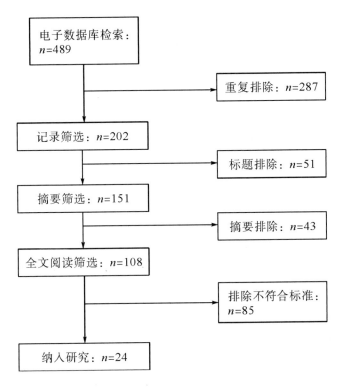

图 5-5 老年人社会孤立干预措施的随机对照研究文献筛选流程图

2. 纳入研究情况

共纳入 24 项随机对照试验研究，共计 3 548 名干预对象，每个研究涉及 26~741 位干预对象。

在干预形式上，主要分为团体干预、个体干预和混合干预 3 类。其中，13 项为团体干预，7 项为个体干预，4 项为混合干预。在三种干预形式中，又可细分为 7 种子类型：提供干预活动、团体干预培训支持、远程服务中的团体干预、面对面的个体干预、远程服务中的个体干预、远程服务中的混合干预和混合访谈干预。其中 7 项提供干预活动，5 项为团体干预训练支持①②③④⑤，1 项为远程服务中的团体干预⑥，3 项采用面对面的个人干预⑦⑧⑨，4 项为远程服务研究中的个人干预，2 项为远程服务研究中的混

① Saito, T., Kai, I., Takizawa, A. Effects of a program to prevent social isolation on loneliness, depression, and subjective well-being of elder adults: a randomized trial among elder migrants in Japan. Archives of Gerontology and Geriatrics, 55, 539-47. doi: 10. 1016/j. archger. 2012. 04. 002.

② Kremers I P, Steverink N, Albersnagel F A, et al. Improved self-management ability and well-being in older women after a short group intervention [J]. Aging & mental health, 2006, 10 (5): 476-484.

③ Savelkoul M, de Witte L P. Mutual support groups in rheumatic diseases: Effects and participants' perceptions. Arthritis Rheum, 51, 605-608. doi: 10. 1002/art. 20538.

④ Fukui S, Koike M, Ooba A, et al. The effect of a psychosocial group intervention on loneliness and social support for Japanese women with primary breast cancer. Oncology Nursing Forum, 30, 823-830. doi: 10. 1188/03. ONF. 823-830.

⑤ Bøen H, Dalgard O S, Johansen R, et al. A randomized controlled trial of a senior centre group programme for increasing social support and preventing depression in elderly people living at home in Norway. BMC geriatrics, 12, 20-20. doi: 10. 1186/1471-2318-12-20.

⑥ White H, McConnell E, Clipp E, et al. A randomized controlled trial of the psychosocial impact of providing internet training and access to elder adults. Aging & Mental Health, 6, 213-221. doi: 10. 1080/13607860220142422.

⑦ Yi J N, Chen L Q, Jia S M, et al. The influence of community nurse led general practitioner team home visiting service on the psychological status of elderly people living in the elderly. Nursing Research, 26, 975-978. doi: 10. 3969/j. issn. 1009-6493. 2012. 11. 006.

⑧ Schulz R. Effects of control and predictability on the physical and psychological well-being of the institutionalized aged. Journal of personality and social psychology, 33, 563-573. doi: 10. 1037/0022-3514. 33. 5. 563.

⑨ MacIntyre I, Corradetti P, Roberts J, et al. Pilot study of a visitor volunteer programme for community elderly people receiving home health care. Health & Social Care in the Community, 7, 225-232. doi: 10. 1046/j. 1365-2524. 1999. 00178.

合干预①，2 项为混合访谈干预研究②③。

在干预的时间和频率方面，多数干预频率较为规律，每周 1~2 次。且多数干预措施从六周持续到一年，其中 1 项研究持续了五年④，1 项研究没有详细说明干预频率信息⑤。从干预对象来看，对象包括照顾者、残疾人、老年人家庭以及独自生活在社区的老年人。只有 50%（12/24）的研究专门集中在社会孤立或孤独感上，其余的研究则是对变量的二次或间接观察。干预措施实施者包括卫生专员，专业社会工作者，教师，学生⑥，或是专家。1 项研究涉及上述所有工作人员，1 项研究没有说明其实施者身份⑦。

在对照干预措施方面，多数控制措施包括：设置控制研究，常规护理，

① Mountain G, Hind D, Gossage-Worrall R, et al. 'Putting Life in Years' (PLINY) telephone friendship groups research study: pilot randomised controlled trial. Trails, 15, 141. doi: 10. 1186/1745-6215-15-14.

② Hang R H, Liu X M, Feng L P, et al. The effects of psychological intervention on the community Empty Nester the symptoms of depression, loneliness and happiness . China Journal of Gerontology, 31, 2723-2725. doi: 10. 3969/j. issn. 1005-9202. 2011. 14. 054.

③ Drentea P, Clay O J, Roth D L, et al. Predictors of improvement in social support: Five-year effects of a structured intervention for caregivers of spouses with Alzheimer's disease [J]. Social science & medicine, 2006, 63（4）: 957-967.

④ Drentea P, Clay O J, Roth D L, et al. Predictors of improvement in social support: Five-year effects of a structured intervention for caregivers of spouses with Alzheimer's disease [J]. Social science & medicine, 2006, 63（4）: 957-967.

⑤ Heller K, Thompson M G, Trueba P E, et al. Peer support telephone dyads for elderly women: Was this the wrong intervention? [J]. American journal of community psychology, 1991, 19（1）: 53-74.

⑥ Constantino R E. Comparison of two group interventions for the bereaved [J]. Image: The Journal of Nursing Scholarship, 1988, 20（2）: 83-87.

⑦ Harris JE, Bodden JL. An activity group experience for disengaged elderly persons [J]. Journal of Counseling Psychology, 1978, 25（4）: 325-330.

等待名单。其中 4 项研究使用了多种交叉干预①②，6 项研究进行了远程干预。另外，在基线测评后 6 个月至 3 年期间，有 7 项研究只进行了 1 次随访，13 项研究在干预后 2 年内有 2~4 次随访。其中 1 项研究在 5 年中收集了 11 次随访数据。

研究具体情况见表 5-3。

表 5-3　基于 PICOSS 的纳入研究特征分类情况

作者，时间（国家）	参与者	干预措施		对照措施	结果	证据环境
		方法	细节			
Harris 等，1978（美国）	102 例社区居住的失能老人；平均年龄 77	团体干预活动	各种小组活动，每周 2h，6 周.	常规干预	芝加哥社会活动量表	社区/公共场所
Constantino，1988（美国）	150 名丧偶妇女（I 150/I 250/C 50）平均年龄 58	团体干预活动	①丧偶危机干预，学校提供每周 1.5 小时，关于既定主题小组讨论，持续 6 周②社会适应干预，每周 1 次既定场地的既定活动，持续 6 周	未描述	RSAS，E（DACL）	学校/既定场所
Lökk③，1990	65 名社区居住的失能老年人（I 33/C 32）平均年龄 76/78 女性比例 52%/50%	团体干预活动	讨论小组及目标型标准恢复项目，每周 2 次，持续 12 周	标准恢复项目	户外活动指数，社会网络指数	照护中心
Ollonqvist 等，2008（芬兰）	708 名社区老年人（I 343 /C 365）平均年龄 78 女性比例 85%/87%	团体干预活动	住院康复，包括组织体育活动、小组讨论和演讲，持续 8 个月	无干预	孤独感，对与孩子接触的满意度，朋友和亲戚的数量	康复中心

①　Schulz R. Effects of control and predictability on the physical and psychological well-being of the institutionalized aged [J]. Journal of personality and social psychology, 1976, 33 (5)：563.

②　Slegers K, Van Boxtel M P J, et al. Effects of computer training and Internet usage on the well-being and quality of life of older adults：a randomized, controlled study [J]. The journals of gerontology series B：Psychological sciences and social sciences, 2008, 63 (3)：176-184.

③　Lökk J. Emotional and social effects of a controlled intervention study in a day-care unit for elderly patients [J]. Scandinavian journal of primary health care, 1990, 8 (3)：165-172.

表5-3(续)

作者,时间(国家)	参与者	干预措施		对照措施	结果	证据环境
		方法	细节			
Routasalo et al., 2009(芬兰)	235名社区居住有孤独偏向的老年人(I 117/C 118)平均年龄80 女性比例74%/73%	团体干预活动	社会心理专业团体照护,包括艺术展演,鼓舞活动,锻炼和讨论,治疗性写作和团体治疗,每周1次,持续3月	无干预	UCLA,Lubben's社会网络量表,以及社会活动和心理健康状态	社区中心/公共场所
Black, et al. 2014(美国)	26名孤独量表大于40分的打太极的老人	团体干预活动	小组服务,每周2小时内进行12周的项目	未描述	心理压力量表,社会网络指数	社区
Chan, et al. 2017(香港)	48名不参加任何社会活动的老人;平均年龄:77.3 女性比例76%	团体干预活动	为期3个月的太极气功课程,每周训练两次,每次60分钟,其间积极参加社会志愿活动	社会工作者定期家访	Lubben's社会网络量表,De Jong Gieveld's孤独量表,社会支持问卷	家庭/社区
Fukui et al., 2003(日本)	50名乳腺癌早期女性 I 25 / C 25 平均年龄53	团体干预培训支持	由社会心理干预公司在医院提供健康教育,涉及社会应对技巧,压力管理等,6~10人的3个小组,每周1.5小时,持续6周	候选干预措施	UCLA,问卷调查	医院
Savelkoul et al., 2004(挪威)	168名慢性风湿性患者(I 56/C1 56/C2 56)平均年龄53/52/51 女性比例77%/59%/73%	团体干预培训支持	社会应对教育,以提升社会支持渠道,每组10~12人,每周10次,持续13周	互助组,每组10~12人,每周10次,持续13周	de Jong Gieveld,社会支持交互表	不清楚
Kremers①et al., 2006(挪威)	142社区单身妇女(I 63/C 79)平均年龄63/66	团体干预培训支持	社会技能培训,每周6次,每次2.5小时	无干预	de Jong Gieveld	不清楚

① Kremers IP, Steverink N, Albersnagel FA, et al. Improved self-management ability and well-being in older women after a short group intervention [J]. Aging & mental health, 2006, 10(5): 476-484.

表5-3(续)

作者,时间(国家)	参与者	干预措施		对照措施	结果	证据环境
		方法	细节			
Bøen et al., 2012(挪威)	138名来自14个老年中心的老年人(I 77/C 61)干预组80岁占60%,对照组80+占50%女性比例60%/55%	团体干预培训支持	以老年中心为依托的社会支持服务,包括交通,用餐,体育活动等,以及小组会议,每次3小时,1年35~38次,持续1年	无干预/日常活动	SF-36, CES-D, HSCL-10	老年中心
Saito et al., 2012(日本)	63名移居后定居2年以上的老年人(I 42/C 21)平均年龄73/73女性比例60%/70%	团体干预培训支持	教育培训,认知干预,社会支持等综合措施,每2周1次,每次2小时,为期6个月	Waiting list	LSI-A, GDS, AOK,以及孤独感量表和社会支持情况等	既定公共场所
White et al., 2002(美国)	100名养老院和集中居住的老年人(I 51/C 49)平均年龄71/72女性比例71%/82%	团体干预远程服务	远程服务,每两周培训9小时,持续5个月	常规照护	UCLA,密友数量, CES	疗养院/聚集住房
Schulz, 1976(美国)	40名教堂附属私人养老院居民(I1 10/I2 10/C1 10, C2 10)平均年龄85/80/83/78女性比例90%	个体干预访谈	频率与内容既定的家庭访问,持续2周	①没有预先告知的随机访问,持续两周②无干预	活动指数,Wohlford希望量表	养老院
Maclntyre et al., 1999(加拿大)	26名家庭护理或家政服务受益者(I 15/C 11)平均年龄80/79女性比例58%/80%	个体干预访谈	经双方同意的志愿者家庭访问,每周3小时,持续6周	常规干预	个人资源问卷调查	私人住宅
Yi et al., 2012(中国)	144名社区高龄居家老年人(I 74/C 70)平均年龄85/84女性比例80%/76%	个体干预访谈	护士团队家访服务,前3个月每周1次,第4个月至第6个月2周1次,每人30 min左右,电话随访贯穿干预始终.	根据需求上门服务	GDS-15, UCLA	私人住宅
Heller et al., 1991(美国)	565名低收入家庭女性(I 291/C 274)	个体干预远程服务	员工或同龄人电话访问,持续10~30周	无干预	Paloutzian &Ellison孤独量表, CES-D, SSRS	私人住宅

表5-3(续)

作者，时间（国家）	参与者	干预措施		对照措施	结果	证据环境
		方法	细节			
Brennan et al., 1995（美国）	102 名社区居住的阿尔茨海默氏症病（AD）患者（I 51/ C 51）平均年龄 64 女性比例 67%	个体干预远程服务	为 AD 照护者提供服务和网络支持，90 分钟培训，随后提供网络在线支持及电话服务，持续 12 月	当地社区服务	CES-D，器械及情感社会支持量表，社会接触与医疗服务记录等	私人住宅
Morrow et al., 1998（美国）	61 名有自杀倾向的老年人（I30/C31）平均年龄 76 女性比例 85%	个体干预远程服务	电话危机干预，包括提供社会服务信息，支持治疗和其他协助服务，每周 1 次，持续 8 个月	Waiting list	GDS，OARS，社会孤立状态（社会化满意度，电话次数，访友次数，感觉孤独次数）	私人住宅
Slegers et al., 2008（挪威）	107 名无上网经验的社区老年人（I 62/ C1 45/ C2 68/C3 61）	个体干预远程服务	远程服务，每次 4 小时，每 2 周 1 次，持续 12 月	未接受远程服务	de Jong Gierveld，SF-36，症状检查列表的抑郁分量表和焦虑分量表	私人住宅
Mountain et al., 2014（英国）	70 名具有良好认知功能的独立生活在英国某城市的居民 女性比率 I（66%）/ C（51%）	远程服务中的混合干预	在一个训练有素的志愿者协调员的带领下，进行为期 6 周的面对面简短电话交谈，之后是长达 12 周的 6 名参与者的小组电话交谈	未描述	SF-36，MH	家庭
Czaja et al., 2017（美国）	300 名有社会隔离风险的老年人 平均年龄 I(76.9)/C(75.3) 妇女比例 I(79.3%)/C(76.7%)	远程服务中的混合干预	在 6~12 个月的服务期间，通过电话视频调查参与者的听觉、视觉或相关的情况。包括对计算机的熟练程度和对技术的态度	类似于 FRISM 的一种区别认知障碍与非认知障碍的笔记本	社会隔离指数，社会支持指数，计算机熟练程度指数和对技术的态度	私人住宅
Drentea et al., 2006（美国）	183 名阿尔茨海默病（AD）患者（I 94/ C 89）平均年龄 73/71 女性比例 58%/66%	混合干预	小组咨询支持、个人和家庭辅导等，持续 4 个月，后续小组支持团体和单独辅导持续 5 年	常规治疗	SSNL，社会支持满意度	私人住宅

第五章　证据的合成 189

表5-3(续)

作者，时间（国家）	参与者	干预措施		对照措施	结果	证据环境
		方法	细节			
Hang et al., 2011（中国）	有80名空巢老年患者有抑郁症状，I（40）/C（40）平均年龄I（72）/C（71）女性比例I(58%)/C(50%)	混合干预	①团体心理辅导包括讲座和治疗小组，每月2次，每次时间2小时。②个体心理干预包括支持性心理治疗，每周1次，每次50分钟；行为治疗每次30分钟，每日1次；认知干预	无干预	GDS，UCLA，Munsh	社区（小组）/私人住宅（个体）

注：1. I（N）为干预组（N），C（N）为对照组（N）；N为对象数或比例；受试者为基线或预测干预次数。

2. BDI为社会适应量表；DACL为杜克抑郁量表；E为抑郁形容词检查表；GDS为老年抑郁量表；SF为短形式健康调查；CES-D、CES-D、HSCL为心理症状自评量表；OARS为杜克大学表；SSNL为社会网络量表；LSI-A为生活满意度指数自评量表；AOK为孤独量表；MUNSH为纪念纽芬兰大学幸福量表。

3. 纳入研究质量分析

使用Cochrane风险偏倚工具判断风险评分（见表5-4）。6项研究被归类为低偏倚风险，2项研究被归类为高偏倚风险，其余16项研究被评为中度偏倚风险。2项高偏倚风险研究将不被继续讨论。

表5-4 基于Cochrane偏倚风险测量工具的纳入研究质量评价

作者	随机序列	分配隐藏	盲法	数据完整性	分析全面性	无其他偏倚	计分
Ollonqvist et al., 2008	是	是	是	不清楚	是	是	11
Savelkoul et al., 2004	不清楚	是	是	是	是	是	11
Chan et al., 2017	是	不清楚	是	是	是	不清楚	10
Routasalo et al., 2009	是	是	不清楚	不清楚	是	是	10
Bøen et al., 2012	不清楚	是	不清楚	是	是	是	10
Fukui et al., 2003	不清楚	不清楚	不清楚	是	是	是	9
Mountain et al., 2014	是	不清楚	没有	是	是	是	9
Black, et al., 2014	是	不清楚	不清楚	是	是	没有	8

表5-4(续)

作者	随机序列	分配隐藏	盲法	数据完整性	分析全面性	无其他偏倚	计分
Czaja et al., 2017	是	是	不清楚	不清楚	是	没有	8
Constantino, 1988	是	没有	不清楚	不清楚	是	是	8
Saito et al., 2012	不清楚	不清楚	没有	是	是	是	8
White et al., 2002	不清楚	不清楚	不清楚	是	是	不清楚	8
MacIntyre et al., 1999	不清楚	不清楚	不清楚	是	是	不清楚	8
Kremers et al., 2006	不清楚	不清楚	不清楚	不清楚	是	是	8
Lökk, 1990	不清楚	不清楚	不清楚	不清楚	是	是	8
Heller et al., 1991	不清楚	不清楚	不清楚	不清楚	是	是	7
Drentea et al., 2006	不清楚	不清楚	不清楚	不清楚	是	是	8
Brennan et al., 1995	不清楚	不清楚	没有	是	是	不清楚	7
Harris et al., 1978	不清楚	不清楚	不清楚	不清楚	是	不清楚	7
Yi et al., 2012	是	不清楚	不清楚	不清楚	没有	没有	7
Slegers et al., 2008	没有	不清楚	不清楚	是	是	没有	6
Morrow et al., 1998	不清楚	不清楚	不清楚	是	没有	不清楚	6
Hang et al., 2011	不清楚	不清楚	没有	是	没有	没有	4
Schulz, 1976	不清楚	不清楚	不清楚	不清楚	没有	没有	4

4. 不同干预特征下的干预效果分析

整体而言，22 项干预研究中有 16 项至少在一个维度上呈现出对社会孤立状态的改善效果。由于各历史时期的研究对社会孤立的定义不同，对于以单项形式报告社会孤立情况变化的研究结论，将归入"社会孤立"项；对于以多项形式呈现社会孤立情况变化的研究结论，例如"情感或心理支持""设备支持（工具性支持）"等，将依照"结构性社会支持"和"功能性社会支持"的原则，归入此二项（见表5-5）。

表 5-5　纳入研究的显著性特征表

作者，时间（国家）	干预方法	偏倚风险	孤独感	结构性社会支持	功能性社会支持	备注
Harris & Bodden, 1978（美国）	团体干预活动	中	–	Y	–	6 周内社会孤立情况改善
Constantin et al., 1988（美国）	团体干预活动	中	–	Y	–	12 月内，社会孤立情况改善，特别在第 6 周时；所有时间段，干预组效果优于受控组
Lökk, 1990（瑞士）	团体干预活动	中	N	Y	Y	第 6 周测得，社会网络拓宽；第 12 周测得，效果消失；第 24 周测得，密友增加
Ollonqvist et al., 2008（芬兰）	团体干预活动	低	N	N	–	12 个月内，干预组参与者感到孤独的比例减少
Routasalo et al., 2009（芬兰）	团体干预活动	低		Y	–	12 个月内，朋友数量增加
Black et al., 2014（美国）	团体干预活动	中	Y	Y	–	研究显示，TCC 有可能降低孤独老年人的压力水平，并减缓一个关键因子的增长。
Chan et al., 2017（中国）	团体干预活动	低	Y	Y	Y	孤独量表得分有了更大的改善
Fukui et al., 2003（日本）	团体干预培训支持	低	Y	Y	Y	6 个月内，孤独感减轻，自信增强，互助满意度提高
Savelkoul et al., 2004（挪威）	团体干预培训支持	低	N	N	–	6 个月内，仅社会技能增强，而孤独感、社会网络和幸福感均无改善
Bøen et al., 2012（挪威）	团体干预培训支持	低	–	–	Y	12 个月内，社会支持显著改善，抑郁感增加，生活满意度下降；干预组均好于对照组，健康状况无改变
Kremers et al., 2006（挪威）	团体干预培训支持	低	Y	Y	–	6 个月内，总体效果和情感孤立无改善；第 6 周社会孤立改善；第 6 月内效果消失
Saito et al., 2012（日本）	团体干预培训支持	低	N	Y	Y	6 月内，社会支持增加，社会联系与社会活动改善不明显，社区服务熟悉感增加，孤独感增加，抑郁感无改变

表5-5(续)

作者, 时间 (国家)	干预方法	偏倚风险	孤独感	结构性社会支持	功能性社会支持	备注
White 等, 2002 (美国)	团体干预远程服务	低	N	N	–	5个月内, 孤独感无改善, 密友数量无变化
MacIntyre 等, 1999 (加拿大)	个体干预访谈	低	–	Y	N	6周内, 社会融入增强, 亲密感等无改善
Yi et al., 2012 (中国)	个体干预访谈	低	Y	–	Y	6个月内, 孤独感、抑郁感均有明显改善, 亲属联系增加
Heller et al., 1991 (美国)	个体干预远程服务	低	N	–	N	20或30周内, 孤独感无改善, 朋友和亲属支持无改善
Brennan et al., 1995 (美国)	个体干预远程服务	低	N	–	–	12个月内, 社会孤独感无效果
Morrow et al., 1998 (美国)	个体干预远程服务	低	N	Y	N	4个月内, 社会联系增加, 但社会化满意度无改善, 8个月内未满足需求下降
Slegers et al., 2008 (挪威)	个体干预远程服务	低	N	N	–	12个月内, 对比所有三个受控组, 孤独感或社会网络范围无改善
Mountain et al., 2014 (英国)	远程服务中的混合干预	低	N	Y	–	
Czaja et al., 2017 (美国)	远程服务中的混合干预	中	Y	Y	–	使用PRISM等技术应用程序可以增强老年人的社会联系, 减少老年人的孤独感
Drentea et al., 2006 (美国)	混合干预	低	–	–	Y	5年内, 社会支持满意度提升

注: –为无报告; Y为有统计学意义 ($P<0.05$); N无统计学意义 ($P=0.05$)。

　　首先, 从干预方法上来看, 7项团体干预活动中有6项对改善结构性社会支持呈显著效果, 且采取多种形式的干预措施。但1项低风险体育锻炼研究表明, 孤独感和结构性社会支持没有明显改善[1], 而太极体育锻炼

————————

[1] Ollonqvist K, Palkeinen H, Aaltonen T, et al. Alleviating loneliness among frail older people-findings from a randomised controlled trial [J]. International Journal of Mental Health Promotion, 2008, 10 (2): 26-34.

显示效果明显①。以功能性社会支持指标为重点的 3 项干预训练呈现了显著的改善。4 项结构性社会支持研究报告中有 2/4 的患者无改善效果或效果随时间消失，而报告有显著效果的研究样本量偏小。早期对远程服务进行的中度风险偏倚组干预没有发现改善，而另 1 项混合远程服务干预对结构性社会支持产生了影响。2 项涉及面对面访谈的个别研究表明，结构性社会支持有了显著改善。参与远程服务研究的 4 名老年人②③（2010 年之前）之一对结构性社会支持表现出改善效果，但随访效果很短。通过混合干预进行的 2 项中度风险偏倚的研究表明，功能性社会支持有所改善。

其次，干预的外部环境也是影响干预实施效果的重要因素，比如干预措施提供者，干预的场所和干预对象。领域专家提供的 6 种干预措施中，有 5 种呈现改善效果。卫生或社会工作者提供的 10 项干预措施中有 7 项呈现改善效果。教育界人士或学生提供的 4 项干预措施都呈现改善效果。另外，1 项研究的实施者涵盖了多种身份人员，但并非所有研究都准确描述了干预措施提供者信息④。

再次，在干预实施场所方面，有 6 项研究是在学校或公共场所进行，在 1~2 个维度均呈现改善效果。7 个研究来自专业治疗机构场所的干预研究（如老年中心、康复中心、医院等），其中有 5 个干预研究在 1~3 个维度上呈现改善效果。在 10 项个人住所研究中，只有 4 个干预研究在 1 个维度上呈现出改善效果。有 2 项研究没有提供实施环境的情况。此外，针对有社会孤立或孤独感对象人群的研究在各个维度改善效果较好。相比之

---

① Black D S, Irwin M R, Olmstead R, et al. Tai chi meditation effects on nuclear factor −κB signaling in lonely older adults: a randomized controlled trial [J]. Psychotherapy and psychosomatics, 2014, 83 (5): 315.

② Morrow-Howell N, Becker-Kemppainen S, Judy L. Evaluating an intervention for the elderly at increased risk of suicide [J]. Research on Social Work Practice, 1998, 8 (1): 28 −46.

③ Brennan P F, Moore S M, Smyth K A. The effects of a special computer network on caregivers of persons with Alzheimer's disease [J]. Nursing research, 1995.

④ Harris J E, Bodden J L. An activity group experience for disengaged elderly persons [J]. Journal of Counseling Psychology, 1978, 25 (4): 325.

下，目标群体针对性不强的研究改善效果要差一些。

最后，从时间和地区上来看，研究的整体质量随着发表时间推移不断提高。2000 年前的 8 项干预研究中，有 7 项被评为中度风险。2000 年之后，在 16 项研究中，8 项为中度偏倚风险，其中 7 项为低偏倚风险。在所有的研究中，只有 3 项来自中国大陆的研究，其中 1 项属于高风险偏倚。其他同类研究中美国最多，有 15 项，而低风险偏倚研究大多来自挪威和芬兰①。

（三）讨论

本研究发现，团体活动干预和个体访谈干预能有效改善老年人结构性社会支持；混合干预和团体干预对于改善老年人功能性社会支持效果显著，远程服务干预效果次之。同时，在社会公共场所的干预效果更好，准确定位干预对象问题的干预效果更加明显，专业人员比学生和教师提供了更好的干预。由此可见，为社会孤立老年人提供有效干预可以改善其结构性社会支持和功能性社会支持，减缓其孤独感和社会孤立，促进老年人健康。在实验研究中，解决社会孤立的干预措施多种多样。虽然实验设计并不总是可行的或被接受的，但这种研究可以为实施过程和评估报告提供科学规范的参考，促进随机对照试验的使用，提高设计水平，规范研究过程，提高证据质量，为决策提供参考。对此，我们提倡专业人士在日常生活领域，而不是在家庭环境中为老年人提供面对面的干预服务，建议在智能终端中开发更有效的远程干预措施，以取得更好的效果。

此外，在现实生活中，个性偏好在影响老年人的社会交往方面作用相当明显，喜欢独处的老年人更有可能处于社会孤立状态。不同生活条件的老年人社会孤立的发生率也不同，丧偶、低收入和健康状况差的老年人更

---

① Routasalo P E, Tilvis R S, Kautiainen H, et al. Effects of psychosocial group rehabilitation on social functioning, loneliness and well-being of lonely, older people: randomized controlled trial [J]. Journal of advanced nursing, 2009, 65 (2): 297-305.

容易感到孤独和社会孤立。另外，年龄的增长也会使老年人脱离社会交往，倾向于更加的孤立。因此，在设计实施社会孤立干预时，需要因地制宜考虑老年人的个人偏好、生活状态和生理特征，并进行相应的调整，以提高干预服务的有效性。

在政策层面，建立社会支持体系迫在眉睫[①]。随着计划生育政策的推进，人口老龄化日趋严重，已逐渐形成"4-2-1"或"4-2-2"家庭模式。家庭养老支持功能被大大削弱，特别是老年人的社会交往和精神慰藉方面常常得不到满足。因此，有必要建立社区养老服务平台，大力发展专业社会工作，与研究机构合作获取科学证据，以正确干预老年人的社会孤立问题，改善老年人身心健康以及生活质量，促进我国人口健康老龄化。

（四）结论与展望

本书纳入文献的干预对象的定义是50岁以上已出现社会孤立或呈现孤独感的老年人，但由于相关研究对社会孤立概念没有规范统一的定义，所以可能存在纳入偏倚。尽管纳入标准为减轻社会孤立或孤独感的研究，但只有12/24项研究专门解决了这个问题。其余研究由于目标对象的其他特征因素，可能存在社会孤立或孤独感的潜在评估风险。同时，限制研究语言为英语和中文可能会增加纳入偏倚，各历史时期研究的质量与表达形式参差不齐也限制了本研究质量。由于研究对象的异质性，采用定量方法和Meta分析是不合适的，所以一些研究进行了定性报告，而不是定量数据。此外，该领域的大多数随机对照试验研究都来自发达国家，国内的随机对照试验研究证据非常缺乏，未来的研究不仅需要丰富原始证据，特别是针对长期照护老人的原始证据，还需要在系统研究的思路上更加细化，例如，可以针对某一类型的干预，采用Meta方法量化研究干预效果。另外，

① Liu Z R, Ni J. Relevant factors and countermeasures of loneliness among urban elderly. Journal of Anhui Journal of preventive medicine, 8, 326-328. doi: 10.3969/j. issn. 1672 -6634. 2001. 02. 030

由于芬兰、挪威、美国等发达国家与我国的法定组织或自愿服务团体组织迥异，因此研究结论在中国的适用性有待进一步验证。

一方面，处于社会孤立状态的老年人，特别是长期照护老人还面临着更多的健康问题和福祉困境，如生活满意度差、产生抑郁倾向以及希望感降低等。另一方面，已有减少老年人，特别是长期照护老人社会孤立和孤独感的干预措施研究，并进行了分析和描述。因此，本研究的目的是总结和更新针对老年人社会隔离和孤独感的有效干预措施。总体而言，本研究所包括的研究样本评估表明，不同类型的干预措施在不同的社会支持维度上是有效的，且在社会公共场所对服务对象进行精确定位的干预效果更为明显，而专业人员的干预效果优于学校人员。本研究结果为未来干预提供了经验证据，以推进基于理论的干预设计和评估，促进对老年人，特别是长期照护老人社会孤立或孤独感的有效干预。

第六章

证据指南与转化
——以准实验研究为例

一、社会工作介入老人长期照护主要干预措施的证据指南

根据前章所述，目前我国的社会功能工作介入老人长期照护的措施或手段主要包括：社区康娱活动、家访探视服务、认知行为干预、支持性心理治疗和社会支持网络。本章结合前章整合梳理的证据为基础，对这些干预措施进行了证据化处理，编制了相关证据指南。也就是说，可以依托相关科学证据开展这几类服务进而使得干预更加的有效化、标准化和科学化。

（一）社区康娱活动

我国的社会养老服务体系建设以"居家为基础、社区为依托、机构为支撑"，因此，社会工作者专业介入服务大多以社区为中心，辐射居家、机构等层面的老年群体。社区康娱活动拥有不同的干预方法，可以对正常老年人、老年高血压患者、运动障碍患者、认知障碍患者、阿尔茨海默病患者以及疾病康复期患者起到作用。

提供社区康娱活动服务在当下对于社会工作者的专业要求并不算太高，往往社会工作者、护士、康复师甚至是家人经过简单的活动流程的训练就足以掌握已有的证据并开展对应的活动，可以在社会工作者的带领下有效形成高质量的服务，在现有证据中往往一些看似操作简便的方法就能够同样起到一定的干预效果。在实务过程中，借助一些有趣的活动，社会工作者可以参考现有证据，设计出符合服务对象自身特点的可行计划，这种服务活动的设计区别于盲目的活动设计，其效果得到了科学方法的检验。

从全球证据科学的角度对国内现有常见社会工作服务措施进行证据指南，对社区康娱活动服务进行了证据化处理，整体来看包含了使用太极拳、音乐、艺术、游戏、园艺等7种方式的高质量证据，这些证据可以说明面对不同生理状态的老年人采取与其对应的方式可以有效解决其某种问题（见表6-1）。如太极拳对于老年人防跌倒、改善膝关节骨性关节炎症状及增强运动能力有较为可信的证据；音乐疗法更适用于改善老人焦虑、抑郁以及睡眠障碍等现象，调节老年性高血压患者血压和精神状态；而游戏疗法则更倾向于对轻度阿尔茨海默病患者认知功能、主观幸福感、记忆力、注意计算力与语言能力的改善。种种证据经过整理，形成了相应的证据指引，在实践层面可以对服务的长期照护老人的实际情况、所需条件、证据质量、证据成本等因素进行综合考量，将证据用于实践。有助于更好地解决长期照护老人的具体问题，提升为其提供的服务水平，进而促进老人的生活质量的显著提高，以实现专业服务的专业价值。

表 6-1 社区康娱活动证据指南

证据名称	证据来源	长期老人特征	实施类型（个案/小组/预防/治疗）	实施内容	证据环境	实施频次及周期	证据成效	结局指标	证据质量	证据成本
太极拳运动	①宋咪，徐月，宋杰，等（2020）；②李静雅，程亮（2019）	各种老年人均可	无限制预防	各类型太极拳	户外、室内活动空间均可	接受3~12个月的太极训练或是太极加跌倒相关健康教育，太极拳流派未进行限定，干预频率30~60分钟/次，每周1~6次	①老年防跌倒；②改善膝关节骨性关节炎老人症状及增强运动能力	跌倒风险、WOMAC、6MWT、TUG、TUDS	低风险	低
音乐疗法	①苏小妹（2016）；②回金凯，王昭君，郭琪，孙兆元（2013）；③唐仕友，许云华，李进，等（2011）	①生活能够自理、无严重内外科疾病、能独立运动训练的65岁以上老人；②老年性高血压患者；③老年抑郁症患者	无限制或小组治疗	合唱、音乐欣赏、乐器演奏、感想交流等	①无限制试实施环境；②宽敞、舒适，配有沙发、茶几及各种报刊、书籍，墙上张贴各个年代的伟人照片及画报治疗室	参加1次/周，50分钟/次的集体音乐活动如歌唱、鉴赏等，或每天清晨和中午听喜欢的歌曲半小时，持续3~12个月	①老人的运动能力、抑郁状况，以及运动训练参加率的影响；②调节老年性高血压患者血压和精神状态的效果；③治疗老年抑郁症，缩短起效时间，减少不良反应发生率	①2分钟步行距离、握力、GDS-15；②平均收缩压和平均舒张压、GDS-15；③HAMD-17、TESS	低风险	低

表6-1(续)

证据名称	证据来源	长期老人特征	实施类型(个案/小组/预防/治疗)	实施内容	证据环境	实施频次及周期	证据成效	结局指标	证据质量	证据成本
艺术治疗	金环,熊莉娟,胡莉萍(2011)	意识清楚,能进行正常交流的老年癌症患者	无限制治疗	积极艺术治疗,形式包括游戏、音乐、舞蹈、绘画及文学艺术治疗等,治疗前,经专业培训的护理人员介绍积极艺术治疗的相关内容,根据老人的兴趣爱好,有重点地进行个性化治疗	在具有多媒体的大教室进行	每周一、四下午,每次1小时,连续6周共12次,因故不能参加者,护理人员抽时间予以单独辅导	手术或放化疗癌症患者老年人生活质量提升	SF-36	低风险	中
虚拟运动游戏	曾杜纯,叶祥明,谭同才,等(2020)	老年糖尿病患者	无限制预防	虚拟运动游戏训练;盖房游戏、潜水游戏、跌落游戏、跑酷游戏	室内设备场地	虚拟运动游戏训练:每次治疗35分钟,每天1次,每周5天,共6周。	老年人平衡功能和跌倒风险的影响	TUGT、BBS、PST、LOST、FRT、COP	中风险	中
游戏疗法	① 陈翠芳(2012);② 安然,罗园,刘美子,等(2022)	阿尔茨海默病患者	无限制治疗	游戏疗法:益智类游戏、记忆类游戏、协调类游戏、精细类游戏、综合类游戏等、体感互动游戏,包括但不限于使用 Wii、Kinect 等设备	室内公共活动空间	持续 8～24周,游戏每周2~3次,活动时间在20~35分钟/次	①改善轻度阿尔茨海默病患者认知功能;②改善主观幸福感、记忆力、注意计算力与语言能力改善	MMSE、PGC、HDS、ADL	低风险	低
园艺植物栽培活动	李雪飞,黄秋韵,李树华,等(2020)	认知障碍的失智老人	无限制治疗	利用植物栽培和园艺操作活动,从社会、教育、心理以及身体诸方面进行调整更新	老年家中活动或室内公共活动空间	每周至少一次活动,一般维持在5~20周左右	对失智老人身心健康的影响	血压、心率、HRV、SF-12生理分量表、人脸量表、SF-12心理分量表	低风险	低
小组式园艺疗法	陈一静,黄蔚萍,任冬梅,等(2018)	轻度阿尔茨海默病患者	小组治疗	通过对绿色植物的触摸、嗅、修剪或栽种完成每周2次的任务	可供实施园疗法的公共空间	每周2次,为期8个月	对轻度阿尔茨海默病患者的影响	MMSE、ADL、QLI	中风险	低

（二）家访探视服务

关于家属探视类服务的名词界定，目前在国际社会上尚未形成统一定义。在欧美国家常称其为"家庭访视"，即 home visiting；日本称其为"访问看护"；我国一般称之为"访视护理"，也称"家庭护理"或"家庭访视"[①]，但其工作任务大致相同，即指发生在家庭环境中，访视人员与访视对象之间的互动过程，其功能是改善访视对象的健康状况，并协助其更好地掌握社区卫生资源、增强自理能力[②]，是社区护理的基本手段。

现有关于家访探视类证据的文献中，完成有效干预实验的研究集中在家庭访视领域，研究领域集中于老人群体的健康管理、心理健康及术后保养等领域，其中研究对象包括高龄居家老人、空巢老人、患有慢性病的老人及其家属群体。

社区护理人员通过家庭访视完成对社区健康人群及居家患者的预防保健、健康促进、护理照顾和康复护理。现有的家访探视服务主要是以医院医护人员或医务社会工作者为主导，通过选拔业务能力强、知识储备丰富、能够进行良好沟通的社区护士、全科医生、预防保健医生、心理咨询专家等成员组成小组，经过专业培训之后进行入户面对面评估及团队服务模式。

笔者将国内常见的家庭访视类干预服务，对慢病保养、情绪慰藉、自理能力、家属喘息、生活质量五个类型进行证据化处理，以期从全球证据科学的角度对国内现有常见社会工作服务措施进行证据指南（见表6-2）。

---

① 袁魁昌. 家庭访视护理在我国的发展现状 [J]. 护理学杂志，2008，(1)：76-78.

② PASTOR D K. Home sweet home：A concept analysis of home visiting [J]. Home Health Nurse，2006 (6)：389-394.

表6-2 家访探视类证据指南

证据名称	证据来源	长期老人特征	实施类型	实施内容	证据环境	实施频次及周期	证据成效	结局指标	证据质量	证据成本
慢病保养	①邓群好，谢雪霞、陈英，等（2013）②易景娜、陈利群，贾守梅，等（2012）③王素娟（2008）	①主要靠政府或村委低保补助，患有慢性病的空巢老人②意识清楚、认知良好的高龄老人③高血压患者	个案治疗	①健康评估、进行电话和上门访视（健康评估、心理疏导、健康知识宣教）②老人对治疗的依从性、生活方式改变	服务对象家中	①每月2次对老人如血压、血糖等各项客观指标进行监测，共干预1年；②前3个月1次/周，第4～12月，1次/2周，每次30分钟，必要时增加电话随访，共13个月；③患者情况每月1～2次期间可通过电话咨询给予指导，共24个月	①心、脑血管并发症及糖尿病微血管病变发生率较非家访组显著低，客观指标均控制良好；②改善高龄居家老人心理状况和生活质量；③提高了患者对慢病的认识、服药依从性和自我管理能力及意识	①客观指标变化及患者对治疗的依从性、生活方式、慢病并发症的发生率②简短认知状态问卷（SPMSQ）、自行设计的一般资料问卷、老年抑郁评定量表（GDS-15）UCLA孤独问卷、世界卫生组织生存质量测定量表简表（WHO-QOL-BREF）③患者对疾病认识、不良生活习惯、吸烟、饮酒、不科学运动、不按时服药及自我监测情况	中风险	低
情绪慰藉	①王海荣，廖桂香（2016）②邓群好，谢雪霞、陈英，等（2012）	①无认知及沟通障碍者、排除精神障碍、认识障碍、重症和疾病末期患者的居家空巢老人②经济来源主要靠政府或村委低保补助的空巢老人	个案治疗	全面评估，针对存在的问题进行心理疏导、生活指导、用药指导、日常鼓励陪伴老人、提高其治疗依从性，推动老人建立健康的生活方式	服务对象家中	①每周家访1次，每次约2h，持续半年；②每月一次，持续12个月	①干预前后焦虑自评量表（SAS）、抑郁自评量表（SAD）评分明显下降；②提高患有慢性病老人对治疗的依从性以及生活幸福指数	①焦虑自评量表（SAS）、抑郁自评量表（SAD）②纽芬兰纪念大学幸福度量表	中风险	低
自理能力	①朱雅萍，许婷婷，杨小谨，等（2016）②闫铮（2021）	居家半失能老人	个案治疗	日常生活自理能力方面的指导	服务对象家中	①第1个月每周上门1次，第2个月每2周上门1次，第3个月每月上门1次，每次家庭访视时间30～60分钟，连续访视3个月。②每周进行上门视1次，每次所访视时间控制在30～60分钟，进行推行访视3个月	日常生活活动能力评分干预组评分高于对照组，有统计学意义	①改良Barthel指数评定量表②护理满意度评分	中风险	低

表6-2(续)

证据名称	证据来源	长期老人特征	实施类型	实施内容	证据环境	实施频次及周期	证据成效	结局指标	证据质量	证据成本
家属喘息	①戴苇萍,江长缨(2017)②刘霞,陈利群,江长缨(2017)	长照老人的居家照顾者	个案治疗	①失智症相关知识宣教、失智症日常生活照护、康复护理及安全防范指导、照顾者自我照顾指导②电话随访	服务对象家中	①每周一次,每次1.5~2小时,共计4次。随后每周一次电话随访,第二个月开始每两周一次电话随访,连续指导直至干预3个月结束②每名护士分组负责失智老人,每2周进行1次集中讨论,每次1.5~2.0小时	干预前后照顾负荷得分比较明显下降,积极感受得分提高、生活质量得分提高	①积极感受问卷(PAC)②世界卫生组织生活质量简表(WHOQOL-BREF)③照顾者负荷问卷(CBI)	中风险	中
生活质量	①王海荣,廖桂香(2016)②荀雪琴,李萍,张金兰,等(2012)	①无认知及沟通障碍者、排除精神障碍、认识障碍②重症和疾病终末期患者的居家老人	个案小组治疗	健康检测、日常护理、心理疏导、日常生活指导(饮食、睡眠、运动、大小便)、居家安全宣教、日常陪伴、鼓励老人外出活动、定期组织小组文体活动。	①服务对象家中②文体活动室	①分组负责,每周家访1次,每次2小时,持续半年;②第1~3月,每月1次,第4~6月每2周1次;③每两周一次,每次30分钟	①生活质量总分、生理健康、心理健康较家访前均有了明显的提高;②物质生活、躯体健康、心理健康、社会功能以及生活质量总体评价等观察指标显著改善	①简明健康状况问卷(SF-36)中文版,SF-36是美国波士顿健康研究所研制的简明健康调查问卷,它从生理功能(PF)、生理职能(RP)、躯体疼痛(BP)、一般健康状况(GH)、精力(VT)、社会功能(SF)、情感职能(RE)及精神健康(MH)②自行设计问卷、WHO-QOLBREF生活质量问卷③综合评定问卷(GQOLI-74)	中风险	低

从中国知网数据库对于家属探视类干预实验的证据检索结果看来,国内关于该类型的干预实验研究领域主要集中在由医护人员主导的家访探视类服务,干预类证据主要集中在医学领域。从证据名称可以看出,干预服务的实施者主要是护士,即由专业医务人员及相关领域的专家、高年级护生志愿者等组成团队,从慢病保养、生活质量、家属喘息、自理能力、情绪慰藉五个方面对社区内有需要的老人进行家访探视类服务。干预对象大

多是意识清楚、认知良好的高龄居家老人、空巢老人、患有慢性病或处于术后康复期的老人，也包括主要靠低保救助的老人及老人的家属群体，主要以个案工作、辅助以小组工作为实施类型，通过上门服务和面对面评估的方式介入。大部分服务的实施频次为每周上门访问 1 次，每次 30 分钟到 2 小时，持续时间最短为 3 个月，最长为 24 个月。干预试验结束后以量表和客观指标的变化作为结局指标，量表包括简明健康状况问卷（SF-36）中文版、简短认知状态问卷（SPMSQ）、老年抑郁评定量表（GDS-15）、焦虑自评量表（SAS）、抑郁自评量表（SAD）、UCLA 孤独问卷、纽芬兰纪念大学幸福度量表、积极感受问卷（PAC）、世界卫生组织生存质量测定量表简表（WHO-QOL-BREF）、照顾者负荷问卷（CBI）、改良 Barthel 指数评定量表等。从证据成效来看，持续性的定期家庭探视服务能够起到控制老人病变复发率，维持良好的客观指标，提升老人健康的自我管理意识以及对于治疗服药的依从性，改善老人心理健康状况、生活质量和社会功能的作用。但从现有证据整体水平来看，存在分配方案不充分隐藏、部分实验过程未对干预方案实施盲法、研究过程描述简略以及其他的偏倚风险，以及如研究对象重合、样本代表性不强等问题，整体证据质量有待提高。

（三）认知行为干预

认知行为治疗（CBT）是在 20 世纪 60 年代由 A. T. Beck 提出的一种心理治疗方法，它通过改变思维和行为的方法来改变不良认知，达到消除不良情绪和行为的目的[①]。长期照护老人群体由于疾病或其他负性事件的影响，对事件的解释偏于负面，易产生非理性认知及行为。CBT 可帮助患者调整对现实的认知，重新构建合理、积极、适应性的想法，引导患者正确地评价自己和客观事物，同时学会发掘资源、寻求帮助，以积极地应对

---

① 姜默琳，卢伟.认知行为疗法干预老年抑郁症的研究进展［J］.医学综述，2021, 27（6）：1146-1150.

问题、处理问题。社会工作者通过认知行为疗法干预长期照护老人，改变其不合理的认知，形成其正向认知，提升其生活质量。

通过查阅文献，在过去的 70 年中，针对各种形式的 CBT 积累了大量的临床对照研究。CBT 已经被证明在精神疾病和躯体疾病领域有明显疗效：精神疾病包括抑郁症、精神分裂症、强迫症等；躯体疾病包括慢性疼痛、饮食障碍、原发性失眠等。通过精确检索，CBT 在社会工作干预长期照护老人方面的有效性证据也越来越多。

CBT 在长期照护老人群体中得到应用，核心是认知重建。认知重建并不是强调认知的强行植入，而是倡导使服务对象的思维更加灵活和有弹性，取代刻板印象和先入为主的固化思想。社会工作者可以通过个案或小组的方式，从服务对象的需求出发，通过量表、访谈收集相关资料，设计服务计划，提供具体服务。

笔者将国内常见的认知行为类干预服务分为认知行为结合锻炼、团体认知行为疗法、个体认知行为疗法三种类型，并对其进行证据化处理，以期从全球证据科学的角度对国内现有常见社会工作服务措施进行证据指南（见表6-3）。

表 6-3　认知行为干预证据指南

证据名称	证据来源	长期老人特征	实施类型（个案/小组/预防/治疗）	实施内容	证据环境	实施频次及周期	证据成效	结局指标	证据质量	证据成本
认知行为结合锻炼	①靳岩鹏（2016）②谭友友（2022）	①居家老人②有抑郁情绪的老人	①无限制/治疗②小组/预防	①分为三组干预：认知行为干预；认知行为联合八段锦干预；八段锦干预②通过体育锻炼释放负面情绪，通过认知能力训练认识抑郁情绪，通过积极自我和积极沟通训练建立良好人际支持网络	社区	①接受为期6个月的干预，每周1次，每次1～1.5小时②接受为期3个月的小组活动，每周1次	①改善老年人 housebound 状态、改善老年人身体状况、改善社会支持状况、改善心理状况②老年人抑郁情绪呈下降趋势、延缓认知和躯体衰老、建立新的朋辈支持网络	①中文版 housebound 量表、SF－36 生活质量测定量表、日常生活能力评估量表（ADL）②老年抑郁量表（GDS）	低风险	低

表6-3（续）

证据名称	证据来源	长期老人特征	实施类型（个案/小组、预防/治疗）	实施内容	证据环境	实施频次及周期	证据成效	结局指标	证据质量	证据成本
团体认知行为疗法	①桂佳豪、崔琪，等（2021）②田美霞（2020）③张桂娟（2017）	①失独老人②疾病焦虑老人③60岁以上轻度认知功能障碍老人	小组治疗	①控制组接受一般陪伴，实验组进行团体认知行为训练，包括：理论讲解、游戏活动、行为训练、主题讨论②整个小组分为纠正偏差认知、建立积极情感，培养良好行为三个阶段，通过情景模拟、角色扮演和苏格拉底式提问等方式启发老人案主更深层次的思考，引导他们识别自身的非理性认知，逐步建立积极的治疗行为③对实验组进行为期四个月的小组干预，控制组进行日常照顾	①案主家中②福利院③老年活动中心	①接受为期1个月的小组服务，每周2次，每次2小时；②接受为期2个月的小组服务，一共6次③接受为期4个月的小组服务，每周一次	①提高失独老人领悟社会支持水平，帮助失独老人建立积极的心态，改变错误的认知，提高失独老人的心理健康与生活质量；②缓解老人的疾病焦虑情绪，提升院舍生活质量；③改善轻度认知障碍老年人的认知、行为、心理、精神等状况	①领悟社会支持量表（PSSS）②焦虑自评量表（SAS）③老年人健康生活方式量表、简易智力状况检查法（MMSE）、认知功能评估量表（ADL）、认知功能评估量表（GPCOG）、神经精神问卷	①中风险②低风险③低风险	低
个体认知行为疗法	①王鑫（2019）②李及（2018）③华夏（2015）	①福利院内高知老人②养老机构适应不良老年人③临终老年人	个案治疗	①三个阶段个案服务，认知层面：直接提问、合理情绪想象；行为层面：增加案主社交、发掘案主特长②三个认知行为干预阶段：纠正消极不理性认知；③对临终老人进行认知补给，社工扮演教育者，通过人生回顾法，唤起老年人经验世界，挖掘度过困难的动力	①福利院②养老机构③医院或家中	①每周两次，跟进服务；②两天服务一次，每次50分钟，共计5次服务	①老人的消极情绪在生活中明显减少，积极情绪体验得到有效增加；②服务对象更适应养老院生活；③认知行为疗法干预20天后，老年临终者情绪较为稳定，且面对病友离世等突发事件自我调节能力变强	①正负性情绪量表（PANAS）、日常生活能力评估量表（ADL）②日常生活能力评估量表（ADL）、老人抑郁量表（GDS）、生活满意度量表③老年抑郁量表（GDS）、焦虑自评量表（SAS）	中风险	中

　　笔者在中国知网数据库检索认知行为疗法在社会工作干预长期照护老人群体相关证据，共纳入8篇文献，包括了上述三种服务类型。其研究对象主要有：抑郁老人、居家老人、失独老人、空巢老人、疾病焦虑老人。在干预的实施类型上，有个案干预、小组干预的方式，其中有5篇采用随机对照试验。在现有证据对居家老人的干预中，采用CBT结合锻炼的方式，接受为期6个月的干预，采用中文版居家量表、SF-36生活质量测定

量表、日常生活能力评估量表（ADL）作为结局指标①。在团体认知行为干预证据中，有一项针对轻度认知功能障碍老人，进行为期 4 个月的小组服务，采用老年人健康生活方式量表、简易智力状况检查法（MMSE）、日常生活能力评估量表（ADL）、认知功能评估量表（GPCOG）、神经精神问卷作为结局指标②。在个体认知行为干预证据中，有一项针对临终老人，每 2 天进行一次服务，每次服务持续 50 分钟，采用老年抑郁量表（GDS）、焦虑自评量表（SAS）③。在干预成效上，各项研究表明认知行为疗法干预长期照护老人能够有效改变其不合理的认知，帮助其建立积极的心态，提高其心理健康与生活质量。在证据质量方面，认知行为疗法干预长期照护老人的研究较少，目前已有的研究证据质量参差不齐，质量高的集中于小组干预，干预措施明确、设计合理；质量低的集中于个案干预，干预措施不甚明确。

（四）支持性心理治疗

支持性心理治疗起源于 20 世纪初，是一种相对于精神分析来说治疗目标更为局限的治疗方法。支持性心理治疗的狭义定义是一种基于心理动力学理论，如通过建议、劝告和鼓励等方式来对心理严重受损的患者进行的治疗，对于相对健康的人来说，支持性心理治疗可以帮助他们处理一些暂时的苦难。支持性心理治疗的治疗基本原则包括：①提供适当的支持；②调整对"挫折"的看法；③善于利用各种"资源"；④进行"适应"方

---

① 靳岩鹏，邢凤梅，景丽伟，等. 认知行为疗法配合八段锦对老年 housebound 及日常生活能力量表的干预效果［J］. 中国老年学杂志，2017，37（3）：698-701.

② 张桂娟. 认知行为—怀旧干预对轻度认知功能障碍老人认知功能的影响研究［D］. 武汉：华中科技大学，2017.

③ 华夏. 认知行为疗法在老年临终关怀中的应用［J］. 科技资讯，2015，13（11）：252.

法指导①。对于长期照护老人而言，常常面临焦虑、抑郁等负面心理情绪的困扰，支持性心理治疗凭借其有针对性的治疗目标与治疗策略成为长期照护老人心理干预的常见手段之一。

通过文献检索，现有关于支持性心理支持类证据的文献中，研究领域主要集中在慢病心理支持、焦虑情绪治疗、生活满意提升、抑郁情绪治疗等方面。研究对象主要包括慢性病的老人、患有焦虑症的老人、患有抑郁症老人等群体。

在支持性心理治疗中，治疗师通过与服务对象进行对话式会谈，通过倾听服务对象并给予一定的回应与指导，来消除服务对象的无力感，通过教育、鼓励、劝告、示范和预期性指导等方法来帮助服务对象达到增强自我功能和适应性的治疗目标。现有的支持性心理治疗服务主要是由专业的心理咨询师或接受过专业训练的医务社会工作者，以团体支持性心理支持或个体心理支持的形式来提供的。在干预的过程之中，治疗师与服务对象的治疗关系尤为重要，这种积极的治疗关系能够直接减轻服务对象的无助感，有助于其形成积极的情绪。

笔者将国内常见的心理支持干预分为慢病心理支持、焦虑情绪治疗、生活满意提升、抑郁情绪治疗四个类型，并进行证据化处理，以期从全球证据科学的角度对国内现有常见社会工作服务措施进行证据指南（见表6-4）。

---

① Ursano R J, SIlberman E K: Psychoanalysis psychoanalytic psychotherapy, and supportive psychotherapy ［C］//Hales RE, Yudosfsky SC, Talbott JA. The American psychiatric press textbook of psychiatry, 3rd Edition. Washington, DC, 1999, 1157–1183.

表 6-4 支持性心理治疗证据指南

证据名称	证据来源	长期老人特征	实施类型（个案/小组、预防/治疗）	实施内容	证据环境	实施频次及周期	证据成效	结局指标	证据质量	证据成本
慢病心理支持	陈亭宇（2018）	老年慢性病患者；年龄 65～83 岁；无精神疾病；能正确回答问题	无限制个案与小组结合	进行综合心理干预包括一对一的交流、引导团体心理咨询	家中	为期 2 年，每 3 个月进行 1 次综合心理干预	支持性心理治疗及行为干预，能够有效改善患者抑郁、焦虑等情绪，提高患者自我保健的意识，并且对提高对疾病的控制率也有着积极的作用	焦虑自评量表（SAS）、抑郁自评量表（SDS）、疾病控制率	低风险	中
焦虑情绪治疗	张娜（2014）	意识清楚、无严重躯体疾病及精神病史；无认知功能障碍；患者有明显焦虑烦躁症状	无限制治疗	采取集体支持治疗和个体分别治疗相结合的方式	养老机构	为期 8 周，每周 3 次，每次干预 30 分钟	支持性心理治疗能有效改善养老机构老年人的焦虑抑郁情绪，是一种快捷、安全、有效的改善养老机构老年人焦虑抑郁情绪的方法	汉密尔顿焦虑量（HA-MA）、汉密尔顿抑郁量（HAMD）、症状自评量（SCL-90）	低风险	低
生活满意度提升	张娜（2014）	患者意识清楚，无严重躯体疾病及精神病史，无认知功能障碍；患者有明显焦虑烦躁症状	无限制治疗	科研团队经统一培训，以精神心理科主治医师、主管护师及社会工作者为主，并聘请专业心理科主任医师及专家教授进行指导，研究组入组后给予支持性心理治疗	家中	为期 8 周，每周 3 次	经过 8 周的治疗，生活质量量表（QOL）中患者的生理、心理 2 个领域，以及精力与疲倦、睡眠与休息、积极感受、所需社会支持满意度、娱乐活动的参与程度 6 个方面有显著提高，消极感受、对医疗手段的依赖有显著降低；纽芬兰大学幸福指数量表中正性情感和正性体验的分值较入组时明显提高	生活质量量表（QOL）、幸福指数量表	中风险	低
抑郁情绪治疗	陈怡（2013）	患有抑郁症的老年 2 年；年龄 ≥ 60 岁；能配合完成心理测试	无限制治疗	支持性心理治疗，主要包括倾听、保证、解释、指导和建议、疏泄、鼓励、促进自助等	医院	给予患者连续 8 周的支持性心理治疗，每周 2 次，每次 45～60 分钟	支持性心理治疗有助于在短期内减轻发老年抑郁症患者抑郁症状，改善患者的生活质量	老年抑郁量表（GDS）、生活质量简易量表中文版（WHO）、生活质量情况	低风险	低

笔者使用中国知网数据库进行支持性心理治疗相关社会工作干预证据检索，共纳入 4 篇文献，包括慢病心理支持、焦虑情绪治疗、生活满意度提升、抑郁情绪治疗 4 类干预类型。研究对象主要涵盖了慢性病的老人、患有焦虑症的老人、患有抑郁症的老人等群体，实施类型包括一对一的心理咨询与团体性心理咨询。所整理的 4 篇证据文献均采用了随机对照试验，其中 2 个证据环境是在家中实施的，剩余 2 个证据环境分别是在养老机构和医院中实施的。慢病心理支持的相关证据，干预周期为 2 年，每 3 个月进行一次综合心理干预，以焦虑自评量表（SAS）、抑郁自评量表（SDS）、疾病控制率作为结局指标[1]。焦虑情绪治疗的相关证据，干预周期为 8 周，每周进行三次 30 分钟的集体支持治疗和个体分别治疗相结合的干预，以汉密尔顿焦虑量表（HAMA）、汉密尔顿抑郁量表（HAMD）、症状自评量表（SCL-90）作为结局指标[2]。生活满意度提升的相关证据干预周期为 8 周，每周进行 3 次干预，以生活质量量表（QOL）、幸福指数量表作为结局指标[3]。抑郁情绪治疗的相关证据，干预周期为 8 周，每周进行 2 次干预，每次 45~60 分钟，以老年抑郁量表（GDS）、生活质量简易测定量表中文版（WHO）、生活质量情况作为结局指标[4]。从干预成效来看，支持性心理治疗能够有效改善长期照护老人的焦虑、抑郁情绪，提升长期照护老人的生活满意度，对慢性疾病的控制率也有着促进效果。但是在证据质量方面，目前已有的支持性心理治疗的证据数量较少，整体证据风险质量较低，部分证据干预周期与时长交代不明确，实验设计需进一步完善。

---

① 陈亭宇. 支持性心理治疗及行为干预在社区老年慢性病患者管理中的作用分析 [J]. 现代医学与健康研究电子杂志，2018，2（20）：146-147.

② 张娜，赵龙，侯倩倩，等. 支持性心理治疗对养老机构老年人焦虑抑郁影响的研究 [J]. 河北医药，2014，36（18）：2858-2860.

③ 张娜，赵龙，侯倩倩，等. 支持性心理治疗对养老机构老年人生活质量和幸福度影响 [J]. 中国民康医学，2014，26（7）：76-77.

④ 陈怡，梁其生，叶伟健，等. 支持性心理治疗对复发老年抑郁症患者抑郁症状及生活质量的影响 [J]. 新医学，2013，44（3）：184-187.

（五）社会支持网络

在 20 世纪 70 年代精神病学领域，社会支持作为一个专业术语出现。社会支持是由家庭、同辈群体、社区、社会组织等所提供的工具性或表达性支持。工具性支持包括引导、协助、有形支持与解决问题的行动等。表达性支持包括心理支持、情绪支持、自尊支持、情感支持、认可等①。长期照护老年群体获取社会支持的途径主要是正式支持系统和非正式支持系统，据社会支持网络和老年生命质量的相关性研究结果显示，老年社会支持网络的建立与完善，无论是正式支持网络还是非正式支持网络都对老年生命质量起正向作用。

通过文献检索，现有关于社会支持网络类的证据中，研究领域集中于社会支持网络建立、心理健康、社会融入、主观幸福感等方面。其中研究对象包括独居老人、空巢老人、患慢性病老人、失独老人等群体，大部分群体都可以纳入长期照护的范围。

在长期照护领域，老年群体的社会支持需要多元主体提供，社会工作作为其中一个主体，承担了资源链接者、协调者、支持者等多重角色。并且长期照护老年群体的社会支持网络构建与完善服务主要由社会工作者为主导，辅之以心理咨询师、社区护理员等。在社会支持网络服务中，社会工作者不仅要关注案主本人，更需要建立案主与社会环境的联系，包括建立正式支持系统和非正式支持系统的联系。其中非正式支持系统尤为主要，包括家庭、同辈群体、邻里等。社会支持网络需要在社会工作的主导下，与其他主体一起协同发力。

笔者将国内常见的社会支持网络干预服务，按照社会支持网络建立、非正式支持网络构建、同辈支持小组、社交媒体使用四个类型进行证据化处理，以期从全球证据科学的角度对国内现有常见社会工作服务措施进行证据指南（见表6-5）。

---

① 顾朝曦. 社会工作综合能力中级 ［M］. 北京：中国社会出版社，2016：108.

表 6-5　社会支持网络证据指南

证据名称	证据来源	长期老人特征	实施类型(个案/小组/预防/治疗)	实施内容	证据环境	实施频次及周期	证据成效	结局指标	证据质量	证据成本
社会支持网络建立	段丽彦(2022)	城市独居老人	个案工作	从自我支持、家庭支持、邻里支持、社区支持入手改善和建立支持网络	家中	接受为期2个月的个案干预,每周1次	①改善人际交往障碍问题②扩展社会支持网络	肖水源等编制的《社会支持评定量表》	中风险	低
非正式支持网络构建	肖望清(2020)	老年患慢性阻塞性肺病	无限制,以个案管理为主	慢性病管理讲座、个案辅导、小组工作辅助非正式支持网络建立	家中、社区结合	接受为期3个月的个案管理,12次干预,每周1次	改善客观支持、主观支持和对支持的利用程度	社会支持评定量表和SF-36生活质量表	中风险	低
同辈互助小组	姜宏逸(2022)	社区空巢老人	小组工作	建立小组成员互助网络,智能手机教学、体育锻炼、互助网络扩建	社区	接受为期一个半月的小组工作,每周1次	增加朋友数量,改善倾诉方式、求助方式	社会支持量表(SSRS)	中风险	低
同辈支持小组	曾莎(2021)	慢性病老人	小组工作	14名老人作为实验组,10名老人为对照组,利用同辈支持的直接作用和间接调适模式,改善抑郁和焦虑情绪	社区	每周1次,共6次	调解焦虑情绪、抑郁情绪	焦虑自评量表(SAS)、抑郁自评量表(SDS)	低风险	低
社交媒体使用	魏东平、刘双等(2021)	60岁以上的老人	小组工作	实验组和对照组各7人,干预阶段对实验组进行干预,对照组无干预。实验组练习微信的各项功能	社区	每周1次,每次10～15分钟,对每位被试共进行5次干预。	改善社会支持水平、主观社会支持、社会支持利用度	UCLA孤独感量表、社会支持量表(SSRS)	低风险	中

　　笔者使用中国知网数据库进行社会支持网络相关社会工作干预证据检索,纳入了5个干预证据,包括社会支持网络建立、同辈支持网络构建、非正式支持网络构建、社交媒体使用4类干预措施。研究对象主要是城市独居老人、患慢性病老人、空巢老人,主要以个案工作、小组工作为实施类型。有2个干预证据采用了随机对照试验:其中1个干预证据利用同辈支持的直接作用和间接调适模式,改善老年慢性病人的抑郁和焦虑情绪,实施频次和周期为每周1次,共6次,结局指标为焦虑自评量表(SAS)、抑郁自评量表(SDS)[①];另1个干预证据利用社交媒体的社会支持形式,

---

　　① 曾莎.同辈支持小组介入慢性病老人焦虑抑郁情绪的干预研究[D].上海:上海师范大学,2021.

练习微信的各项功能，改善老年群体的社会支持水平，实施频次和周期为
每周 1 次，每次 10~15 分钟，共 5 次干预，其结局指标为 UCLA 孤独感量
表、社会支持量表（SSRS)①。其余 3 个干预证据中，一个针对独居老人采
取个案工作建立社会支持网络，实施频次和周期为每周 1 次，为期 2 个月，
其结局指标为社会支持评定量表②；一个针对患慢性阻塞性肺病老人采取
个案管理形式构建非正式支持网络，实施频次和周期为每周 1 次，为期 3
个月，其结局指标为社会支持评定量表和 SF-36 生活质量量表③；一个针
对空巢老人采取同辈支持小组工作建立同辈支持网络，实施频次和周期为
每周 1 次，为期 1 个半月，其结局指标为社会支持量表（SSRS)④。除个案
干预在家中外，其余干预证据的证据环境都在社区。从证据成效来看，其
证据成效显示可以扩展社会支持网络，改善抑郁、焦虑情绪，减少人际交
往障碍等。也就是说社会支持网络的构建对老年群体的生命质量都起到了
积极正向的作用。但从检索结果发现，社会支持网络的干预类研究证据较
少，更多为使用问卷调查法的相关性研究。且干预类的研究证据质量较
低，呈现干预措施不明确、频次周期不明确、结局指标不明确等特点。

① 魏东平，刘双，邓尚正，等. 社交媒体使用与老年人孤独和社会支持的关系
及干预手段 [J]. 中国老年学杂志，2021，41（20）：4584-4587.
② 段丽彦. 社会支持理论视角下城市独居老人人际交往障碍问题的个案介入
[D]. 青岛科技大学，2022.
③ 肖望清. 社会支持理论视角下个案工作提升慢性病老年患者生活质量的研究
[D]. 华中科技大学，2019.
④ 姜宏逸. 小组工作介入社区空巢老人互助网络构建研究 [D]. 贵阳：贵州财经
大学，2022.

二、以准实验研究为例的证据转化

（一）实验背景

本部分在证据指南的基础之上，选取社会工作介入老人心理与社会服务为案例，进行干预措施证据转化的准实验研究。

本部分失能是指个体由于事故、疾病和年老等原因，自身身体机能运转受到损伤，活动能力受到限制，心智出现功能性障碍或倒退，部分或全部丧失生活自理能力的一种非健康状态，处于这种非健康状态的老年群体，即为失能老人[①]。按照国际通行标准，ADL 量表是测量失能的重要客观性指标之一，包括起床、坐在椅子或者凳子上、步行、爬台阶（楼梯）、饮食、排泄、洗脸、刷牙、穿衣服、脱衣服、洗澡、交流对话等动作指标。根据这些指标可分为轻度失能、中度失能和重度失能三种不同的状态[②]。"失能"和"生活不能自理"是容易混淆的两个概念，但两者的学术概念是有区别的，"失能"属于生物医学概念，强调身体层面的功能性障碍，轻度失能、中度失能和重度失能三种失能状态可统称为"失能"；而"生活不能自理"属于社会行为和人口社会学概念，更多强调的是与外部环境的交互作用，多是指处于中度和重度失能的老人[③]。

---

① 邓大松，李玉娇. 健康中国战略下长期照护保险：制度理性、供需困境与路径选择 [J]. 河北大学学报：哲学社会科学版，2017，42（5）：8.

② 尹尚菁，杜鹏. 老年人长期照护需求现状及趋势研究 [J]. 人口学刊，2012（2）：8.

③ 彭希哲，宋靓珺，茅泽希. 中国失能老人问题探究：兼论失能评估工具在中国长期照护服务中的发展方向 [J]. 新疆师范大学学报：哲学社会科学版，2018，39（5）：17.

根据生命规律，我国老年人相对于其他年龄组别人口，表现出更差的身心健康质量和行为生活方式，其中受到长期照护的老人的健康状况更是糟糕，特别在心理层面，多数长期照护老人具有不同程度的抑郁症状①，而抑郁症是仅次于癌症的人类第二大杀手②。因此，针对老年人，特别是长期照护老人开发一套行之有效的健康干预服务措施将是当下老年健康干预研究与社会工作服务的重要发展方向③④。国外一些较早期的研究发现，科学系统的干预服务能够有效增强老年人口的机体功能，提升老人的生命质量，甚至降低死亡率⑤⑥。可能是家庭干预服务不便于实验的开展，这些研究主要集中在医学范畴，以住院病人为研究对象。而国内一些老年社会工作健康干预类研究属于综合性干预，干预针对的问题比较广泛，难以聚焦，不能对某一特殊健康问题"量体裁衣"制定具体措施，因此此类干预对于具体健康问题的解释性较差，科学性存疑。过去研究发现，成功的健康干预措施往往需要在学术理论的基础之上进行设计并开展服务⑦。

---

① 王蓉蓉，肖明朝，赵庆华，等.老年人长期照护需求评估研究现状 [J].中国老年学杂志，2020，40（12）：5.

② 伍小兰，李晶，王莉莉.中国老年人口抑郁症状分析 [J].人口学刊，2010，(5)：43-47.

③ Manton K G, Gu X L, Lamb V L. Change in chronic disability from 1982 to 2004/2005 as measured by long-term changes in function and health in the US elderly population [J]. Proceedings of the national academy of sciences, 2006, 103 (48)：18374-18379.

④ Reuben D B. Meeting the needs of disabled older persons：can the fragments be pieced together? [J]. The journals of gerontology series A：Biological sciences and medical sciences, 2006, 61 (4)：365-366.

⑤ Ellis G, Langhorne P. Comprehensive geriatric assessment for older hospital patients [J]. British medical bulletin, 2005, 71 (1)：45-59.

⑥ Vidán M, Serra J A, Moreno C, et al. Efficacy of a comprehensive geriatric intervention in older patients hospitalized for hip fracture：a randomized, controlled trial [J]. Journal of the American geriatrics society, 2005, 53 (9)：1476-1482.

⑦ Panter-Brick C, Clarke S E, Lomas H, et al. Culturally compelling strategies for behaviour change：a social ecology model and case study in malaria prevention [J]. Social science & medicine, 2006, 62 (11)：2810-2825.

失能老人主要依靠家庭照料，社会化照料形式较少①。社区养老全覆盖是近几年全国逐步推行的新机制，特别是依托社区养老服务中心建立的长期照护服务更是新事物，但越来越多的地方建立了社区养老服务中心，开展健康科普服务、日间照料服务和失能老人长期照护服务等。这种基于社区的长期照护中心可以有效解决家庭小型化之后失能老人的长期照护问题，但相对于家庭照料，其成本更高，更关注生理层面的需求，心理和社会层面需求往往不容易得到满足。

国际上基于社区的健康干预服务是一种较为普及且行之有效的措施，用于普及健康知识、改善健康生活方式和提升生命质量等②。虽然国际上对这种基于社区的健康干预模式已经得出很多科学证据和经验，但其效果由于地区间不同因素的差异，这种干预模式存在很明显的异质性，因此这类国际证据的普适性在学术界也存在较大争议③④。也就是说，它是一种很难被全球标准化实施和评估的模式。为了验证这类证据的有效性，通常都是采用标准实验的方法，例如实验法，在本土重新改造和实施该证据并进行评估，以此实现证据的本土化。

根据前章的论述，社会工作开展老人健康服务主要有个体健康干预和团体健康干预两种形式，所谓团体健康干预，一般是针对某一特定健康问题的多人联动服务模式，在心理问题和社会问题的改善方面有显著的效

---

① 苏群，彭斌霞，陈杰. 我国失能老人长期照料现状及影响因素：基于城乡差异的视角 [J]. 人口与经济，2015 (4)：8.

② Belza B, Shumway-Cook A, Phelan E A, et al. The effects of a community-based exercise program on function and health in older adults：The enhance fitness program [J]. Journal of applied gerontology, 2006, 25 (4)：291-306.

③ Stuck A E, Siu A L, Wieland G D, et al. Comprehensive geriatric assessment：A Meta-analysis of controlled trials [J]. The lancet, 1993, 342 (8878)：1032-1036.

④ Parker G, Bhakta P, Katbamna S, et al. Best place of care for older people after acute and during subacute illness：a systematic review. [J]. Journal of health services research & policy, 2000, 5 (3)：176-89.

果，已经有各式各样被证实的有效证据可供参考①②③。根据前章心理与社会层面系统评价得出长期照护老人的相关科学证据，团体活动形式的干预方式往往能取得较好的效果，特别是团体生命回顾疗法对于老人抑郁情绪的疏导有显著改善效果。不过目前，针对中国长期照护老人的相关干预研究和本土转化研究还是不多见的。

因此，本实验将采取团体生命回顾疗法和非结构式常规社会工作介入等干预形式，针对老人心理与社会层面的需求展开服务，但由于对象为行动不便的长期照护老人，本实验干预措施计划在社区养老服务中心以团体小组形式实施干预。为更好地测量实验研究的效果，本实验将按照准实验的要求，随机选择基线水平一致的实验组与对照组开展实验，致力于前章所合成证据的本土化。

这几年，随着我国社区养老全覆盖的建设，各社区基本建立了养老服务中心或服务站，硬件条件建设立竿见影，但软件服务水平却有待提高，社区老人很少有机会接收一些针对性较强的专业健康干预服务，长期照护老人也主要依托护工照护，其他专业角色，如社会工作，介入不多，就算介入，也有些没有依托现有科学证据开展服务。因此，针对个体老人，以社区为依托，基于科学证据的社会工作专业服务与评估，将会是以后老年社会工作干预研究的一个重要发展方向。本研究除了实现相关证据的本土化评价与改造之外，也希望借此探索一种新的社会工作服务模式，能够更好地满足不同老年个体的需求，制定"量体裁衣"的干预方案，实施干预措施，切实可行地改善老人健康。

---

① Marcus B H, Bock B C, Pinto B M, et al. Efficacy of an individualized, motivationally-tailored physical activity intervention 1, 2 [J]. Annals of behavioral medicine, 1998, 20 (3): 174-180.

② Bonner, Sebastian, Zimmerman, et al. An individualized intervention to improve asthma management among urban Latino and African-American families. [J]. Journal of asthma, 2002, 39 (2): 167-179.

③ Ilanne-Parikka P, Eriksson J G, Lindstrom J, et al. Effect of lifestyle intervention on the occurrence of metabolic syndrome and its components in the Finnish Diabetes Prevention Study [J]. Diabetes care, 2008, 31 (4): 805-807.

（二）实验架构

1. 地区情况

研究现场基本情况是，C 市为中国新一线城市，老龄化程度超过 20%，常住人口接近 2 000 万人，所选取社区都在主城区范围，且都是人口稠密的社区。多个社区养老服务中心都是响应国民经济和社会发展规划中"加大对养老事业基础设施建设的投入，鼓励和支持社会力量兴建养老服务设施建设"以及"C 市养老服务全覆盖政策"的要求而建立的，主要由社会力量兴起，政府资助的社区养老服务机构，设置长期照护的床位，根据失能程度收费 3 000~6 000 元（含护理费）。政府按每个床位给予相关补助，并落实其他优惠政策。这都是典型的城市社区养老服务机构。

2. 研究对象

研究对象都是 C 市接受社区养老服务中心长期照护二级护理服务的老年人，属于轻度失能和中度失能的老人，其中多数是由脑出血和风湿性关节炎导致，部分老人日常起居生活需要陪护。

排除居住地处于该区域边缘地带的，常住地不属于当地社区的，以及患有认知障碍的，如智力障碍、精神病、阿尔茨海默病等和研究期间住院的患者等无法表达自我意愿完成问卷调查的老年人。其中心理干预实验100 人，社会干预实验 100 人，共纳入 200 名研究对象。两组实验都根据地点集中原则，分为干预组 50 例，对照组 50 例，用 T 检验进行组间基线和前后对照统计学差异检测并同时使用重复测量检验多次测量结果。从分组、前测到后测所需研究时间约为 6 个月。

3. 目标变量

生活满意度（life satisfaction）反映老年人生活质量情况、健康状况、社会参与能力及主观的幸福感。目前主要通过自评法和他评法对生活满意度进行测量。生活满意度量表是自身的主观总体评价，也是衡量健康及生活水平的评价量表，是在特定的环境中老年人对自身生活标准的期望值①。长期照护老人同样在自己所处情境下也会产生生活满意度的变化，是体现老人生活状态的重要心理指标。

抑郁症状（depressive symptoms）也称抑郁情绪，是一种复合的情绪体验，通常会产生沮丧感、不适感、悲观焦虑等情绪症状②。老年抑郁症状属于一种精神情绪，指老年时期老人对内外部环境刺激的消极情绪反应，并伴随精神能量降低、情绪低落、难过痛苦等表现，阻碍其日常生活正常进行。当人在遭遇困境时产生抑郁是正常的情绪反应，但抑郁症状长时间得不到调节，达到一定程度时，就会发展为抑郁症，严重者可能出现自残、自杀行为③。

孤独感（loneliness）是一种主观的负面心理状态，使人悲观、消极和苦闷，当主观认为自己的人际关系或者与人交往的亲密程度不能达到预期的时候，就会产生孤独感④。对于长期照护的老人而言，孤独感不但会带来抑郁、自卑、绝望等不良的心理反应，而且长期处于这种负面状态甚至还可能会带来器质性病变，导致睡眠障碍、高血压和认知下降等身体危害⑤。

社会孤立（social isolation）是一种包括社会性负面状态的描述。老年社会孤立的危险因素有很多，包括家庭成员的缺乏，很少或没有与朋友的

---

① 谢云天，钟美珠，吴慧琴. 不同家庭居住类型老年人的生活满意度 [J]. 中国老年学杂志，2018，38（21）：5311-5313.

② 孙菲，汤哲，何士大，等. 抑郁症状对老年人健康预期寿命的影响 [J]. 北京医学，2014，36（10）：5.

③ McGirr A, Renaud J, Seguin M, et al. An examination of DSM-IV depressive symptoms and risk for suicide completion in major depressive disorder：a psychological autopsy study [J]. Journal of affective disorders, 2007, 97（1-3）：203-209.

④ Jonggierveld J D, Tilburg T V, Dykstra P A. Loneliness and Social Isolation [J]. Cambridge Handbook of Personal Relationships, 2016：485-500.

⑤ Warburton J, Lui C W. Social Isolation and Loneliness in Older People：a Literature review. 2011.

日常交流，抑郁、孤独的生活方式等①。"孤独感"虽然常与"社会孤立"共同出现，相互影响，但它们是两个不同的概念②。社会孤立是一种多维度概念，形成原因主要是缺乏质量和数量上的社会支持，包括结构性和功能性的社会支持③。

4. 调查内容与评价方式

本研究问卷调查内容包括个人基本情况和结局指标两部分，使用个人基本情况调查表（基线调查表）和专业量表。个人基本情况调查表主要包括：基本情况（姓名、年龄、性别、婚姻、民族、教育程度、经济收入等）、心理情况（心情、情绪、性格、婚姻生活等）、社会情况（社会网络和社会支持等）、医保情况（医疗费用支出、医疗保险情况等）、患病情况（近期患病情况、慢性病情况等）、长期照护情况（时间、种类、程度）。结局指标包括：GDS 量表、LISA 生活满意度量表、UCLA 量表和自制社会孤立量表等相关量表。

形成性评价是在计划执行早期对计划内容做出的评价，形成性评价的目的是了解干预对象的基本情况，从而为制定干预计划、步骤和方法提供科学依据④。社会工作健康干预的形成性评价来源于两个方面：①国家和地方的相关政策、法规、文件和资料，如《中华人民共和国老年人权益保障法》《中共中央、国务院关于加强新时代老龄工作的意见》《国务院办公厅关于政府向社会力量购买服务的指导意见》《医保局 财政部关于扩大长

---

① Iliffe S, Kharicha K, Harari D, et al. Health risk appraisal in older people 2: the implications for clinicians and commissioners of social isolation risk in older people [J]. British journal of general practice, 2007, 57 (537): 277-282.

② Grenade L, Boldy D. Social isolation and loneliness among older people: issues and future challenges in community and residential settings [J]. Australian health review, 2008, 32 (3): 468-478.

③ Lv R M, Lin M X, Liu Y C. Social isolation and loneliness of elderly people in urban communities. Take Shandong City, Yantai province for example. Journal of Beihua University (SOCIAL SCIENCE EDITION), 14, 132 - 136. doi: 10.3969/j. issn. 1009 - 5101. 2013. 02. 029

④ 杨廷忠，郑建中. 健康教育理论与方法 [M]. 杭州：浙江大学出版社，2004.

期护理保险制度试点的指导意见》（医保发〔2020〕37号）等；②在基线调查中，通过问卷调查方式掌握每个研究对象的人口学特征、行为生活方式、病史、长期照护情况等老人信息，再通过走访调研的形式，了解长期照护老人面临的主要问题、当地社区养老服务中心的特征，以及社区可利用的卫生资源等信息。

过程评价是计划干预实施过程中对各项工作活动的开展情况进行有效评估，以确保各环节能够按照计划程序进行。过程评价的主要目的是监测在干预实施过程中各个环节，发现既定方案的困难和不足，及时调整难以实施和不合理的部分，以保证干预的顺利落实。本研究的过程评价主要采用了以下几个指标：①服务对象的失访率，指参加基线调查的对象中有可能参与干预的比率，失访的原因主要有不愿意接受、搬家和死亡；②小组活动的次数与时长是否达到预期；③活动开展的过程是否顺利，预设的目的与服务内容是否达到预期。

效果评价主要评估干预措施对干预对象健康状况产生的相关影响的变化效果，评价的内容是抑郁情绪、孤独感与孤立程度，从时间上分为短期效果评价和中期效果评价，前者着重考察干预效果是否达到预期，后者着重考察干预效果的可持续性，其评价指标主要包括：①干预前后抑郁情绪的变化情况；②干预前后生活满意度的变化情况；③干预前后孤独感的变化情况；④干预前后孤立程度的变化情况。

（三）心理层面的干预实验

1. 实验目的

本实验研究的目的之一是探究前章证据实施后的本土化效果，目的之二是探究非结构式常规社会工作干预措施与专业疗法之间的区别与联系。基于此，本实验研究干预的措施包括：团体生命回顾疗法和常规干预两种类型。我们将对干预组采用团体生命回顾疗法的干预模式，对对照组采用常规干预的干预模式。

所处社区环境层面，一方面 C 市老龄工作委员会和各级地方政府已经建立起运转有序的社区支持网络，如节日探访、健康建档和政策支持等，各社区服务内容基本一致；另一方面社区很少能做到根据社区的具体情况和老人的健康状况进行"量体裁衣"的干预，地区差异性不强，因而同质性较高。因此，我们将已有的社区服务视为无干预背景环境。

2. 理论基础

老年抑郁症状属于一种精神情绪，是人在遭遇困境时产生的正常的情绪反应，在长期照护老人中比较常见，当抑郁症状长时间得不到调节时，就会发展为抑郁症，严重者可能出现自残自杀行为[1]。针对老人的抑郁症状，目前主要有药物干预和非药物干预两种。但大量的研究表明，药物治疗存在诸多副作用。社会工作作为预防和缓解心理疾患的基层防线，可以提供多种干预方法以缓解老年抑郁症状的进一步恶化。其中，生命回顾疗法由于其操作程序标准、回忆内容熟悉、伤害性小、经济效益高等优势条件常常被社会工作者采用。源自老年精神医学的生命回顾疗法，是 1963 年 Butler 根据 Erikson 的心理社会发展理论和 Aichley 的持续理论提出的，指通过引导老人回顾以往的生活，重新体验过去生活的片段，并给予新的诠释，协助老人了解自我、减轻失落感、增强自尊心及增进社会化的治疗过程[2]。回忆疗法按照参与人数可以分为个体回忆疗法和团体回忆疗法两种形式。按照回忆内容的深入程度不同，Westerhof 和 Webster 将回忆疗法分为三种形式：简单回忆、生命回顾和生命回顾疗法[3]。简单回忆适用于无药物治疗的精神症状的老人。生命回顾需要实施者根据老人情况，通过标准化流程制订干预计划和实施干预。生命回顾疗法是高度结构化的一种心

① Mcgirr A, Renaud J, Seguin M, et al. An examination of DSM-IV depressive symptoms and risk for suicide completion in major depressive disorder：A psychological autopsy study ［J］. Journal of affective disorders, 2007, 97 (1)：203-209.

② Hsieh H F, Wang J J. Effect of reminiscence therapy on depression in older adults：A systematic review ［J］. International journal of nursing studies, 2003 (40)：335-345.

③ Westerhof G J, Bohlmeijer E, Webster J D. Reminiscence and mental health：a review of recent progress in theory, research and inIerventions ［J］. Ageing & Sociely, 2010, 30 (4)：697-721.

理治疗方法，适用于患有抑郁等精神疾病的老年人①。

3. 实验方法

（1）团体生命回顾疗法

团体生命回顾疗法顾名思义是以团体形式来完成生命回顾治疗的疗法，一般 6~12 人为一组开展。它来源于心理社会理论，是指通过帮助老年人回忆自己的过往经历，重新感受过往经历并形成新的诠释和意义，以此帮助服务对象更好地了解和认清自我，减轻老年时期的失落感，增强个人自尊心，促进其社会化的过程②。生命回顾疗法对抑郁症、情绪问题、认知功能下降、躁动行为、精神障碍、提高生命质量的问题的干预有显著的效果③。由于该疗法简单易行、操作简便，能起到促进老人康复及提高其生命质量的作用。尽管该疗法被广泛使用，但在长期照护领域如何与家庭成员形成积极配合作用的研究并不多见④。

（2）非结构式常规社会工作干预

非结构式社会工作干预是相对于结构性社会工作干预而言的，主要指各项干预内容没有明确目的或目的性不统一，项目分布计划没有结构性系统特征的社会工作干预方式。对于长期照护老人，本实验中非结构式常规的社会工作项目服务内容主要包括感情慰藉、生活帮扶、社会支持三方面。感情慰藉主要由社工提供心理疏导服务，使老人的心理伤痛逐渐得到减轻，使其更积极乐观地面对现实生活，体会到来自他人、社会的关爱，能够以健康的精神状态投入未来生活。这一主题服务主要包括了庆生会、节日陪伴和电话慰问等活动。生活帮扶也主要由专业社工提供服务，缓解

① 樊惠颖，李峥. 怀旧疗法在老年痴呆患者中的应用进展 [J]. 中华护理杂志，2014，49（6）：716-720.

② 冯辉，高婧，袁群，等. 老年抑郁症的回忆治疗干预研究进展 [J]. 中国老年学，2010，30（13）：1920-1923.

③ Bohlmeijer E, Roemer M, Cuijpers P, et al. The sffects of rem-iniscence on phycological well-being in older adults: a mentaanalysis [J]. Aging and mental health, 2007, 11（3）：291-300.

④ 刘炳炳，陈雪萍. 回忆疗法治疗老年失智症的研究现状 [J]. 护士进修杂志，2015，30（4）：301-303.

老人消极心理状况，解决老人的现实问题，提高老人生活质量。接受帮扶的老人多存在资源匮乏、生活困难、能力有限或精神状况极差等情况，项目组需要安排专业社工深度介入，完成增能与链接社会资源，帮助解决老人实际生活困难的问题。社会支持主要通过志愿者结对帮扶的形式开展。每个有需要的长期照护对象对应 2~3 名志愿者，经过严格的培训，每次活动均由督导全程监管。志愿者服务内容包括两个部分：每周 1 次电话慰问，提供亲情关怀；每月 1 次上门探访，实际接触和了解老人所需。志愿者关心老人的日常生活状态，帮助其拓展社会网络，维护社会联系等。

4. 实验方案

根据前章所述 PICOSS 原则，研究对象为长期照护老人，干预措施为团体生命回顾疗法，对照措施为非结构式常规社会工作服务，研究结果采用专业量表，证据生产环境为社区养老服务中心，研究设计为准实验研究方案。

（1）干预组

以 JONES① 的团体回忆治疗方案为基础，结合当地实际情况制订结构性团体回忆治疗方案，对实施服务的社会工作者开展培训，确保每个社工理解并掌握团体回忆治疗的目标、原则和操作技术，计划服务 6 周，每周实施 1 次，每次 45 分钟左右。每次小组活动设置一个回忆主题，包括老电影、老照片和老歌曲等，根据回忆主题的不同，社工将引导大家对过去快乐的时光进行回顾和分享。在治疗的过程中，社工除了分享康养知识之外，还会注意输入鼓励、支持与信念。干预步骤见表6-6。

---

① John, Adams. Reminiscence therapy for older women with depression：effects of nursing intervention classification in assisted-living long-term care. ［J］. Nursing older people, 2003, 15（6）：8-8.

表 6-6　缅怀疗法的干预步骤

步骤	内容	耗时
引入	自我介绍，回顾上一次的主题	5 分钟
回忆往事	根据本次小组的主题，先让老人观看引导物，然后用开放式提问的方式，引导老人讲述其想起的往事	15 分钟
回顾体验	根据老人讲述的往事片段，干预者营造正性氛围，使老人感知更多积极体验	15 分钟
评价引导	引导老人讲述此次活动的价值、经验和感受，干预者对治疗效果进行正向评价和引导	10 分钟

（2）对照组

对照组给予非结构式常规社会工作服务，包括感情慰藉、生活帮扶、社会支持。服务不设置共同主题，每周服务 1~3 次，服务时长在半小时以内。

5. 基线数据

在进行干预之前，实施者会告知干预对象本次研究的目的，取得老人对研究的支持，并口头承诺或签署知情同意书。然后，开始收集基线数据，主要包括：人口学特征信息、病史、自理能力、长期照护情况和各种量表等。由表 6-7 可知，除了慢病数量之外，其他指标差异没有统计学意义，基本可以认为干预组和对照组处于同一基础水平。

表 6-7　基本信息表

项目	干预组	对照组	P
性别（男/女）	24/25	27/18	0.289
年龄	70.35±4.715	69.04±3.126	0.714
婚姻状况	21/28	21/24	0.121
受教育年限	5.90±2.881	5.56±3.507	0.605
慢病数量	3.96±1.079	3.44±1.035	0.021
ADL	61.51±5.895	60.51±4.352	0.356
长期照护时长（月）	4.47±1.916	4.49±1.753	0.959

注：婚姻状况分为已婚状态/非婚姻状态（含未婚、离婚、丧偶），长期照护时长为本护理阶段连续时长。

6. 评价方法

抑郁症状的观测采用 GDS 量表，本研究中阿尔法效度为 0.894。该量表适用于老年人抑郁状况的测定，共有 30 个条目，总分为 30 分，分值越高，抑郁程度越严重。0 到 10 分为正常，11 到 20 分为轻度抑郁，21 到 25 分为中度抑郁，26 到 30 分为重度抑郁。

生活满意度的观测采用生活满意度指数 A 量表①（LISA）。该量表内部一致性 α 系数为 0.78，折半信度为 0.70，关联效度在 0.70~0.80 之间，结构效度在 0.59~0.80 之间，量表信度和效度较好。该量表适用于老年人生活满意状态的测定，总分 0 到 40 分，分数越高，代表老人对目前生活的满意度越好。该量表包括 20 个条目，5 个方面，其中 13 个条目选同意计 2 分，选不确定计 1 分，选不同意计 0 分，7 个条目选不同意计 2 分，选不确定计 1 分，选同意计 0 分。

采用 SPSS19.0 统计学软件进行数据处理。计量资料采用均数±标准差表示，组间差异采用独立样本 t 检验，干预前后差异采用配对样本 t 检验。LISA 与 GDS 相关性分析采用 Spearman 相关性分析。$P < 0.05$，差异有统计学意义。

7. 干预实验流程

本实验在 C 市多个社区养老服务中心共招募到 100 名符合研究条件且同意配合完成干预的老人，收回基线问卷调查共计 100 份，剔除胡乱填写（答案一致）、无效和重复问卷 2 份，最终剩余有效问卷 98 份，其中干预组达成有效问卷 50 份，对照组达成有效问卷 48 份，基线调查的应答有效率为 98%。干预服务过程中依旧以原每组 50 人为单位进行前后测量，由于老人不愿继续接受服务、搬家或去世等原因共失访 5 人，其中干预组失访 1 人，对照组失访 4 人，失访率 5%。最终数据呈现以完成所有数据采集和干预流程的老人为研究对象，即干预组 49 人，对照组 45 人。干预前，干预组和对照组组间 GDS 值和 LISA 值经过独立样本 t 检验，无统计学意义的显著差异，均大于 0.05 显著性水平。这说明干预前，干预组和对照组处

---

① Neugarten B L, Havighurst R J, Tobin S S . The measurement of life satisfaction. [J]. Journal of gerontology（2）：134.

于同一基线水平，适合开展准实验研究。

8. 结果

（1）干预前后抑郁水平评分结果

本研究分别在干预后1周和5周进行了数据收集，抑郁症状的变化分别如表6-8和表6-9所示。干预前，干预组的抑郁水平（GDS）为22.67±2.875，对照组的抑郁水平（GDS）为23.29±2.685，其组间 Sig 双侧为0.382，$P > 0.05$，差异无统计学意义。干预1周后测得，干预组抑郁水平（GDS）下降为19.98±2.087，与干预之前的均值差为-2.694±2.043，$P = 0.00$，其差异具有统计学意义。对照组抑郁水平（GDS）下降为22.51±2.351，与干预之前的均值差为-0.778±1.412，$P = 0.01$，其差异同样具有统计学意义。干预5周后测得，干预组抑郁水平（GDS）虽然也上升为22.08±2.524，与干预之前的均值差为-0.592±1.322，$P = 0.03$，不过其差异仍然具有统计学意义。对照组抑郁水平（GDS）虽然又恢复到了23.24±2.723，与干预之前的均值差为-0.044±1.086，$P = 0.785$，其差异不具有统计学意义。这说明6周的团体回忆疗法对于长期照护老人抑郁情绪问题具备改善性疗效，虽然其效果在1个月之后有所减少，不过仍然有着具有统计学意义的改善效果。而非结构式常规社会工作服务虽然在短期有着具备统计学意义的改善效果，不过其效果很快消失。

表6-8　干预1周后两组GDS得分比较（x±s，分）

组别	n	干预前	干预后	均值差	95%置信区间	t 值	P 值
干预组	49	22.67±2.875	19.98±2.087	-2.694±2.043	-3.281，-2.107	-9.229	0.00*
对照组	45	23.29±2.685	22.51±2.351	-0.778±1.412	-1.202，-0.353	-3.694	0.001*

注：*具有统计学意义上的显著性。

表6-9　干预5周后两组GDS得分比较（x±s，分）

组别	n	干预前	干预后	均值差	95%置信区间	t 值	P 值
干预组	49	22.67±2.875	22.08±2.524	-0.592±1.322	-0.971，-0.212	-3.135	0.03*
对照组	45	23.29±2.685	23.24±2.723	-0.044±1.086	-0.371，0.282	-0.274	0.785

注：*具有统计学意义上的显著性。

（2）干预前后抑郁水平评分多重检验结果

本研究在干预前、干预1周后以及干预5周后对 GDS 进行了数据的收集，采用多重检验的方法对三组数据进行检验，多重检验结果如表 6-10 和表 6-11 所示。可以发现，实验组采用多重检验后发现球形检验度小于 0.05，不符合球形检验需要，采用 greenhouse 的校正方法进行校正，校正后得到 F 值为 59.082，P 值为 0，具有统计学差异，因此判断实验组 GDS 得分出现了统计学上的显著差异。而对照组方面的球形检验度得分为 0.054，大于 0.05，不具有统计学上的显著差异，符合球形检验需要，因此采用球形检验，其假设球形度 F 值为 9.504，P 值为 0，具有统计学上的显著差异，因此判断对照组随着时间的改变在抑郁方面的得分也发生了显著的改变。

表 6-10　两组 GDS 得分多重检验比较

组别	n	球形检验度	均方	F	P 值
实验组	49	0.002ᵃ	120.381	59.082	0.000*
对照组	45	0.054	8.585	9.504	0.000*

注：ª不符合球形检验，采取 greenhouse 校正结果。*具有统计学意义上的显著性。

表 6-11　两组 GDS 得分组间效应比较

组别	n	干预前 * 干预1周后		干预前 * 干预5周后		干预1周后 * 干预5周后	
		均值差	P 值	均值差	P 值	均值差	P 值
实验组	49	2.694±0.581	0.000*	0.592±0.38	0.003*	-2.102±0.578	0.000*
对照组	45	0.778±0.425	0.001*	0.044±0.326	0.785	-0.733±0.45	0.002*

注：*具有统计学意义上的显著性。

由于实验组和对照组的抑郁方面得分通过多重检验发现其结果都出现了统计学上的显著性，因此进而对组间效应进行分析。可以发现实验组干预前与干预1周后之间得分均值差为 2.694±0.581，且 P 值为 0，在统计学上呈现显著性，这说明实验组经过干预后的第1周其抑郁情况得到了显著的改善，这也就是说疗法对于抑郁症状起到了一定的作用。同理，干预前和干预 5 周后的均值差为 0.592±0.38，P 值为 0.003，同样呈现统计学上的显著性。这说明实验组即使是在干预 5 周后与干预前仍然有显著差异，这说明干预的有效性是持续的。然而当对比干预 1 周后和干预 5 周后可以发现，两者均值差为−2.102±0.578，P 值为 0。这说明随着时间的推移，干预后实验组的干预效果是逐渐下降的，并且还是统计学意义上的显著下降，也就是说随着时间的推移，干预效果可能会逐渐减弱。但结合整体来看，干预前和干预 5 周后还是发生了统计学上的显著差异，因此可以判断实验组采用的干预方法使抑郁状况得到了有效改善。对于其效果是否具有持续性，则需要后续进一步的研究探讨。

对于对照组，可以发现干预前和干预 1 周后的抑郁得分均值差为 0.778±0.425，P 值为 0，在统计学上呈现显著性差异，这说明对照组采用的对照措施在实施后同样产生了显著效果。而关注其干预 1 周后和干预 5 周后的抑郁得分的均值差为−0.733±0.45，P 值为 0.002，呈现了统计学上的显著差异，这表明随着时间的推移，对照组所采取的对照措施起到的干预效果在逐渐减弱。而干预前和干预 5 周后的抑郁得分均值差为 0.044±0.326，P 值为 0.785，没有呈现统计学差异。综合来看，对照组的结果显示，尽管采取干预后，对照组的抑郁情况同样有所改善，但随着时间的推移，到干预 5 周后，对照组的抑郁得分恢复到与干预前近似的水平，这也就是说对照组所采取的干预没有有效帮助老人减轻抑郁并改善情况。通过两组情况的比较可以认为实验组采取的回忆疗法可以有效改善失能老人抑郁情况。

（3）两组干预生活满意度水平评分结果

同样的，本研究分别在干预 1 周和 5 周后进行了数据收集，生活满意度水平的变化分别如表 6-12 和表 6-13 所示。干预前，干预组的生活满意度水平（LISA）为 9.55±2.011，对照组的生活满意度水平（LISA）为 9.47±1.766，LISA 值组间 Sig 双侧＝0.778，$P>0.05$，差异无统计学意义。

表 6-12　干预 1 周后两组 LISA 得分比较（x±s，分）

组别	n	干预前	干预后	均值差	95% 置信区间	t 值	P 值
干预组	49	9.55±2.011	10.08±2.110	0.531±0.767	0.310，0.751	4.846	0.000*
对照组	45	9.47±1.766	9.89±1.933	0.422±1.357	0.015，0.830	2.088	0.043*

注：* 具有统计学意义上显著性

表 6-13　干预 5 周后两组 LISA 得分比较（x±s，分）

组别	n	干预前	干预后	均值差	95%置信区间	t 值	p 值
干预组	49	9.55±2.011	9.84±2.014	0.286±0.612	0.110，0.462	3.266	0.002*
对照组	45	9.47±1.766	9.53±1.673	0.067±0.495	-0.082，0.216	0.903	0.372

注：* 具有统计学意义上显著性

干预 1 周后测得，干预组生活满意度水平（LISA）上升为 10.08±2.110，与干预之前的均值差为 0.531±0.767，$P=0$，其差异具有统计学意义。对照组生活满意度水平（LISA）上升为 9.89±1.933，与干预之前的均值差为 0.422±1.357，$P=0.043$，其差异同样具有统计学意义。干预 5 周后测得，干预组生活满意度水平（LISA）虽然变化为 9.84±2.014，与干预之前的均值差为 0.286±0.612，$P=0.002$，但是其差异仍然具有统计学意义。对照组生活满意度水平（LISA）变化为 9.53±1.673，与干预之前的均值差为 0.067±0.495，$P=0.372$，其差异不具有统计学意义。

另外，研究发现，"我感到老了、累了""我的生活原本很美好"和"现在是我人生中最沉闷的时期"三个负向条目的肯定性回答比率最高，且干预前后改变情况最差，变化率为 2.2%、3.4% 和 4.1%。"回首往事，我很满足""我得到了相当多我所期望得到的东西"和"我估计最近会遇到有趣的令人愉快的事情"三个正向条目的肯定性回答比率最高，且干预前后改变情况最好，改善率为 54.6%、46.8% 和 39.2%。

这说明 6 周的团体回忆疗法对于长期照护老人生活满意度水平同样具备改善性效果，虽然其效果在一个月之后有所减少，不过仍然具有统计学意义。而非结构式常规社会工作服务虽然在短期有着具备统计学意义的改善效果，不过其效果一个月后就消失了。

（4）两组干预生活满意度水平评分多重检验结果

本研究同样对 LISA 的得分情况在干预前、干预 1 周后以及干预 5 周后进行了数据的收集，同样使用多重检验的方法进行检验，多重检验结果如表 6-14 和表 6-15 所示。实验组的球形检验度为 0.206，大于 0.05，符合球形检验，其假设球形度 F 值为 14.369，P 值小于 0.05，具有统计学上的显著差异，也就是说实验组通过回忆疗法后其失能老人 LISA 得分出现了明显的效果。而对照组多重检验显示其球形检验度为 0，具有统计学上的显著差异，说明其不符合球形检验，因此对其进行 greenhouse 校正方法进行校正，其 F 值为 3.685，P 值为 0.53，不具有统计学上的显著性。这就是说对照组采用的对照方法没有让失能老人的 LISA 得分出现显著改变，对照组没有效果。

表 6-14　两组 LISA 得分多重检验比较

组别	n	球形检验度	均方	F	P 值
实验组	49	0.206	3.681	14.369	0*
对照组	45	0.000[a]	3.832	3.685	0.53

注：[a] 不符合球形检验，采取 greenhouse 校正结果。* 具有统计学意义上的显著性。

表 6-15　两组 LISA 得分组间效应比较

组别	n	干预前 vs 干预 1 周后		干预前 vs 干预 5 周后		干预 1 周后 vs 干预 5 周后	
		均值差	P 值	均值差	P 值	均值差	P 值
实验组	49	−0.531±0.22	0.000*	−0.286±0.176	0.002*	0.245±0.199	0.017*
对照组	45	−0.422±0.408	0.043*	−0.067±0.149	0.372	0.356±0.391	0.356

注：* 具有统计学意义上的显著性。

对两组 LISA 得分的组间效应进行计算，实验组干预前与干预 1 周后均值差为 −0.531±0.22，P 值为 0，呈现出统计学意义上的显著性，这说明实验组在经过干预后发生了显著的改变，但在干预 1 周后和干预 5 周后，实验组的均值差为 0.245±0.199，P 值为 0.017，这说明随着时间的推移，实验组的改善效果出现了下降的趋势，但将整个测量过程和干预过程的时间线拉长来看，可以发现干预前与干预 5 周后均值差达到 0.245±0.199，P 值为 0.017，呈现出统计学上的显著意义。这说明从长时间来看，LISA 得分出现了显著的改变，回忆疗法对老人生活满意度起到了有效的改善作用。而对照组尽管干预前与干预 1 周后均值差为 -0.422 ± 0.408，P 值为 0.043，呈现出统计学上的显著差异，说明对照组的干预方法在干预 1 周后呈现出干预有效。但观察干预前与干预后 5 周的均值差为 -0.067 ± 0.149，P 值为 0.372，呈现出统计学上的显著差异，这就是说对照组的干预效果长期来看是无效的，其对生活满意度的效果随时间的流逝而减弱，因此可以判断对照组无效。综上所述可以判断回忆疗法对生活满意度有显著的改善效果。

9. 讨论

本研究依托系统评价证据，结合现实场景开展社会工作干预实验，探索了团体生命回顾治疗专业疗法对于长期照护老人心理层面的疗效。结果表明团体生命回顾治疗在改善抑郁情绪和提高生活满意度水平两方面能够达到预期效果。而非结构式常规社会工作干预服务虽然也能在上述两方面取得短期改善效果，但其效果都不可持续。两种干预方法从成本而言，团体生命回顾治疗仅在前期准备和计划时多耗费一些时间，实施过程中两种干预的时间和人力成本无差异，后期评估过程中团体生命回顾治疗由于已经准备好各种测量工具，更有利于评估工作开展。

抑郁情绪方面，干预前，干预组的抑郁水平（GDS）为 22.67 ± 2.875，对照组为 23.29 ± 2.685，属于中等抑郁水平。干预 1 周后测得，干预组为 19.98 ± 2.087，属于轻度抑郁水平；对照组为 22.51 ± 2.351，属于中等抑郁水平。干预 5 周后测得，干预组又上升为 22.08 ± 2.524，对照组为 23.24 ± 2.723，全都回到中等抑郁水平，不过其分值较干预前有显著差异。本实验中所涉及的长期照护老人大多属于中等抑郁程度，没有器质性病变，没有发展到必须用药物控制的抑郁症水平。因此，相对于药物治疗和物理治疗，生命回顾治疗是一种安全性很高且能产生疗效的适宜方法，且干预技术相对简单、易学习、易掌握，主要通过分享老物件回忆过去，将老人带回"过去的美好时光"，引导其重新进行正面的诠释，从而达到了解自我、认识现实和正确处理周遭关系的目的，进而减轻其失落感、增强自尊感、增加自我价值感，甚至使老人从中度抑郁水平恢复到了轻度抑郁水平。研究发现，干预过程应该注重帮助长期照护老人反省对过去事件的内在感受，鼓励其对往经历用更加正确的心态去面对，通过重新体验过去的生活和工作的美好片段，增强对现在生活环境，特别是需要长期受人照护的现实的适应能力，达到更新自我、完善自我的新目标。团体形式的研究设计也会让老人发现其他成员和自己相似的抑郁情绪，在这样的同质群体中老人更容易彼此共情，有助于老人相互之间的交流、鼓励与支持。不过团体治疗之前必须做好准备，明确每节干预的目的，制订好合理的计划和步骤，对意外情况需要做出充分估计和准备。例如，有些老人在回忆时产生严重负面情绪，影响小组氛围。这个时候就需要对老人进行及时的单独开导与隔离，并在老人恢复正向情绪之后，让其返回小组，交流正面情绪经验，从而确保团队成员之间的正向交流与合作。

生活满意度方面，干预前，干预组的生活满意度水平（LISA）为 9.55 ± 2.011，对照组为 9.47 ± 1.766。干预 1 周后测得，干预组上升为 10.08 ± 2.110，对照组为 9.89 ± 1.933，干预 5 周后，干预组为 9.84 ± 2.014。对照组为 9.53 ± 1.673。由此可见，整个干预过程中，长期照护老人的生活满意度水平都不高。生活满意度作为反映个体生活质量的主观评价[1]，从总体得分而言，可以看出长期照护老人对生活质量的主观感受是不乐观的。不过，通过比较实验可以发现团体生命回顾治疗在提升老人生活满意度水平方面比非结构性常规社会工作服务有更好的效果。研究发现，团体生命回顾治疗过程中，一方面可以通过提供团队成员合作与分享的机会，保证每个老人都参与其中，在互动的过程中促进人际交往，恢复老人对生活的兴趣，从而提高生活质量；另一方面可以让老人在友好的团体氛围中回忆美好过往，认识到自己的优势和价值，获得更多积极体验，让老人们更加自信、乐观，也有助于提高"回首往事，我很满足""我得到了相当多我所期望得到的东西"和"我估计最近会遇到有趣的令人愉快的事情"等条目

---

① 谢萍香，陈宇丽.怀旧治疗对老年人抑郁症状及生活质量的影响［J］.当代医学，2014，20（4）：2.

的得分。实验组和对照组在干预后的 1 周均呈现出显著的改善效果，但是再过 1 个月后，对照组生活满意度的改善性效果消失。这说明非结构式常规社会工作服务可能只是在结对服务过程中让老人感受到了陪伴的温暖，一旦陪伴消失，效果也消失，该模式对生活满意度水平没有持续改善能力。而提供团体生命回顾治疗的实验组则更多通过激发老人的互动作用和树立心理旗帜，让满意度的改善效果的持续性更强。然而，虽然 1 个月后仍具有效果，但效果下降比较明显。相对于非结构式常规社会工作服务的短暂效果，团体生命回顾治疗改善效果更为显著，但随时间推移也会减少，其持续生效时间或者进一步服务之后的效果叠加时间有待进一步研究。

（四）社会层面的干预实验

1. 实验目的

本实验研究的目的之一是探究前章证据实施后的本土化效果，之二是探究常规社会工作干预措施与专业疗法（团体回忆疗法）之间的区别与联系。基于此，本研究干预的措施包括团体活动干预、常规干预、无干预、三种类型。我们将对干预组采用团体活动的干预模式，对对照组采用常规社会工作服务干预的模式。鉴于长期照护老人身体条件的特殊性，团体干预的实现通过智能手机或智能平板等媒介达成。因此，本干预也可以看作对于远程团体回忆疗法有效性的一次实验研究。同时，本干预实验所处的社区环境同心理层面的干预实验相同，情况一致。

2. 理论基础

持续活动理论最早由 Neugarten 提出，又称连续理论（countinuity theory），其所属心理学老化研究中延缓或适应老化的理论。该理论认为，老年是中年的延续，个体延续性的行为更有利于老年人进入新的角色。老年人也应同中年人一样参与社会事务及活动，并积极地寻找与过去角色相似的生活形态。此外，社会活动是个体生活的基础，处在老年期的个体同样需要活动去积极应对自我老化，其重点在于积极进行社会接触、继续参加以往的社会活动，在活动的参与中获得积极心态、充实感和幸福感。

3. 实验方法

（1）智能网络互助小组

正如前文提到，智能网络互助小组是干预实验中，团体活动类干预板块的行动方式。城市化和科技发展尽管带来了诸多便利，但也给老年人带来了困难。由于衰老，人的生理机能出现退化，老年人出现的语言、认知功能退化，导致其在使用电子信息设备时产生障碍。他们与网络社会之间似乎隔着一条"数字鸿沟"。让老年人学会使用智能设备，相互之间形成网络社交，让老人习惯这种社交方式，让老人与自己的家人形成网络互动，最终形成固定的邻里网络互动和家庭网络互动。

（2）常规干预

对于长期照护老人，常规的社会工作项目服务内容主要包括感情慰藉、生活帮扶、社会支持三方面。感情慰藉主要由专业的社工提供，使老人的心理伤痛逐渐得到减轻，使其更积极乐观地面对现实生活，体会到来自他人、社会的关爱，能够以健康的精神状态投入未来生活。这一主题服务主要包括了庆生会、节日陪伴和电话慰问等活动。生活帮扶主要也由专业社工提供，缓解老人消极心理的问题，解决老人的现实问题，提高老人生活质量。接受帮扶的老人多存在资源匮乏、生活困难、能力有限或精神状况极差等情况，项目组安排专业社工深度介入，完成增能与链接社会资源，帮助解决老人实际生活困难。社会支持主要通过志愿者结对帮扶的形式开展。每个有需要的长期照护家庭对应 2~3 名志愿者，经过严格的培训，每次活动均由督导全程监管。志愿者服务内容包括两个部分：每周 1次电话慰问，提供亲情关怀；每月一次上门探访，实际接触和了解老人所需。志愿者关心老人的日常生活状态，帮助其拓展社会网络，维护社会联系等。

4. 实验方案

根据前章所述 PICOSS 原则，研究对象为目标长期照护老人，干预措施为智能网络互助小组，对照措施为常规干预分别实施，研究结果采用专业量表，证据生产环境为社区养老服务中心，研究设计为随机对照实验中拆卸设计的方案。

（1）干预组

结合当地实际情况制订结构性互助方案，对实施服务的社会工作者开展培训，确保每个社工理解并掌握小组服务的目标、原则和操作技术，计划服务6周，每周实施1次，每次45分钟左右。每次小组活动设置一个主题，包括使用手机拍照、用微信聊天视频等，根据小组主题的不同，社工将引导大家对智能设备进行学习和分享。在小组服务过程中，社工除了帮助老年人使用智能设备之外，还会注意输入鼓励、支持与信念。具体干预步骤见表6-16。

表6-16　构建智能网络互助小组干预步骤

步骤	内容	耗时
引入	自我介绍，互相认识	5分钟
认识智能设备	社工和志愿者为长者介绍智能手机或智能平板以及它们的使用步骤，包括简单的拍照等	15分钟
学习使用智能设备	社工和志愿者教授长者如何使用电话、微信聊天	15分钟
使用智能设备	长者试着使用智能手机拍照，给家人或小组成员拨打视频电话	10分钟

（2）对照组

对照组给予常规社会工作服务，包括感情慰藉、生活帮扶、社会支持。服务不设置共同主题，每周1~3次服务，服务时长在半小时以内。

5. 基线数据

在进行干预之前，实施者会告知干预对象本次研究的目的，取得老人对研究的支持，并口头承诺或签署知情同意书。在正式干预之前会先收集基线数据，主要包括：人口学特征信息、病史、自理能力、长期照护情况和各种量表等。由表6-17可知，除了慢病数量 P 值为0.008，该指标有显著差异之外，其他指标差异没有统计学意义，基本可以认为干预组和对照组处于同一基础水平。

表 6-17　基础信息表

项目	干预组	对照组	P
性别（男/女）	25/25	29/18	0.246
年龄	70.36±4.494	69.23±3.038	0.150
婚姻状况（男/女）	22/28	25/22	0.365
受教育年限	5.84±2.637	5.45±3.450	0.532
慢病数量	3.92±1.027	3.34±1.069	0.008
ADL	61.54±5.880	60.62±4.337	0.379
长期照护时长（月）	4.54±1.961	4.28±1.716	0.484

注：婚姻状况分为已婚状态/非婚姻状态（含未婚、离婚、丧偶），长期照护时长为本护理阶段连续时长。

6. 评价方法

在进行第一次干预时，实施者会告知干预对象本次研究的目的，争取其对研究的支持，并口头承诺或签署知情同意书。问卷的主要内容包括：人口学特征信息、病史、自理能力、长期照护情况、UCLA 孤独量表、自制社会孤立量表。

孤独感的观测采用 UCLA 孤独量表。该量表适用于测定老人对社会交往的渴望与实际水平的差距而产生心理落差的孤独程度。表中共设 20 个条目，分值在 20~80 分，得分越高表明孤独感越强。其中 20~34 分为轻微孤独体验，35~49 分为明显孤独体验，大于 50 分为具有较为强烈的孤独体验。

社会孤立是一个综合的衡量。有研究者从老人是否独居、与子女的居住距离、有无亲密交往的亲属及朋友等 4 个方面设置了 8 个问题来评判社会孤立的程度，分值越高，孤立程度越高，0 分为无社会孤立，3 分以上为严重社会孤立[①]。本研究对此量表进行了本土化改造，保留了 4 个维度

① Wenger G C, Davies R, Shahtahmasebi S, et al. Social Isolation and Loneliness in Old Age: Review and Model Refinement [J]. Ageing & Society, 1996, 16 (3): 333-358.

的设置，但问题减少到了 4 个，每个问题 1 分，同样的，分值越高，孤立程度越高。这些问题分别是"是否白天独自 1 人在家""是否有亲密交往的亲属""是否有亲密交往的近邻朋友"，对于第 4 个不适合中国的问题进行了优化，改为"老年人与子女是否至少 3 天联系一次"。

采用 SPSS24.0 统计学软件进行数据处理。计数资料采用卡方检验，计量资料采用均数±标准差表示，采用 t 检验与重复测量方差分析。

7. 干预实验流程

本实验在 C 市多个社区养老服务中心共招募到 100 名符合研究条件且同意配合完成干预的老人，收回基线问卷调查共计 100 份，剔除胡乱填写（答案一致）、无效和重复问卷 3 份，最终剩余有效问卷 97 份，其中干预组达成有效问卷 50 份，对照组达成有效问卷 47 份，基线调查的应答有效率为 97%。干预服务过程中依旧以原每组 50 人为单位进行前后测量，由于老人不愿继续接受服务、搬家或去世等原因共失访 6 人，其中干预组失访 4 人，对照组失访 2 人，失访率 6%。最终数据呈现以完成所有数据采集和干预流程的老人为研究对象，即干预组 46 人，对照组 45 人。干预前，干预组和对照组组间 GDS 值和 LISA 值经过独立样本 T 检验，无统计学意义的显著差异，均大于 0.05 的显著性水平。这说明干预前，干预组和对照组处于同一基线水平，适合开展准实验研究。

8. 结果

（1）干预前后孤独感评分结果

同样的，本研究分别在干预 1 周和 5 周后进行了数据收集，孤独感变化分别如表 6-18 和表 6-19 所示。干预前，干预组的孤独感程度（UCLA）为 44.11±7.984，对照组的孤独程度（UCLA）为 44.33±7.819。干预 1 周后测得，干预组孤独感程度（UCLA）下降为 35.80±6.138，与干预之前的均值差为 8.304±4.690，$P = 0$，其差异具有统计学意义。对照组孤独感程度（UCLA）下降为 38.40±5.315，与干预之前的均值差为 5.933±3.427，$P = 0$，其差异同样具有统计学意义。干预 5 周后测得，干预组和对照组的孤独感（UCLA）下降数值相比第 1 周相对减少，干预组的孤独感程度

（UCLA）下降为 39.17±6.793，与干预之前的均值差为 4.935±3.756，$P = 0$，但差异仍然具有统计学意义。对照组孤独感程度（UCLA）为 43.24±8.394，与干预之前的均值差为 1.089±1.379，$P = 0$，差异同样具备统计学意义。

表 6-18 干预 1 周后两组 UCLA 得分比较

组别	n	干预前	干预后	均值差	95%置信区间	t 值	P 值
干预组	46	44.11±7.984	35.80±6.138	8.304±4.690	6.912，9.697	12.010	0.000
对照组	45	44.33±7.819	38.40±5.315	5.933±3.427	4.904，6.963	11.614	0.000

表 6-19 干预 5 周后两组 UCLA 得分比较

组别	n	干预前	干预后	均值差	95%置信区间	t 值	P 值
干预组	46	44.11±7.984	39.17±6.793	4.935±3.756	3.819，6.050	8.911	0.000
对照组	45	44.33±7.819	43.24±8.394	1.089±1.379	0.675，1.503	5.298	0.000

另外，研究发现，"我感到老了、累了""我的生活原本很美好"和"现在是我人生中最沉闷的时期"三个负向条目的肯定性回答比率最高，且干预前后改变情况最差，变化率分别为 3.1%、3.2%和 4.2%。"回首往事，我很满足""我得到了相当多我所期望得到的东西"和"我估计最近会遇到有趣的令人愉快的事情"三个正向条目的肯定性回答比率最高，且干预前后改变情况最好，改善率分别为 50.1%，49.7%和 38.9%。

这说明智能互助网络小组对于降低长期照护老人的孤独感具备改善性疗效，且在短期内具有较为显著的效果，虽然改善效果在 5 周之后有所下降，不过仍然具有有着统计学意义的改善效果。而非结构式常规社会工作服务虽然在短期也具有有着统计学意义的改善效果，不过效果持续性较差，在干预 5 周左右测量其干预效果与干预前差别不大。

（2）干预前后孤独感评分多重检验结果

本研究在干预前、干预 1 周后以及干预 5 周后对干预对象的孤独感（UCLA）评分进行了数据收集，随后采用多种检验的方法对三组数据进行检验，多重检验结果如表 6-20 和 6-21 所示。从表 6-20 中数据可以发现，实验组采用多重检验后其球形检验度为0，小于0.05，不符合球形检验需要，采用 greenhouse 校正方法进行校正，校正后得到 F 值为 45.708，P 值为 0，具有统计学差异，因此判断实验组 UCLA 得分具有统计学上的显著差异。对照组采用多重检验后的球形检验度得分为 0，也不符合球形检验，仍采取 greenhouse 校正结果。对照组进行校正后 F 值为 92.568，P 值为 0，具有统计学上的显著差异，因此判断，对照组随着时间的改变，其孤独感得分也发生了差异性改变。

表 6-20　两组 UCLA 得分多重检验比较

组别	n	球形检验度	均方	F	P 值
实验组	46	0	5 810.977	45.708	0
对照组	45	0	761.011	92.568	0

表 6-21　两组 UCLA 得分组间效应比较

组别	n	干预前 vs 干预 1 周后		干预前 vs 干预 5 周后		干预 1 周后 vs 干预 5 周后	
		均值差	P 值	均值差	P 值	均值差	P 值
实验组	46	−12.304*±3.923	0	−15.674*±4.435	0	−3.370*±1.087	0
对照组	45	5.933*±1.03	0	1.089*±0.414	0	−4.844*±1.181	0

注：* 具有统计学意义上的显著性。

由于实验组和对照组的孤独感（UCLA）得分通过多重检验，结果都出现了统计学上的显著性，因此进而对组间效应进行分析。从表 6-21 中可以得出，实验组干预前和干预 1 周后得分的均值差为 −12.304±3.923，且 P 值为 0，在统计学上呈现显著差异，说明实验组经过干预后在第 1 周的孤独感情况得到了显著的改善，也就说明了智能网络互助小组的干预方式对于改善孤独感起到了一定作用。干预前和干预 5 周后的均值差为 −15.674±4.435，P 值依然是 0，同样呈现统计学显著差异，说明智能网络互助小组的干预有效性是持续的。同理，干预 1 周后和干预 5 周后得分的均值差为 −3.370±1.087，这说明干预后随着时间的推移，干预的效果逐渐下降，并且 p 值为 0，说明在统计学上效果下降差异呈现显著性，也就是说随着时间的推移，智能网络互助小组对于孤独感的干预效果会逐渐减弱。但是从整体来看，干预前和干预5周后的孤独感得分结果还是发生了统计学上的显著差异，因此可以判断出智能网络互助小组对于改善孤独感的干预手段具有有效性。不过该干预手段的效果持续性问题，需要后续进一步的研究探讨。

从对照组的组间效应来看，可以得出干预前和干预1周后孤独感（UCLA）的得分均值差为 5.933 ± 1.03，P 值为0，在统计学上呈现显著差异，这说明对照组采用的社工常规干预对于孤独感改善也起到了显著效果。干预前和干预5周后的均值差为 1.089 ± 0.414，P 值为0，在统计学上呈现显著差异，说明随着时间的推移，采用社工常规干预对于孤独感的改善也具有有效性，干预效果具有持续性。同理，干预1周后和干预5周后的均值差为 -4.844 ± 1.181，这说明干预后实验组随着时间的推移，干预的效果逐渐下降，并且 P 值为0，说明在统计学上效果下降差异呈现显著性，也就是说随着时间的推移，社工常规干预对于孤独感的干预效果会逐渐减弱。从整体来看，社工的常规干预对于孤独感的改善也是具有有效性的，但是随着时间的推移，常规干预的有效性会逐步减少。并且从两组数据来看，相比于实验组采用的智能网络互助小组的干预方式，对照组的社工常规干预的干预效果随着时间推移减弱得更明显。

（3）干预前后孤立程度评分结果

本研究分别在干预1周和干预5周后进行了数据收集，社会孤立情况的变化分别如表6-22和表6-23所示。干预前，干预组的社会孤立水平（lone）为 2.67 ± 0.474，对照组的社会孤立水平（lone）为 2.78 ± 0.420，P 值为0.71，大于0.05，说明差异无统计学意义。干预1周后测得，干预组社会孤立水平（lone）下降为 2.41 ± 0.541，与干预之前的均差值为 0.261 ± 0.444，$P = 0$，其差异具有统计学意义。对照组抑郁水平（lone）下降为 2.76 ± 0.435，与干预之前的均值差为 0.022 ± 0.398，$P = 0.710$，其差异不具有统计学差异。干预5周后测得，干预组的社会孤立水平（lone）虽然上升为 2.52 ± 0.505，与干预之前的均差值为 0.152 ± 0.363，$P = 0.007$，其差异仍具有统计学意义，对照组的社会孤立水平（lone）上升为 $2.80 \pm$

0.405, $P = 0.57$, 不具有统计学意义, 相较于干预前的社会孤立水平反而有所提高。

表 6-22　干预 1 周后两组 lone 得分比较

组别	n	干预前	干预后	均值差	95%置信区间	t 值	P 值
干预组	46	2.67±0.474	2.41±0.541	0.261±0.444	0.129, 0.393	3.985	0.000
对照组	45	2.78±0.420	2.76±0.435	0.022±0.398	-0.097, 0.142	0.374	0.710

表 6-23　干预 5 周后两组 lone 得分比较

组别	n	干预前	干预后	均值差	95%置信区间	t 值	P 值
干预组	46	2.67±0.474	2.52±0.505	0.152±0.363	0.044, 0.260	2.842	0.007
对照组	45	2.78±0.420	2.80±0.405	-0.022±0.260	-0.100, 0.056	-0.573	0.570

这说明 6 周的智能互助网络小组对于长期照护老人的社会孤立水平具备一定的改善效果，虽然其有效性随着时间的推移有所减少，不过仍然有着具有统计学意义的改善效果。而非结构式常规社会工作服务无论是从短期还是长期的效果来看，均不具备统计学意义。

（4）干预前后孤立程度评分多重检验结果

本研究在干预前、干预 1 周后以及干预 5 周后对孤立程度（lone）的得分情况进行了数据收集，同样使用多重检验的方法进行检验，检验结果如表 6-24 和表 6-25 所示。实验组的球形检验度为 0.02，小于 0.05，形成了统计学上的显著差异，不符合球形检验，采取 greenhouse 校正结果后，得到 F 值为 11.072，P 值为 0，在统计学上呈现显著差异，也就说明实验组通过智能网络互助小组的干预改善了服务对象的孤立状况。同理，对照组通过多重检验得出的球形检验度为 0.007，具有统计学上的显著差异，说明其不符合球形检验，因此对其进行 greenhouse 校正方法进行校正，其 F 值为 0.37，P 值为 0.653，不具有统计学上的显著性。这就是说对照组采用的对照方法没有让失能老人的孤立程度得分出现显著改变，对照组的干预手段不具有有效性。

表 6-24　两组 lone 得分多重检验比较

组别	n	球形检验度	均方	F	P 值
实验组	46	0.02	0.919	11.072	0.000
对照组	45	0.007	0.027	0.370	0.653

表 6-25　两组 lone 得分组间效应比较

组别	n	干预前 vs 干预 1 周后		干预前 vs 干预 5 周后		干预 1 周后 vs 干预 5 周后	
		均值差	P 值	均值差	P 值	均值差	P 值
实验组	46	0.261* ±0.177	0	0.152* ±0.108	0.007	−0.109* ±0.094	0.024
对照组	45	0.022±0.12	0.710	−0.022±0.078	0.570	−0.044±0.11	0.420

注：* 具有统计学意义上的显著性。

对两组孤立程度得分的组间效应进行计算，实验组干预前与干预 1 周后的得分均值差为 0.261±0.177，P 值为 0，在统计学上呈现显著差异，说明实验组经过智能网络互助小组的干预后出现了显著的改善效果。实验组干预前和干预 5 周后的得分均值差为 0.152±0.108，P 值为 0.007，在统计学上有显著差异，说明智能网络互助小组对孤立程度的干预效果是具有持续性的。干预 1 周后和干预 5 周后的均值差为−0.109±0.094，P 值为 0.024，在统计学上有显著差异，说明智能网络互助小组的干预效果会随着时间的推移呈现下降的趋势。反观对照组，干预前和干预 1 周后的均值差为 0.022±0.12，P 值为 0.71，大于 0.05，说明不具有统计学上的显著性，这就说明采取社工常规干预 1 周对服务对象的孤立程度不起作用。对照组干预前和干预 5 周后的均值差为−0.022±0.078，P 值为 0.57，大于 0.05，不具备统计学意义，同理，对照组干预 1 周后和干预 5 周后的均值差为−0.044±0.11，P 值为 0.42，大于 0.05，这都说明社工的常规干预随着时间的推移对孤立程度的干预依旧没有效果。

9. 讨论

孤独感变化方面，干预前，干预组的孤独感程度（UCLA）为 44.11±7.984，对照组的孤独程度（UCLA）为 44.33±7.819。干预后 1 周测得，干预组孤独感程度（UCLA）下降为 35.80±6.138，对照组为 38.40±

5.315，干预后 5 周，干预组为 39.17±6.793，对照组为 43.24±8.394。由此可见，在整个实践过程中，老人的孤独感都处于一个较高的水平。从总体得分来看，大部分长期照护老人都处于中等、中等偏高的孤独感水平，甚至部分老人有着高度孤独感。孤独感是指老年人因感到与重要他人处于相互脱离或者不和谐的关系，从而感到被疏远和轻视的感受①，在医学上，人们普遍认为孤独对于身体和心理健康具有明显的损害，降低长期照护老人的孤独感水平是社会工作者介入失能老人长期照护的重要任务之一。通过对比实验我们可以看出智能互助网络小组这种团体干预在降低老人孤独感水平方面比非结构性常规社会工作服务有更好的效果。研究发现，智能互助网络小组的治疗过程中，一方面可以借助团体的力量，给予老人和团队成员沟通和交流的机会，使每个老人都能够真正地参与到活动中去，培养老人的团队归属感和社会交往的参与感，降低孤独感水平；另一方面可以通过鼓励长期照护老人回忆过去的美好事物，重拾对生活的自信心与幸福感，团体间成员的相互分享更有利于引起老人们的共鸣，认识到自己的优势和价值，也有助于激发老人积极参与社会交往的勇气。实验组和对照组在干预后的 1 周均呈现出显著的改善效果，能够有效降低老年人的孤独感水平，但是 5 周之后再次测量可以看出这种显著改善效果有了不同程度的下降，尤其是对照组所测得的数据与干预前几乎持平。这说明非结构式常规社会工作服务可能在服务过程中能够给予长期照护老人陪伴与温暖，能够让老人觉得自己不是被社会排除在外，自己不是孤单一人，然而一旦社会工作者的服务结束，长期照护老人会再一次陷入孤独之中，其干预效果也会随之消失，改善效果的持续性较差。而提供智能互助网络小组的实验组则更多通过引起团体间的情感共鸣和重拾对于日常生活和交往的积极认知，帮助长期照护老人完善社会支持网络，让降低孤独感水平的效果的持续性更强。然而，智能互助网络小组虽然 1 个月后仍存在一定的改善效果，但下降比较明显。但相对于非结构式常规社会工作服务的短暂效果，

_____

① 吴捷. 老年人社会支持、孤独感与主观幸福感的关系 [J]. 心理科学，2008，(4)：984-986+1004.

智能互助网络小组的改善效果更为显著也更为持久，然而其持续生效时间或者进一步服务之后的效果叠加时间有待进一步研究。

社会孤立方面，干预前，干预组的社会孤立水平（lone）为 2.67 ± 0.474，对照组为 2.78 ± 0.420。干预 1 周后测得，干预组下降为 2.41 ± 0.541，具有统计学意义，对照组下降为 2.76 ± 0.435，无统计学意义。干预 5 周后测得，干预组的社会孤立水平（lone）上升为 2.52 ± 0.505，但是相较于干预前的社会孤立水平（lone）仍有所降低，且差异具有统计学意义。而对照组的社会孤立水平（lone）在干预 5 周后上升为 2.80 ± 0.405，$P = 0.57$，不具有统计学意义，相较于干预前的社会孤立水平反而有所提高。本实验中所涉及的长期照护老人大多处于中等抑郁程度，社会孤立水平作为社会层面的一个重要因素，对老人的抑郁情绪也会产生一定的影响。通过实验数据分析我们可以看出，智能网络互助小组对于这些中度抑郁长期照护老人的社会孤立水平有着一定的改善作用，且随着时间的推移其有效性会有一定的减弱，但变化仍具有统计学意义。智能网络互助通常以小组的方式进行，通过促进小组成员间互动、分享经验，帮助个体学习如何与团体沟通、互动，提供与他人发展友好关系的机会，使老人获得认同感及归属感，从而帮助其降低社会孤立水平，减轻寂寞感，达到群体治疗的效果。另外，在智能网络互助小组的过程中，干预人员需要自己观察老年人的言行、表情、情绪等反应，以便及时地调整活动的进度以及活动主题，营造一个良好的团体氛围，在每次活动结束前需要告知老人下一次所要谈及的主题，让老人能够提前做好准备。作为对照组的非结构式常规社会工作服务干预方式对于老年人的社会孤立水平（lone）的改善效果并不理想，从数据上来看没有起到任何的改善作用。这可能跟其干预形式有关，相较于智能网络互助小组的干预形式，非结构性的社会工作干预主要以个案干预为主，干预过程之中更多的是社会工作者同老人本身的交流，虽然社会工作者在干预的过程之中也会帮助老人链接各种资源，构建社会支持网络，但是比起智能网络互助小组，老人所获得的归属感与认同感可能没那么强烈，所构建起的人际关系网络也更弱一些，缺少长期的互动与交流。

第七章

循证社会工作介入老人长期照护的模式、机制和对策

在养老社会化的今天，充分发挥社会工作的作用，对于急速老龄化的中国具有非常重要的现实意义。正如前章所述，我国老人长期照护的水平相比欧美发达国家还有一定差距，也存在一些问题，但一些观点逐渐被相关部门接受，只是如何更好地实施仍缺乏头绪。因此，学界有必要基于证据理念，探索新的介入模式，建立协调机制，形成优化对策，促进政策的落地实施。

一、循证社会工作介入老人长期照护的模式

长期照护包含规范性、专业性、长期性、连续性等特点[①]，涉及多学科交叉领域，其中医务社会工作作为一种专业力量在发达国家养老照护中被誉为是"服务的最后一公里"，为长期照护被照护者及家属提供有力的医疗医养保障。而循证社会工作作为循证医学与社会工作的桥梁，是一种全新的实践理念，强调"以证据为本"。社会工作介入长期照护必须遵循医学证据，需要立足于科学研究成果的基础之上，否则就是无根之水、无源之木[②]。因此，循证社会工作不但可以将循证实践作为方法指导，科学运用现有证据有效介入老人长期照护，而且也是结合传统社会工作方法，借鉴国内外长期照护的实践经验的重要手段。

---

① 徐嘉亿，李玉敏，赵晓玲，等. 社区居家养老医疗服务需求分析［J］. 现代医院，2011（2）：151-152.

② 何雪松. 社会工作理论［M］. 上海：上海人民出版社，2007：214-215.

（一）循证社会工作介入老人长期照护模式框架体系

循证实践是一个庞大而复杂的体系，宏观上包括主体与客观要素[1]。循证社会工作介入老人长期照护模式框架体系也需要从主体与客观要素两个方面进行构建。

1. 循证实践主体和客观要素

循证实践主体包括三类，即研究者、实践者、服务对象（也称"案主"）。循证实践强调把三大主体整合到一个统一的框架体系中来，各主体在循证实践体系中各司其职，协同合作，朝着提高服务质量的方向努力。三类主体之间的具体关系如图 7-1 所示。

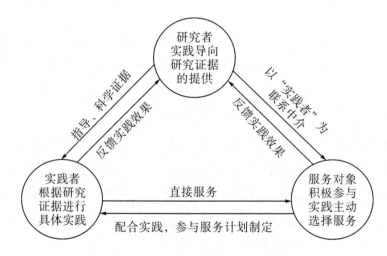

图 7-1 循证实践主体及相互关系

研究者和实践者在循证实践中形成"互补"关系。研究者在关注研究问题之余，要以实践为导向，充分利用自身的资源，为实践领域提供更多的科学证据。实践者可利用技术手段检索、查找最佳研究证据，根据相应的治疗指南和研究手册，结合个体经验为服务对象提供服务。通过实践，

① 王平，安文霞. 西方国家循证矫正的历史发展及其启示 [J]. 中国政法大学学报，2013（3）：5-16.

实践者要向研究者反馈实践效果以弥补研究的缺陷。

　　实践者和服务对象在循证实践中形成信任合作关系。实践者根据研究者提供的证据直接服务于服务对象；服务对象也要积极配合实践者，主动选择服务，积极参与到服务计划的制订中来。

　　研究者和服务对象之间不存在直接联系，主要通过作为中介的实践者产生间接联系。研究者通过实践者将最佳研究证据应用于服务对象，服务对象通过实践者将实践效果反馈给研究者。

　　循证实践的客观要素主要包括实践证据与实践过程。实践证据的来源广泛，可以是来自随机对照试验、多元分析等的量化数据，也可以是个案结论、专家建议等定性描述。实践证据选取要遵守循证实践"客观优先、主观为辅"的原则。实践过程要求是可复制的、公开透明的，体现出其标准化和逻辑性。实践证据与实践过程的本质都是人文社会科学实践领域对自然科学实践形态影响的回应，因此循证实践的客观要素严守科学精神，遵循科学价值观和方法论。科学价值观渗透在循证实践中的内容包含：遵循最佳证据的求真性，实践者、研究者和服务对象互动的民主性，以最低成本进行最佳实践的高效性，重复实践决策的公平性，以及研究证据的共享性。方法论强调科学主义在实践领域的实际应用中需要科学技术化操作、规定证据级别、还原服务对象人在情境中，同时也要科学的价值判断。

　　2. 循证社会工作介入老人长期照护模式的主体和客观要素

　　循证实践中的主体：研究者、实践者、服务对象，在循证社会工作介入老人长期照护实践中相应地转化为社会工作研究者、一线社会工作者、老人服务对象，三类群体在长期照护体系中关联和整合起来，扮演好各自相应的角色。在这一体系下，循证社会工作的介入过程就是三方主体协同运作，调动整合内外部资源，搭建老人长期照护服务的正式或非正式支持网络的实践过程。

　　循证社会工作介入老人长期照护的客观要素表现：老人服务对象被视为一个主动的"人"参与到循证社会工作实践的过程中来，因此，老人的独特性在很大程度上会影响到循证实践的效果。即使是所谓的"最佳研究证据",因为服务对象的信仰、价值观、社会经验、受教育程度等的不同,也可能会呈现不同的实践效果。所以,在以循证社会工作介入老人长期照护实践模式的探索过程中,要充分判断老人的个体特性、一线社会工作者的专业技能和社会工作研究者的最佳证据,三者间综合平衡,才能做出如图7-2所示的最佳实践决策,达到最佳干预效果。

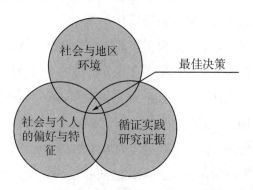

图 7-2　循证社会工作获取最佳干预效果决策图

(二)循证社会工作介入老人长期照护实践模式建构

循证实践不仅有一个全面的框架体系,还有科学方法和统计手段,并可以充分整合现有研究成果,得出基于证据的实践模式。这种模式的建构可以分为五个步骤:①进行实践情况考察并确定需求;②根据实践问题检索和评价证据;③结合循证决策模式设计服务方案并实施;④对实施的过程和结果进行评估;⑤实践完成后,进行及时的总结与反馈①。循证社会工作介入老人长期照护实践模式主要见图7-3。

---

① 杨文登. 社会工作的循证实践:西方社会工作发展的新方向 [J]. 广州大学学报(社会科学版),2014,13 (2):50-59.

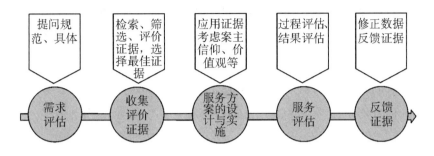

图 7-3 循证社会工作介入老人长期照护的实践模式图

1. 需求评估

根据需求评估发现具有针对性的问题，是循证社会工作的核心要素之一。对老人的需求做出准确评估，能够明确社会工作者接下来的工作方向，做到有的放矢，针对老人需求提供相应的照护服务，提升服务的有效性。服务对象的需求评估是一项复杂性工程，建立在社会工作者前期调查、走访的基础上。如果从"需求"视角来分析老人长期照护的着力点，就是要找出服务体系中未满足老人需求的部分。循证社会工作要求对老人进行需求评估的提问要规范和具体，以便于评估后通过网络平台电子设备检索、获取研究证据。在社会工作者与老人互动的过程中，可采用问卷调研、结构访谈或实地观察等方法收集老人资料，并对收集到的资料进行分类整理，运用综合归纳、演绎推广等方法分析老人资料。与常规需求评估不同的是，循证实践特别强调问题的明确性和调查工具的科学性。因此，需求应该尽量精确、细化和客观，调查工具也最好使用成熟的各种量表，如 UCLA 孤独感量表、日常生活能力量表 ADL 等。在此基础上，将需求确定后，再开始针对需求找寻已被证明能够解决问题的干预证据。

2. 收集评价证据

循证实践的思想从自然科学处发源，在医学领域中发展，并已突破医学卫生领域，延伸到各社会科学中。因此，收集社会工作干预证据不能仅限于社会科学的范畴，医学、卫生学和心理学等领域同样需要检索。比如人口健康行为干预、公共卫生决策等，或针对某一具体的问题进行案例收集研究、干预介入、效果分析等，都可以纳入检索范围，并根据检索标准得出有效数据。同时，为方便领域研究者检索到有效证据，国外研究者还建立了专业的循证实践服务平台，在全球范围内收集研究证据并形成评价，建立循证数据资源①。比如循证信息支持平台 Medskills、Cochrane 协作网、Campbell 合作网等。因此，在了解老人需求后，社会工作者要收集大量的信息资料，并对其进行证据检索和评估，从而筛选出最佳的研究证据。

所谓最佳证据，根据图 7-4 的金字塔式的证据分级图②，从下往上，研究证据采用的方法趋于严谨，与之相应的证据研究级别则越来越高。因此，社会工作实践者在证据研究时，要优先考虑高级别证据，最大程度上保持证据的严谨性和有效性。这和前面提到的循证实践遵循"客观优先，主观为辅"的原则是一个道理。因此，在老人"长期照护"证据研究中，首先要采用最好证据，在没有最好证据时，才考虑使用较好的证据。证据研究时一定要"从高到低，从优择取"，才能选出最佳证据。

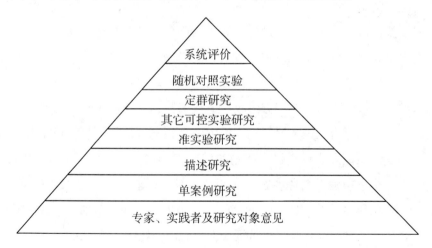

图 7-4　金字塔式的证据分级图

① 童峰. 基于循证实践方法的老年人口健康干预研究 [M]. 成都：西南财经大学出版社，58.

② Fraser M W, Galinsky M J. Steps in Intervention Research：Designing and Developing Social Programs [J]. Research on Social Work Practice，2010，20（5）：459-466.

3. 服务方案的设计与实施

这一环节是将研究证据应用到老人长期照护方案的设计与实施过程中。服务方案的设计与实施必须建立在当前最佳研究证据的基础上，结合社会工作者的实践工作经验，并考虑老人自身意愿。老人"长期照护"服务方案计划中，一线社会工作者需要依靠工作经验，运用同理、接纳、支持等情感技巧，观察、咨询、诊断等专业技能，结合服务对象老人的个人经验、实际处境、价值信仰等个体特性，再依据社会工作研究者客观理性的最佳证据，通过整合平衡专业技能、个人特性、最佳证据信息资源，最终做出最佳实践决策。而根据最佳实践决策，一线社会工作者可以在社区或机构牵头，吸纳社区领袖或机构人员、医务工作人员、大学生、老人家属志愿者等，组建一支"老年服务队"，专门为老人提供服务。同时，还可依据最佳研究证据，对服务队成员进行知识、技能等的传授，组织服务队成员为老人提供规范性、专业化服务。让服务队成员在提供服务过程中，调动整合正式和非正式资源，在针对老人的生活照料、康复护理、精神慰藉等方面的需求选择的最佳证据的指导下，搭建长期照护支持网络，为老人提供有效的、持续的服务。

4. 服务评估

循证社会工作介入老人长期照护的干预效果如何？干预效果是否达到社会工作者预期值？在循证社会工作实践过程中，这些都是必须思考的问题。而这些问题需要在进行服务评估后解答。社会工作评估通常有两种类型：一是以诊断、设计、发展为导向的过程评估；二是以经济、效率、效果为导向的效果评估。

（1）过程评估

过程评估贯穿循证社会工作介入老人长期照护的整个实践服务。评估内容随着服务介入的阶段需求不同而不同，可分为服务初期、中期和后期。过程评估的主体可以是提供服务的机构进行的内部评估，也可以邀请第三方进行外部评估。

在服务初期，社会工作者可利用问卷、量表、服务建档等方式，对接受服务的老人整体情况和健康状况等进行初步评估，为服务方案的整体设计和实施提供依据。服务中期，可依据个案记录、录音录像等资料，对提供服务的方法技巧以及接受服务的老人的心理、言语或行为等进行评估，以了解服务对象的变化发展情况，及时调整服务方案。服务后期，通过后测量表、服务反馈等，对服务对象的最终变化进行评估，并对其引起变化的因素进行分析。通常，过程评估是要延续到服务实施结束后，包含对服务对象的后续跟进过程。通过后续跟进服务，能获取接受服务的老人的完整变化情况，在此基础上的分析，更有利于促进循证社会工作实践质量的提高和持续改进。

（2）效果评估

效果评估注重在循证社会工作方法的干预后老人服务对象发生的相应改变，关注循证社会工作介入长期照护的实践是否对服务对象起了作用。效果评估在服务方案完成后进行，是对服务的质量和效果进行评估。评估服务方案的实施是否达到了预期目标，即是否搭建长期照护支持网络，为老人提供有效的、持续的长期照护服务。经过评估，如果目标基本达成，就可以把评估结果反馈给社区或机构工作人员，由社区居委会或机构安排人员对老人进行后续的跟踪考察和帮扶；如果服务目标尚未达成，社会工作者要对服务实践过程进行反思，找到服务方案设计中存在问题的环节，并提出改进措施，及时总结经验，优化服务方案，做好服务实践应急策略，为下一次的循证社会工作介入服务做好准备。

5. 反馈证据

对服务目标的实际情况进行评估后，无论服务目标达成与否，社会工作者都要撰写实践服务项目的总结报告，记录实践中运用研究证据遇到的问题和相应的解决办法；并要及时开展实践总结讨论会，以提升社会工作者的工作能力，促进以后类似服务活动的发展创新。总结、讨论、反思以及证据的有效反馈，是循证社会工作在实践中不断完善的必经环节。同时，理论离不开实践的累积和验证。循证社会工作在实践中成功的干预个案或干预方法，或对某一理论的有效验证，都可以不断优化和充实理论。

社会工作者将成功的实践经验整理，以学术研究成果的形式对外发表，提供最新发现和最新成果，与领域实践者、研究者分享。循证社会工作的实践过程经过严格把控，实践结果经过严谨评估，因此，无论是实践服务的过程还是结果都可以录入证据库，以作为今后循证社会工作实践的证据。只有"新鲜血液"源源不断地输入，循证社会工作实践的证据库内容不断地增加和更新，才能逐渐形成完善完备的智囊库。

二、建立循证社会工作介入 老人长期照护的统筹协调机制

建立循证社会工作介入老人长期照护的统筹协调机制，需要通过整合院校与科研机构等主题的力量保障证据的开发与评价，推动社会组织和政府职能实现以确保证据的推广和转化，确保养老服务中心干预证据有效实施，发挥社会力量和政府购买社会工作项目的作用以获取长期稳定的资金支持等。因此，破解这个问题对促进养老社会化事业发展至关重要，需要政府、养老服务中心、社会组织、学校及科研机构，每一层级的干预实施机构的协同配合，以实现"产、学、研"一条龙的协调机制。

（一）证据的开发与评价

在原始证据开发和评价方面，一般由学校或科研机构建立相应的循证实践研究平台，整合院校与科研机构力量，统一平台，共同研发。我国的高校及科研机构可以效仿南加州大学 HAMOVITCH 人类服务研究中心和兰德公司循证研究中心的模式。首先，建立循证方法学组对老人长期照护过程中存在的某具体问题进行评估和立项；其次，按照随机对照试验、可控

试验研究和单案例研究等实验研究的标准进行实证研究；再次，将研究获取证据，按照系统评价标准进行评价，并存放在类似牛津大学 Corchrane 和南加州大学 campbell 的数据库平台，对循证实践证据进行分类和评分；最后，制作简要操作说明或使用手册，帮助研究的传播，并供其他部门参考和使用。这样一来，社会工作实践者可以根据自身偏好和周遭环境情况，采纳所需证据，恰如其分地进行实践。在证据实施以后，还应该建立相应的反馈传导机制，不断修正和更新证据信息，实现证据的本地化和普适性，最终使得研究证据不断与时俱进、止于至善。

(二) 证据的落地与实施

在证据的实施方面，养老服务中心是直接提供服务的部门。因此社会干预工作也应该以养老服务中心为基础开展，建构循证社会工作介入老人长期照护服务体系。这不但可以有效提升社会养老服务水平，减轻家庭养老负担，而且也符合我国目前社区养老全覆盖工作需要。其中社区养老服务中心以社区为基础提供老人长期照护服务，不但让社会工作服务有了依托社区的可能，而且可以最大限度地满足中国落叶归根的文化传统。社区养老服务中心可以为每一位辖区的老年人建立健康档案，全面、系统地掌握老年人健康状况，帮助社工和社区医生掌握老年人基本社区疾患特征、健康资料和家庭成员信息，以便为老年人提供科学规范的健康干预措施。此外，在干预实施完成以后，社区养老服务中心还可以对老年人口健康干预的效果给予及时的客观评测，让干预计划投资者对项目的效果心中有数，促进更多健康干预项目的发展。综上，社区养老服务中心作为社区健康功能的基本单元，以社区为落脚点，可以非常便利、有效和全方位地为老年人提供连续性和综合性的健康服务，而非社区类的机构养老照护中心作为补充，也是落实老人生命服务"最后一公里"的重要支持力量。

（三）证据的推广和转化

在证据推广和转化方面，涉及多学科、多领域的工作，政府作为一个贯穿社会各部分各领域的角色，责无旁贷地发挥统筹协调和整合资源的作用。目前此类工作有些地区归属老龄工作委员会管辖，有些地区由当地卫生部门或民政部门牵头统筹，因此没必要重新设立一个新的部门或机构，而是需要在查清楚当地长期照护事业的性质、对象与涉及部门等的情况下，确定一个总牵头的部门，进行统筹协调、资源整合，鼓励各界人士参与及完善机构系统，为老人长期照护事业的发展提供必需的组织保障。

一种办法是由各级老龄工作委员会牵头。由于社会工作干预对象就是老年人，目标就是提高老年人的长期照护的质量，因此，老龄工作委员会作为此项工作的牵头部门理所应当。为了加强老人服务工作，我国从中央到地方都成立了老龄工作委员会，归口以老年人为对象开展的所有服务工作，成员单位包括体育、人事、卫生、财政、教委、文明办等各个领域。特别在一二线城市，老龄工作委员会作为一个议事协调机构，通常在各市民政局，各区县，街道，甚至某些居委会下设办公室，应该说在城市区域老龄工作委员会的老龄工作体系是比较成熟的，其成员单位的考核评估体系也日渐成熟，因此，通过老龄工作委员会牵头社会工作介入老人长期照护服务，不但能利用其议事协调的职责和成熟的工作机制，而且可以有效协调和整合各部门力量，切实维护老年人的利益，为干预措施的有效落实提供组织保障。

另一种办法是由卫生部门牵头。从老人长期照护事业的工作性质来看，其目的主要是保障老年人生存质量，属于公共卫生范畴，与相关卫生部门的交互特别多，比如社区慢性病防治工作。因此，从这点来讲，由卫生部门牵头建立组织机构是比较恰当的，也有利于干预措施发挥更大效用。同时，为了吸收更多相关部门的配合以及服务更多老年人，甚至可以学习"上海模式"，由卫生部门牵头，建立健康促进委员会，民政局、文化局和教育局等相关部门委员会成员参与，以完善的组织机构整合多方资源，突破仅仅以患者为对象的服务理念，服务更广大的老年人群及家庭，甚至社区。

（四）保障机制

整个循证实践的干预过程离不开完善的保障机制，特别是资金保障。这些资金可以来自政府购买项目，也可以来自社会组织。因此，团结社会力量，共同参与，多元筹资，建立长期稳定的资金支持是建立统筹协调机制的必要条件。由于社会工作介入老人长期照护服务的目的和内容都属于公共卫生服务范畴，而社区卫生服务作为政府公共服务的核心职能，作为主管领导的地方政府就应承担责任主体的角色。再加上，如前面所讲，该工作的具体落实是由作为基层工作单元的养老服务中心负责的。那么这样一来，从负责主体到实施主体的责任划分就很明确了：中央政府主要负责宏观战略规划，本着维护老年人合法权益的精神，制定行业标准及管理规范，设立老人长期照护的任务目标，再根据目标分配情况配置资金，最后考核各项指标的完成情况。地方政府主要负责监督和主持具体工作，通过地方性法规的形式完善和固化中央在老人长期照护工作方面的事权和财权，分拆和落实中央布置的任务指标，合理使用并配套划拨相应资金，补贴养老服务中心。养老服务中心作为基本工作单元，本着市场化原则，通过使用专项划拨经费，或利用自身力量，或向三方社会工作服务机构采购社会服务等方式推进具体工作。另外，要形成多元化的资金支持机制，不但需要将此类"三级"式服务采购体系常态化，作为日常工作的一部分，而且还需要开拓融资渠道，通过体育彩票，福利彩票等形式，将社会和民间资金吸引进来，让市民在享有梦想的同时完成慈善行为，将收益的一部分比例划归老人长期照护事业使用，甚至吸引医疗保险和社会救助力量的参与。最终形成这样一种以政府为主导，社会各界积极参与，个人适当分担的多元化筹资机制。

三、完善循证社会工作介入老人长期照护的对策

根据之前的研究，为实现更加科学高效的循证社会工作介入服务，相关的政策与制度方面也亟待完善。通过加强政府购买社会工作服务制度建设、智慧养老服务环境建设，以及专业人才培养和队伍建设系列对策，可以有效实现这一目标。

（一）加强社会工作证据库的建设

基于证据的实践既是循证的核心，也是基础。社会工作者的实务必须建立在科学证据之上才能称之为科学的实践。美国、法国、英国、挪威等发达国家已建立成熟的循证实践研究体系，拥有收纳各类证据的智库，为国家卫生健康委、教育部和社会福利部门提供了决策依据。特别是在社会政策卫生领域的各类课题项目中，循证实践方法基于其严谨的科学性与操作的透明性，常常被作为首选的研究方法。根据储存证据类型、服务目标和服务功能的不同，各类循证智库大致可以分为三大类型①。这三种类型的证据库我国也具备，但是有待发展和完善。

第一种是循证指南证据库。一般由医学组织或研究所为主建立相应的实践研究证据指南，比如，循环医学临时决策支持系统 UpToDate、循环医学数据库典范 DynaMed、循证信息支持平台 Medskills、美国国家循证程序和实践登记处 NREPP 等，这些证据库多进行医学信息的整合和传播、医学资源的共享和利用、科研文章发表的审核和管理等。又如南加州大学

---

① 朱妍昕，徐维，ZHU，等. 国外知名循证医学数据库比较 [J]. 医学信息学杂志，2017，38（4）：4.

HAMOVITCH 人类服务研究中心、牛津大学人口健康行为干预循证研究中心和哥伦比亚大学循证实践中心等，它们以项目形式针对某一具体的问题进行案例实践，研究纳入的设计类型包括：随机对照试验、可控试验研究和单案例研究等。相对个人或小团体的经验研究而言，这种证据研究的科学性更强。建设这类证据库不但可以参考这些证据的研究设计与结论，还可以将项目的研究成果保存在这类证据库中，以更新知识。

第二种是系统评价证据库。通俗理解就是"按照系统标准评价证据的智库"，常采用国际证据分级与推荐系统（GRADE）收集、选择和评估第一种智库的证据，将第一种智库中单个的原始证据转化成帮助决策的依据，并以此产生决策依据的参考意见。牛津大学的 Cochrane 协作网和国际组织 Campbell 合作网是系统评价证据库的两大代表。Cochrane 协作网主要涵盖医学，Campbell 合作网主要涵盖社会工作。其中有政策层面的系统评价，建设这类系统评价证据库可以帮助社会工作者迅速地掌握某问题的全部研究结论。

第三种是起推广作用的证据库，也可以叫智库。一般由学校与社会工作机构合作建立，将第二种证据库储存的证据通过更加通俗易懂的方式传播出去，比如，英国的效果评价摘要数据库、麦克马斯特大学的健康证据库和社会系统证据库、英国卫生保健协会网、ACC 政策协助促进库等，这些智库都旨在通过收集各类系统评价证据并将其分类打分，以及制作简要操作说明或使用手册，方便证据的推广和传播。比如，麦克马斯特大学建立的循证实践网络推广平台，南京理工大学建立的中国儿童与老年健康证据转化平台等。它们均收集了大量社会工作、心理学和公共管理等领域的社会科学循证实践证据，并将其分类打分，以及制作简要操作说明或使用手册，以帮助研究的传播。建立这类证据库可以提供科学的推荐意见，结合使用手册实施项目干预。

（二）加强政府购买社会工作服务制度建设

政府购买社会工作服务是政府公共服务职能转变与延伸的重要手段。2006 年，在党的十六届六中全会上，首次提出了"服务型政府"的概念。该概念提出以来，进行体制转型和服务型政府建设成为政府部门工作的重中之重①。而为了使公共服务能够可持续发展，建立公共服务体系相关机制成为所有工作中的重点。首先，将工作集中在寻找满足阶段性、时效性条件的理论框架上，为政府购买社会工作服务做准备；其次，以此为基本逻辑，考虑到我国当下既不是垂直管控、集权主义（otalitarianism）的"保姆式政府"，又与"权责下放"（devolution）的所谓"善治"存在一定距离②，因此现实国情决定了新型公共服务徘徊于两者之间，并具备天然的历史协同性，如此促进了"合同制"的诞生。西方理论界据此反思过去30 年间新公共服务对市场的宣传，为研究政府购买社会工作服务提供了更具有风险预警性质的前瞻性思考。而针对所谓的"公共性"，比较通行的说法是"集体意识"③，这种集体意识引导着各类社会主体的行为，散布于整个社会范围内。在传统的管理理念中，公共服务产品通常具有"非排他性以及非竞争性"的公共特性，这也是政府在社会福利产品分配中的直接体现。社会工作介入为老人服务这类公共服务产品在我国财政部报告中被称为"准公共产品"或"权益—伦理型公共产品"。在强调"服务型政府"的风潮下，仍然秉持传统意义上的"非排他性和非竞争性"已经落后于我国的基本国情需求，因此只有在供给逻辑上有所超越，才能满足我国公共服务的现实需求。简而言之，"公共绩效"是"均等化"以及"可及

---

① 句华. "十三五"时期公共服务供给方式创新探讨 [J]. 理论探索，2017（2）：22-27.

② 冯维，王雄军. 福利国家的理论源流及对中国福利体系建设的启示 [J]. 治理研究，2018，34（3）：90-97.

③ 雷雨若，王浦劬. 西方国家福利治理与政府社会福利责任定位 [J] 国家行政学院学报，2016（2）：133-138.

性"之外①，公共服务所强调彰显的公共性②。然而，当政府购买社会工作服务时，由于市场化的趋利性本质，其公共性很容易随之消解。正如很多学者所指出的，在政府购买公共服务的过程中，逐利性与公共性之间的博弈将导致公共性逐渐消失。基于此，本研究从制度、主体、资金保障等层面，进一步为政府购买社会工作服务提出了有效的对策及建议。

第一，推广循证社会工作介入老人长期照护必须凝聚政府决策层的共识，让领导层的决策模式从传统的领导经验加专家意见的模式转变为以证据为基础的循证决策模式，这是实现决策升级的基本条件。必须让决策者认识到单纯靠个人经验和专家意见做出重大决策是不可靠、有缺陷的。特别是针对政府购买社会工作服务，应加大对相关决策者的监管和问责制度，客观评价决策效果。如何将循证理念和方法应用于社会工作介入老人长期照护服务的决策、服务、研究、教学、评价等整个实践过程，建立、完善有效的知识生产、转化、与应用体系，是政府购买社会工作服务的最大挑战，也是以后研究和改善的重要方向。

第二，建立循证社会工作智库平台，为政府购买社会工作服务提供重要科学依据。政府购买社会工作服务过程中，决策者需要参考可供其决策的证据，且这些证据资源应该大都是经过严格评价的高质量证据。在传统的政府决策中，政府决策者需要投入大量的时间、精力和耐心从众多的文献中选择适合自己的科学依据。他们往往也缺少相关专业知识，难以判断和评价研究证据的真实性、适用性，也难以依靠自身经验判断证据可靠性。院校和科研机构作为证据的生产者往往也得不到重视，要么开发一些不接地气的研究结论，要么结论得不到广泛推广和有效应用。证据推广的决策者与证据的生产者之间的跨度过大，常常使得证据的实践环节，比如养老服务中心的具体工作无据可依。如何从海量的研究信息中找到自己真

---

① 句华. 社会组织在政府购买服务中的角色：政社关系视角 [J]. 行政论坛，2017，24 (2)：111-117.

② 徐双敏，张景平. 枢纽型社会组织参与政府购买服务的逻辑与路径：以共青团组织为例 [J]. 中国行政管理，2014 (9)：41-44.

正需要的信息，是各行业面临的共同挑战。只有建立相关智库平台，落实各方责任，制定出科学合理的信息处理方法、研究证据科学性评价标准和研究证据适用性评价标准，才是解决这个问题的唯一途径。

第三，完善我国现行法律法规与政府购买社会工作服务的相关法规体系。应以维护弱势群体的福利需求为基本原则，针对老龄化社会特征，以完善政府购买社会工作服务相关体系为目标，从法规的制定、执行、评估三个方面入手，进行建设和改善，建立健全依法采购、有据可依的政策环境。充分协调参与主体，政府、相关组织以及社区民众之间的制约关系，使提供更多元化服务的同时，各个主体能够权责明晰地行使职能，加强政府购买社会工作服务过程的法律保障。

第四，购买政府社会工作服务需要相对稳定的资金，除了寻求财政支持，还要寻求企业捐赠以及相关公益组织的支持，使资金获取的渠道更加多元化。这需要各类社会组织，特别是基金会的支持。可以充分鼓励企业举办基金会，出台更加优惠的返税等福利政策，让企业在行使社会责任的同时具有更多的获得感。此外，为有效筹集和管理资金，则有必要构建相关的保障体系，加强行业组织对行业的监管，对资金的各个环节进行有效监督，鼓励项目资金流向有科学依据的项目，以达成良性循环。

（三）加强智慧养老服务环境建设

如前所述，证据的产生和实施都离不开智慧养老服务环境的建设。全国老龄工作委员会于 2012 年首先提出"智能化养老"的理念，鼓励支持开展智慧养老的实践探索。同年，成都锦江区就开始采用"长者通"为老人提供日常的生活援助。2013 年，北京、上海等地分别召开了全国智能化养老专家委员会和第二届沪台健康城市论坛，分别尝试了以智慧养老机构模式为主的"智慧养老"基地和以智慧养老的社区模式为主的"智慧养老社区"；在兰州则以智慧养老虚拟模式搭建虚拟养老院；杭州则通过发放"关爱手机"为老年人提供智慧养老服务。全国各地城市的探索都表明了政府和业界已经初步开始推进智慧养老产业的发展。而在政策上，2015年，国务院印发《关于积极推进"互联网+"行动的指导意见》，明确提出要促进智慧健康养老产业发展。2016年12月23日，国务院办公厅出台《关于全面放开养老服务市场提升养老服务质量的若干意见》，"智慧养老"在国家政策文件中首次出现。《数字中国发展报告（2022年）》的数据显示，2022年我国数字经济规模达50.2万亿元，总量稳居世界第二，占GDP比重提升至41.5%，数字经济成为稳增长促转型的重要引擎。2018年7月27日工业和信息化部、国家发展改革委联合印发了《扩大和升级信息消费三年行动计划（2018—2020年）》，指出提升智能可穿戴设备、智能健康养老、虚拟/增强现实、超高清终端设备产品供给能力，均为智慧养老发展的题中要义。2019年4月国务院办公厅印发的《关于推进养老服务发展的意见》（国办发〔2019〕5号）指出，要促进人工智能、物联网、云计算、大数据等新一代信息技术和智能硬件等产品在养老服务领域的深度应用。在全国建设一批"智慧养老院"，推广物联网和远程智能安防监控技术，实现24小时安全自动值守，降低老年人意外风险，改善服务体验。政策的密集性出台表明智慧养老的发展得到国家的大力支持，并在社会中形成广泛的肯定意识。但建设智慧养老服务环境，特别是老人长期照护的发展环境，仍然面临一系列困境，因此需要在多个层面提供支持。

一是建立完善以智慧养老为基础的居家养老服务体系。除了继续对相关政策进行不断探索，还要对相关服务的平台顶层设计进行完善，疏通信息互联共享，解决供需对接不到位以及证据体系不完善的问题。发达国家的智能居家养老系统大致可分为六个主要类别，分别为能源管理和气候控制系统，安全和访问控制系统，照明、窗户和电器控制系统，家用电器控制系统，视听和娱乐系统，以及医疗和辅助生活系统，并根据居家养老系统的需求进行分级评估，将安全型需求放在最优先位置并配置相关系统①。

---

① Berg Insight, SMART HOMES and HOME AUTOMATION: Executive Summary, 2017［EB/OL］.［2019-07-01］.http://www.berginsight.com/ReportPDF/Summary/bish3-sum.pdf.

我国也应当充分借鉴，对现有的智能居家养老系统的需求进行分级，例如，将涉及安全型需求的技术（如自适应技术、环境感应装置、语音激活技术、漫步管理技术等）作为优先推荐的完善系统①。

二是明晰当前关于智慧养老技术发展的定位，技术的发展是取代人力抑或是给予人力辅助，社会还存在争议，并未有定论，并由此带来了"技术恐惧论"。所谓智能家居的定位，即将智能技术融入住宅中，以获得舒适、医疗、安全、保障和节能，例如智能家居的常见组成的远程监控系统，使用电信和 Web 技术来提供远程家庭控制，并从专门的援助中心远程支持患者②。然而技术的发展同时会带来隐私、伦理等一系列问题，并会对原有的社会、道德、法律等带来影响和产生冲击，如何促使科技进步与伦理意识确立相同步，是智慧养老发展中需要思考与解决的问题。因此，技术定位的初衷应该是促进家庭照顾者、医疗和社会服务提供者以及老年人自身之间的协调与合作③。

三是提高社会对智慧养老的接受能力和建设乐观的市场环境。老年群体的电子接纳度亦呈现代际差别明显的特征，其对技术的接纳需要时间推进，若在技术发展过程中未能充分考虑老年群体，则会对老年群体形成"技术鸿沟"和"电子隔离"。目前养老领域的智能技术的市场采用率较低，存在障碍。部分研究者使用深度访谈法对影响老年人技术接纳度的因素进行研究，发现影响老年人技术接纳度的影响因素可归纳为技术的价值、技术可用性、负担能力、可访问性、情感、信心、独立、兼容性、可靠性和信任，并发现老年人与科技的互动不仅受到个体特征的影响，还受

① Daniel K M, Cason C L, Ferrell S . Emerging Technologies to Enhance the Safety of Older People in Their Homes ［J］. Geriatric Nursing, 2009, 30 （6）: 384-389.

② Alam M R, Reaz M B I, Ali M A M. A review of smart homes—Past, present, and future ［J］. IEEE transactions on systems, man, and cybernetics, part C （applications and reviews）, 2012, 42 （6）: 1190-1203.

③ Satariano W A, Scharlach A E, Lindeman D. Aging, place, and technology: Toward improving access and wellness in older populations ［J］. Journal of aging and health, 2014, 26 （8）: 1373-1389.

到相关的社会关系和语境的影响①。其实，智能养老更需要放在智慧城市框架下面去实现，在智能城市基础设施建设中，为老年人口提供辅助技术支持至关重要②。

（四） 加强专业人才培养和队伍建设

老年人口健康干预工作离不开专业人才的支持，开展循证实践方法更离不开专业队伍的建设，唯有让老年人口健康干预事业融入市场化人才资源配置，才能实现队伍的新陈代谢，才能保障事业健康发展，才能落实宏观政策，保障各项任务指标的顺利完成；才能确保老年人口健康干预事业长期、有序、高质量地开展，与国际老年保健和社工组织有效对接，相互借鉴；才能在现有工作基础上不断创新，根据当地老年人的健康状况和主要危险因子，设计出更加适合老年人的干预项目和具体实施办法。具体上讲，根据前面的论述，养老服务中心作为老年人健康保健、健康促进的基本工作单元，配套的医护队伍和社工队伍就是中心的具体执行者。

在社区医护工作者队伍建设方面，采用逐级梯队管理模式，在地市级设立专业培训中心和养老服务示范基地，因地制宜地培养全科医护人员，促进医学专业人员积累实战经验和营造团队协作氛围；在各个养老服务中心之间组建交叉互助性学习小组，让疫情防控和护理经验能够及时有效传播；在相邻的医院设立教学点，定点帮扶养老服务中心培养专业人才，提高医护工作人员的专业水平；同时，社区医护人员作为基层工作者，直接接触群众，更了解社区的卫生情况，加强其与医院的交流，有助于及时了解老年人健康动态，掌握社区老人的疾患特征和发病规律，开发和更新干预方法。

---

① Chaiwoo L . Adoption of Smart Technology Among Older Adults：Challenges and Issues ［J］. Public Policy & Aging Report，2014 （1）：14-17.

② Hyland A . Smart cities for all：a vision for an inclusive，accessible urban future ［J］. ［2024-08-15］：19-31.

在社区社会工作者队伍建设方面，要通过市场化机制，建立持证上岗的专业社工队伍，根据切实可行的短期、中期、长期干预效果评估方式，确定社工绩效，实施市场化考核，使优质的人员取得相应的报酬，激励更多社工提高专业水平和工作效能，为老年人社区健康干预提供人才保障。同时，在实施干预过程中，根据具体情况及时调整策略和方案，例如，鼓励那些接受过健康干预的老年人加入社工志愿者队伍，对身边熟悉的其他老年人进行现身说法，提高受众人群的配合度，实现试验成果与现场干预效果的基本吻合。另外要加速专业社工人才的培养，在市场架构上参考上海、香港等发达地区，形成社工行业链条，努力缩短与先进国家和地区的距离，提高老年健康干预队伍的人力资本。

在现代化信息技术日新月异的大背景下，信息化技术是推进生产力发展的重要因素，无论是医护还是社工，都需要处理大量老年人健康信息，而学习和掌握先进的信息化管理技术对于提升工作效率、增强干预针对性都是大有裨益。另外，在老年人口健康干预系统内形成这样一种信息化的工作环境，可极大提升老年人口健康干预事业的生命力和影响力，甚至为开发新的老年人口健康干预措施提供科学依据，促使各种相关的干预行为更加科学有效地提高老年人整体的健康水平。

附录

附录 A 关于开展老人长期照护服务内容的访谈提纲

本次调研由国家社科基金"社会工作介入老人长期照护"课题组主持，为了进一步了解社会工作介入老人长期照护服务的情况，现需要针对长期照护老人、社会工作者、社区养老机构管理人员三类人群进行深度访谈，对三类人群的访谈提纲如下：

一、对于长期照护老人，访谈涉及的问题有：①对您而言最为迫切的需求是什么？②您了解社会工作者吗？有社会工作者为您提供服务吗？③您认为在哪些需求方面还未被满足或者有待改善？以及其他本提纲所未尽之内容，根据实际情况开展。

二、对于社会工作者，访谈涉及的问题有：①社会工作在介入长期照护老人养老服务的过程中有什么困难或问题吗？②社会工作介入长期照护老人养老服务的内容与形式是怎样的？③社会工作介入长期照护老人养老服务的经费主要来源于哪？以及其他本提纲所未尽之内容，根据实际情况开展。

三、对于社区养老机构管理人员，访谈涉及的问题有：①机构给长期照护老人提供养老服务的服务范围包括哪些？②机构提供长期照护老人养老服务的过程中有什么问题或困难？③机构中的工作人员结构是怎样的？以及其他本提纲所未尽之内容，根据实际情况开展。

本项目由 1 名带队老师和 8 名社会工作研究生进行实地访谈，访谈结束后将会对参与访谈的对象提供小礼物以表谢意。

四川外国语大学

社会工作介入老人长期照护课题组

2021 年

附录 B 长期照护老人一般资料调查问卷

1. 年龄：_____岁

2. 性别：①男性 ②女性

3. 户籍：①城镇 ②农村

4. 民族：①汉 ②其他

5. 之前从事职业：①教师 ②公职人员 ③工人 ④农民 ⑤ 企业管理人员 ⑥个体户

6. 受教育程度：①未上过学 ②小学 ③初中 ④高中/中专 ⑤专科 ⑥本科

7. 婚姻状况：①单身/未婚 ②已婚 ③分居/离异 ④丧偶

8. 宗教信仰：①有 ②无

9. 失能原因：①疾病 ②意外 ③其他

10. 居住时间：①<1 年 ②1~2 年 ③2 年以上

11. 失能时间：①<5 年 ②5~10 年 ③10 年以上

12. 身高：_____cm，体重：_____kg

13. 一年内，是否做过体检（不包括因病做的检查）①是 ②否

14. 经医院（县级以上）诊断，您目前患有哪些疾病（可多选）：①高血压 ②脑血管病 ③肿瘤 ④心脏病（冠心病；心肌梗死；心律失常；心绞痛；心衰）⑤糖尿病 ⑥消化系统疾病（慢性胃炎等）⑦慢性肺疾病（支气管炎；肺气肿）⑧眼部疾病（白内障、青光眼、失明/部分失明）⑨骨关节疾病 ⑩帕金森氏症⑪肝胆疾病 ⑫肾脏疾病⑬颈/腰椎病⑭其他

15. 您来养老机构的原因：①子女工作忙，没时间照顾 ②子女或亲戚不愿意照顾 ③养老机构照顾比在家好 ④喜欢和其他老年人住在一起

基于循证实践的社会工作介入老人长期照护证据的整理、转化与启示研究

⑤其他

16. 您来养老机构之前的居住方式：①与配偶居住 ②与子（女）长期同住 ③轮流居住子女家 ④住亲戚家 ⑤独居

17. 现有儿子_____个，女儿_____个，共_____个

18. 居住在同一城市的子女数：_____个

19. 您的经济主要来源：①本人 ②子女或配偶 ③亲戚朋友 ④社会福利

20. 家庭人均月收入：①≤1 000 元②1 000～3 000 元③≥3 000 元

21. 您目前的护理费用的支付情况：①自己 ② 部分自己

22. 您就医的医疗付费方式：①城镇职工医疗保险 ②城镇居民基本医疗保险 ③新农合 ④商业保险 ⑤无 ⑥不清楚 ⑦其他

23. 养老机构收费：①≤1 000 元②1 000～2 000 元③2 000～3 000 元④3 000元

附录 C　养老机构失能老年人长期照护需求调查问卷

项目	非常需要	需要	有点需要	不太需要	不需要
日常生活照料需求					
1. 协助进食					
2. 协助大小便					
3. 协助穿衣（穿脱衣服/系扣/拉拉链/穿脱鞋袜等）					
4. 协助修饰［洗脸/刷牙/梳头/刮脸/修剪指（趾）甲等］					
5. 协助沐浴					

项目	非常需要	需要	有点需要	不太需要	不需要
6. 协助清洁餐具					
7. 协助换洗衣被					
8. 协助清扫房间，整理物品					
9. 协助移动（翻身/起卧/行走/上下楼梯等）					
10. 协助户外活动（回家/购物/到上级医院就医等）					
11. 协助选择、使用生活辅助用具（手杖/拐杖/轮椅/义齿/助听器）					
基础医疗护理需求					
12. 提供定期体格检查（肝功/肾功/血糖/血脂/尿常规/心电图等）					
13. 提供定期生命体征检测（体温/脉搏/呼吸/血压等）					
14. 提供常见症状护理（体温异常/疼痛/便秘等）					
15. 提供给药指导及护理					
专科医疗护理需求					
16. 提供营养支持（肠内营养/肠外营养）					
17. 提供伤口护理（换药/清创等）					
18. 提供造瘘口护理（造瘘口/引流袋的消毒或更换等）					
19. 提供压疮护理					
20. 提供留置导管护理（胃管/引流管/尿管等）					
21. 提供营养饮食指导					
22. 提供睡眠与休息指导					
23. 提供运动锻炼指导					
24. 提供行为安全指导					
25. 提供保健用品使用指导					
26. 提供常见疾病预防指导（感冒/发烧等）					
27. 提供老年常见慢性病预防指导（糖尿病/冠心病/骨质疏松等）					

项目	非常需要	需要	有点需要	不太需要	不需要
28. 提供康复功能训练（肢体/语言/呼吸/吞咽功能训练等）					
精神慰藉需求					
29. 陪伴、聊天					
30. 陪同读书、看报、看电视、听广播服务					
31. 提供重要节日问候或庆祝活动					
32. 协同与室友及朋友沟通					
33. 协调亲人探望陪伴					
34. 提供心理咨询服务					
35. 提供安宁疗护服务					
社会参与需求					
36. 参与社会活动（志愿者/科普宣教/咨询等）					
37. 参与娱乐休闲活动（棋牌/唱歌/跳舞等）					
38. 参与学习活动（保健养身知识/国家重要方针和政策等）					

注：非常需要为 5 分，依次递减，不需要为 1 分。

附录 D　GDS 量表（老年抑郁量表）

指导语：选择最切合您一周来的感受，在每题后回答是或否。

GDS-30 包括 30 个问题，包含情绪低落、活动减少、易激惹、退缩、对过去和现在的消极评价等症状。30 个条目中的 10 条用反序计分，20 条用正序计分。每项表示抑郁的回答得 1 分。量表统计量为总分，得分为 0~30 分，得分越高说明抑郁越严重。0~10 分为正常，11~20 分为轻度抑郁，21~30 分为中、重度抑郁。

指导语：选择最切合您一周来的感受，在每题后回答是或否。		
问题	回答	
1. 你对生活基本上满意吗？（反序）	是	否
2. 你是否已经放弃了许多活动与兴趣？	是	否
3. 你是否觉得生活空虚？	是	否
你是否感到厌倦？	是	否
你觉得未来有希望吗？（反序）	是	否
你是否因为脑子里一些想法摆脱不掉而烦恼？	是	否
7. 你是否大部分时间精力充沛？（反序）	是	否
8. 你是否害怕会有不幸的事落到你头上？	是	否
9. 你是否大部分时间感到幸福？（反序）	是	否
10. 你是否常感到孤立无援？	是	否
11. 你是否经常坐立不安，心烦意乱？	是	否
12. 你是否愿意待在家里而不愿去做些新鲜事？	是	否
13. 你是否常常担心未来？	是	否
14. 你是否觉得记忆力比以前差？	是	否
15. 你觉得现在活着惬意吗？（反序）	是	否
16. 你是否常感到心情沉重，郁闷？	是	否
17. 你是否觉得像这样活着毫无意义？	是	否
18. 你是否总为过去的事忧愁？	是	否
19. 你觉得生活令人兴奋吗？（反序）	是	否
20 你开始一件新的工作很困难吗？	是	否
21. 你觉得生活充满活力吗？（反序）	是	否
22. 你是否觉得你的处境已毫无希望？	是	否
23. 你是否觉得大多数人比你强得多？	是	否
24. 你是否常为些小事伤心？	是	否
25. 你是否常觉得想哭？	是	否
26. 你集中精力有困难吗？	是	否

指导语：选择最切合您一周来的感受，在每题后回答是或否。		
27. 你早晨起来很快活吗？（反序）	是	否
28. 你希望避开聚会吗？	是	否
29. 你做决定很容易吗？（反序）	是	否
30. 你的头脑像往常一样清晰吗？（反序）	是	否

附录 E　孤独感自评量表（UCLA）

1. 你常感到与周围人关系和谐吗？			
A. 从不（1分）	B. 很少（2分）	C. 有时（3分）	D. 一直（4分）
2. 你常感到缺少伙伴吗？			
A. 从不（1分）	B. 很少（2分）	C. 有时（3分）	D. 一直（4分）
3. 你常感到没人可以信赖吗？			
A. 从不（1分）	B. 很少（2分）	C. 有时（3分）	D. 一直（4分）
4. 你常感到寂寞吗？			
A. 从不（1分）	B. 很少（2分）	C. 有时（3分）	D. 一直（4分）
5. 你常感到属于朋友们中的一员吗？			
A. 从不（1分）	B. 很少（2分）	C. 有时（3分）	D. 一直（4分）
6. 你常感到与周围人有许多共同点吗？			
A. 从不（1分）	B. 很少（2分）	C. 有时（3分）	D. 一直（4分）
7. 你常感到与任何人都不亲密了吗？			
A. 从不（1分）	B. 很少（2分）	C. 有时（3分）	D. 一直（4分）
8. 你常感到你的兴趣与想法与周围的人不一样吗？			
A. 从不（1分）	B. 很少（2分）	C. 有时（3分）	D. 一直（4分）
9. 你常感到想要与人来往、结交朋友？			
A. 从不（1分）	B. 很少（2分）	C. 有时（3分）	D. 一直（4分）

10. 你常感到与人亲近吗？			
A. 从不（1分）	B. 很少（2分）	C. 有时（3分）	D. 一直（4分）
11. 你常感到被人冷落吗？			
A. 从不（1分）	B. 很少（2分）	C. 有时（3分）	D. 一直（4分）
12. 你常感到你与别人来往毫无意义吗？			
A. 从不（1分）	B. 很少（2分）	C. 有时（3分）	D. 一直（4分）
13. 你常感到没有人很了解你吗？			
A. 从不（1分）	B. 很少（2分）	C. 有时（3分）	D. 一直（4分）
14. 你常感到与别人隔开了吗？			
A. 从不（1分）	B. 很少（2分）	C. 有时（3分）	D. 一直（4分）
15. 你常感到当你愿意时就能找到伙伴吗？			
A. 从不（1分）	B. 很少（2分）	C. 有时（3分）	D. 一直（4分）
16. 你常感到有人真正了解你吗？			
A. 从不（1分）	B. 很少（2分）	C. 有时（3分）	D. 一直（4分）
17. 你常感到羞怯吗？			
A. 从不（1分）	B. 很少（2分）	C. 有时（3分）	D. 一直（4分）
18. 你常感到有人围着你但并不关心你吗？			
A. 从不（1分）	B. 很少（2分）	C. 有时（3分）	D. 一直（4分）
19. 你常感到有人愿意与你交谈吗？			
A. 从不（1分）	B. 很少（2分）	C. 有时（3分）	D. 一直（4分）
20. 你常感到有人值得你信赖吗？			
A. 从不（1分）	B. 很少（2分）	C. 有时（3分）	D. 一直（4分）

附录 F 生活满意度量表（LSIA）

问题	回答	
1. 当我老了以后发现事情似乎比原先想象的好。（A）	是	否
2. 与我所认识的人相比，我更好地把握了生活中的机遇。（A）	是	否
3. 现在是我一生中最沉闷的时期。（D）	是	否
4. 我现在和年轻时一样幸福。（A）	是	否
5. 我的生活本应该是更好的时光。（D）	是	否
6. 现在是我一生中最美好的时光。（A）	是	否
7. 我所做的事情多半是令人厌烦和单调乏味的。（D）	是	否
8. 我估计最近能遇到一些有趣的令人愉快的事。（A）	是	否
9. 我现在做的事和以前一样有趣。（A）	是	否
10. 我感到老了、有些累了。（D）	是	否
11. 我感到自己确实上了年纪，但我并不为此而烦恼。（A）	是	否
12. 回首往事，我相当满足。（A）	是	否
13. 即使能改变自己的过去，我也不愿意有所改变。（A）	是	否
14. 与其他同龄人相比，我曾做出过较多的愚蠢的决定。（D）	是	否
15. 与其他同龄人相比，我的外表比较年轻。（A）	是	否
16. 我已经为一个月甚至一年后该做的事制定了计划。（A）	是	否
17. 回首往事，我有许多想得到的东西均未得到。（D）	是	否
18. 与其他人相比，我遭遇失败的次数太多了。（D）	是	否
19. 我在生活中得到了相当多我期望得到的东西。（A）	是	否
20. 不管人们怎么说，许多普通人是越过越糟，而不是越过越好了。（D）	是	否

注：A 为正序计分项目，同意计 1 分，不同意计 0 分；D 为反序计分项目，同意计 0 分，不同意计 1 分。